一番売れてる株の雑誌 ダイヤモンド ザイ Diamond ZAiが作った「株」入門 …だけど本格派

オールカラーでわかりやすい!

改訂版!

ダイヤモンド・ザイ編集部 編

ダイヤモンド社

やっぱり「株」はスゴかった!

大不況に沈んだ08年──。
しかし、そんな中でも
新製品・新サービスで、
成長を続けるスゴい会社が、
こんなにあった!

セブン銀行のATM増えたよね～

セブン-イレブン の店舗網活用
16万8000円 ➔ 34万4000円に!

セブン銀行

●コード:8410 ●市場:東1
●株価:26万6300円
●売買単位:1株

24時間営業、公共料金、宅配便取り扱い…など「新しい便利」を次々生み出し続けるセブンイレブンの事業で、今最も伸びているのがこの子会社の銀行業務。

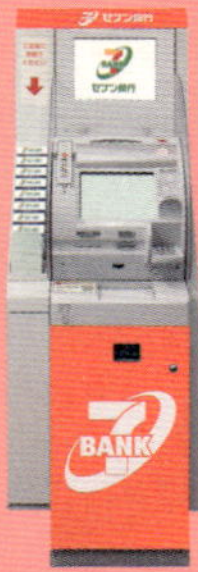
セブン銀行
BANK

ヒートテックやブラトップが大ヒット

ユニクロ ブーム再来で、
79万8000円 ➔ 129万8000円に!

ファーストリテイリング

●コード:9983 ●市場:東1
●株価:1万180円
●売買単位:100株

「2010年に売上げ1兆円」「2020年に世界一のアパレル企業」を目標に掲げ、画期的新製品の開発努力は続いている。今後さらなる飛躍に期待がかかる。

1年で半値に!
2008/11/24
2008/12/29

株のココがスゴイ 1 経済がダメダメだった08年でも、上昇株があった!

100年に一度といわれる経済危機に見舞われて、08年は暗い話題ばかりの1年でした。しかし、そんな中でも企業は、少しでも便利で、楽しくて、安い製品やサービスを生み出そうと努力を続けています。そして、その成果が出た会社の株は、不況の中でも大きく伸びています。

その代表例は、「ユニクロ」のファーストリテイリングです。この会社は保温

日経平均株価は1年で1/2になってしまったけれど そんな中でも、株価を伸ばした会社に注目!

気象情報で新ビジネス続々展開

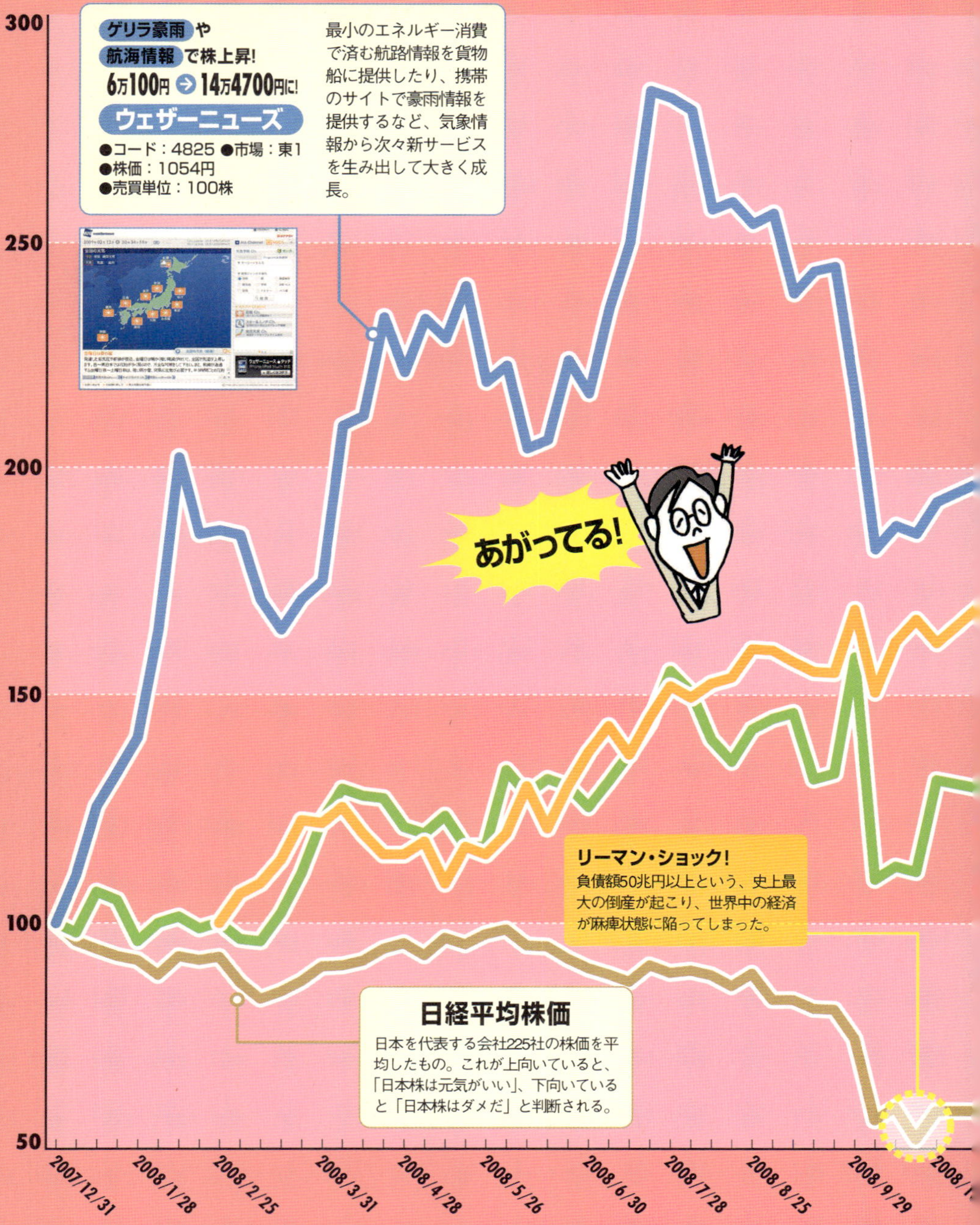

ゲリラ豪雨や
航海情報で株上昇!
6万100円 ➔ 14万4700円に!
ウェザーニューズ
●コード：4825 ●市場：東1
●株価：1054円
●売買単位：100株
最小のエネルギー消費で済む航路情報を貨物船に提供したり、携帯のサイトで豪雨情報を提供するなど、気象情報から次々新サービスを生み出して大きく成長。
あがってる!
リーマン・ショック!
負債額50兆円以上という、史上最大の倒産が起こり、世界中の経済が麻痺状態に陥ってしまった。
日経平均株価
日本を代表する会社225社の株価を平均したもの。これが上向いていると、「日本株は元気がいい」、下向いていると「日本株はダメだ」と判断される。
300
250
200
150
100
50
2007/12/31
2008/1/28
2008/2/25
2008/3/31
2008/4/28
2008/5/26
2008/6/30
2008/7/28
2008/8/25
2008/9/29

意外？ 順当？「成長の芽」はいたるところにあった！

ネット業界の隠れた成功企業

携帯占いサイト で成長
16万6000円 ➔ 21万円に！

ザッパラス

●コード：3770 ●市場：東1
●株価：21万9500円（09年2/23）
●売買単位：1株

携帯の占いサイトを多数運営し、ｉモードの人気占いサイトでは上位の半分を占めるという。デコメやショッピングサイト、恋愛シミュレーションゲームも人気。

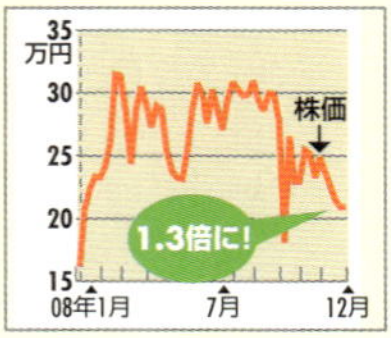

日本最大の自転車チェーン

自転車 ブームに乗れ！
12万8000円 ➔ 22万8000円に！

あさひ

●コード：3333 ●市場：東1
●株価：1890円（09年2/23）
●売買単位：100株

一般の自転車の他、マウンテンバイク、電動自転車など、備品や部品も含めて豊富な品揃えと、店員の専門知識・技能の優秀さが受けて成長が加速した。

価格比較サイトで圧倒的トップ

価格.com で買う前に比較するのが常識に
24万3000円 ➔ 34万7000円に！

カカクコム

●コード：2371 ●市場：東1
●株価：30万6000円（09年2/23）
●売買単位：1株

家電などを買う時、最も安い価格を出している店を探すのに「価格．ＣＯＭ」を使うのがすっかり定番になった。利用者はぐんぐん拡大中だ。

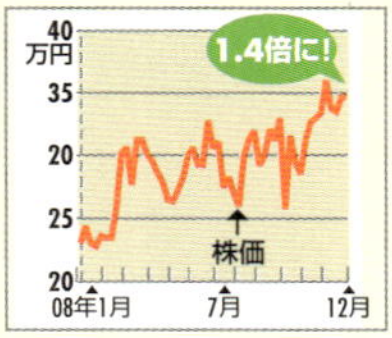

お手頃&オシャレな雑貨が人気

雑貨・家具の **フランフラン** 運営
8万2400円 ➔ 14万5500円に！

バルス

●コード：2738 ●市場：東1
●株価：8万8500円（09年2/23）
●売買単位：1株

商品開発と店作りに磨きをかけて、雑貨好きな若い女性の間で再度人気が高まっている。毎月店の模様替えをするなど、リピーターを作る工夫が花開く。

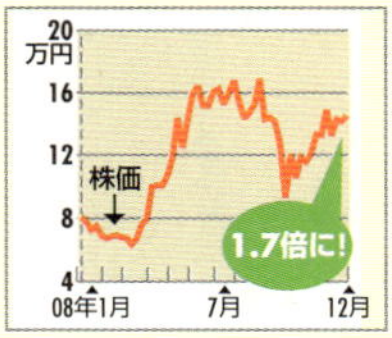

性下着「ヒートテック」や女性用新型下着「ブラトップ」など大ヒットを連発し、08年に株価を50％上昇させました。ファーストリテイリングは5年もかけて素材から研究を重ねてこれらの画期的製品を生み出したそうです。

ディスカウントストアの大黒天物産は安売りのノウハウを20年近くコツコツと育み、「商品を絞り込んで大量に売り、劇的な低価格を実現する」という事業モデルを作りました。不況下でこのモデルが受け、株価は2倍以上になりました。

外食でもイキのよい新興勢力が出始めています。うどん屋と焼き鳥屋を展開するトリドールは味と価格を武器に急成長し、株価は3割以上伸ばしています。

セブンイレブンの子会社であるセブン銀行も伸びています。全国のセブンイレブンを中心に1万3000カ所へのATM網を作り上げ、その多くが24時間使えるのです。セブンイレブンのネットワー玉箱積み不要のシステムで成長！

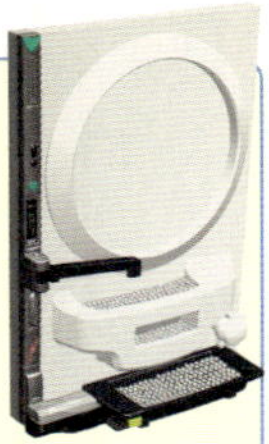

パチンコ の設備を手がける

12万9200円→30万3000円に！

マースエンジニアリング

●コード：6419 ●市場：東1
●株価：2915円（09年2/23）
●売買単位：100株

この会社が開発した玉箱積みが不要になるプリペイドカードシステムは、人件費や設備投資額を節減する画期的なシステムということで売上げを伸ばす。

セコムの子会社で、防災機器大手

火災報知機 の自宅設置が義務付けられた！

75万2000円→118万4000円に！

能美防災

●コード：6744 ●市場：東1
●株価：802円（09年2/23）
●売買単位：1000株

火災報知機が設置されていないための死亡事故が増えている。その事態を防ぐために火災報知機の設置が義務付けられ、同社の業績が伸びている。

超低価格で人気拡大！

安売り ノウハウを20年かけて進化

7万500円→16万8000円に！

大黒天物産

●コード：2791 ●市場：東2
●株価：1600円（09年2/23）
●売買単位：100株

西日本中心に展開する24時間営業の食品ディスカウントストア。格安のPB商品の販売などを通じて増収増益を続ける。積極的な新出店で全国展開を狙う。

入浴施設充実で人気！

厳しい 介護業界 でも伸びている

6万3100円→13万9900円に！

ツクイ

●コード：2398 ●市場：JQ
●株価：1250円（09年2/23）
●売買単位：100株

介護業界は採算性が悪く、人手も足りなくてとても厳しいが、この会社は入浴施設を充実させるというアイデアで人気化し、業績を大きく伸ばした。

クを生かして〝新しい便利さ〟を利用者に提供することに成功し、株価を2倍以上に伸ばしました。

　また、家電などの価格比較サイトのカカクコム、携帯占いサイトのザッパラスなど、インターネットの新サービスを提供する企業にも、不況下で伸び続けているところがあります。

漢方、パチンコ、介護…意外なところにも成長の芽が

　きのこのホクト、漢方のツムラなど、なじみある企業にも伸びているところはあります。ホクトは安全性の高い国産きのこへの人気の高まりに乗って業績を伸ばし、海外へも進出開始、株価は33％上昇。ツムラは漢方薬で国内の圧倒的シェアを握っていますが、最近では肥満治療、認知症治療、更年期障害などの分野を中心に漢方薬の出番が増える流れに乗って株価を50％以上伸ばしました。

※各社の株価のグラフは、07年12月30日から08年12月30日のもの。

まだまだある！

08年の株価上昇企業！

コード	銘柄名	07年末の株価	08年末の株価	なにがスゴイの?
9843	ニトリ	5360円	7010円	品数豊富な低価格家具店が大人気
4755	楽天	5万5000円	5万7000円	高成長続くネットショッピング業界の最大手
2059	ユニ・チャームペットケア	2540円	3320円	ペットの排泄シート「デオシート」が伸びる
2123	応用医学研究所	784円	1470円	ジェネリック医薬品の検査などが伸びる
3397	トリドール	29万3000円	38万4000円	低価格でおいしいうどん屋や焼き鳥屋が好調
1379	ホクト	1815円	2550円	国産きのこへの需要が増え、海外進出も着々
2212	山崎製パン	1094円	1379円	ランチパックなどヒット商品で伸びる
2175	エス・エム・エス	15万円	39万1000円	介護・医療に特化した求人サイトで伸びる
2651	ローソン	3960円	5190円	節約志向追い風に伸び、新業態開発にも熱心
2766	日本風力開発	22万3000円	26万6000円	クリーンエネルギーとして風力発電の需要が増加
3064	MonotaRO	13万1000円	23万1000円	中小の工場向けに部品のネット購買システム提供
6255	エヌ・ピー・シー	3250円	4510円	太陽電池製造装置の新興企業
6674	GSユアサ	258円	535円	電気自動車用の電池では第一人者
6937	古河電池	185円	964円	クリーンエネルギー用の電池などが伸びる
7522	ワタミ	1730円	2320円	低価格でもおいしい居酒屋「和民」が好調
7947	エフピコ	3490円	4480円	スーパーの食品トレイのリサイクルシステムで伸びる
4540	ツムラ	2205円	3330円	需要が伸びる国内の漢方薬で圧倒的トップ企業
3770	ザッパラス	16万6000円	21万円	携帯の占いサイト運営で人気爆発!!
7956	ピジョン	1862円	2685円	ベビー用品の大手で、中国などで伸びている

ほぼ2倍に！

2.5倍以上に！

2倍以上に！

5倍以上に！

パチンコ好きな人や介護にかかわりのある人にも成長株を掘り当てるチャンスはありました。マースエンジニアリングはパチンコの玉箱積み不要にする新システムを開発、ツクイは入浴施設を充実させた介護施設が人気となり、どちらも株価を2倍以上に伸ばしています。

以上のように、経済危機の中でも伸びている会社はたくさんあるのです。

もちろん、経済危機の中で値上がり銘柄よりはるかに多くの銘柄が値下がりしてしまっているのも事実ですが、ここで感じてほしいことは、景気が良くても悪くても企業は常により便利で、より快適で、より楽しい生活を実現するための製品開発努力を続けているということです。そうした企業努力の成果は、景気が悪い時でさえこうして株価上昇という形で出てくるわけですから、景気が回復し始めれば、その成果はドドーンと増え、成長株がゴロゴロと出てくるものなのです。

株のココがスゴイ 2

身近なところに儲けのネタがある！

50万円→5623万円

5年で100倍!!

子どもが夢中になっているものにヒントあり!

大人も巻き込み大ブーム！

DSとWii

で、130万円→732万円!

任天堂基本DATA

●コード:7974 ●市場:大証1
●株価:2万5430円(09年2/23)
●売買単位:100株

2年半で5.6倍!!

ただ遊ぶだけじゃない！　脳トレも、受験勉強も、ダイエットも、ペン習字も、料理も…なんでもカンでもゲーム機でやる。新型ゲーム機「DS」と「Wii」でそんな“ゲーム新時代”を築いた任天堂は、2005年から2007年にかけてユーザーを大幅に拡大し、業績を大きく伸ばして、株価は5倍以上となった。

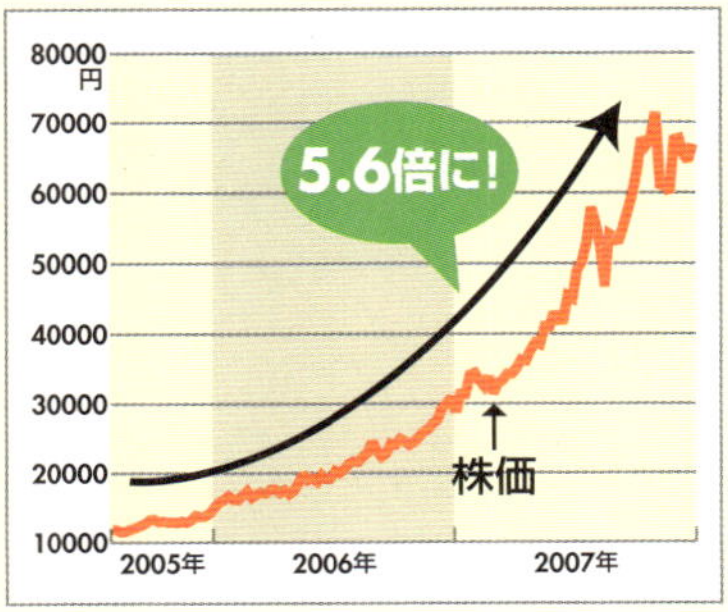

大きく値上がりする株を見つけたい。でも、そのためには、何かスゴい裏情報とか、難しい分析が必要なのでしょうか…。いえいえ、じつは、そんなことはありません。身近なところにこそ、大きく値上がりするネタが隠れているのです！

たとえば、ゲーム機の「ニンテンドーDS」や「Wii」で大ブームを起こした任天堂の株価は、2年で5倍以上にも上昇しました。

他にも、ムシキングのブームに乗ったセガトイズは8倍、レンタルDVDのゲオは21倍、低価格家具のニトリは30倍、100円回転寿司を普及させたカッパ・クリエイトは70倍…と日常生活から飛び出した成長株は数え切れないほどです。

流行に敏感な女性は、儲かる株の発見にピッタリ!

女子中高生に人気！

ローリーズファーム

で、50万円➡5623万円!

ポイント基本DATA

●コード：2685 ●市場：東1
●株価：3730円（09年2/23）
●売買単位：10株

5年で100倍!!

安いけど、そこそこオシャレ…そんな評判で若い女性の間で人気が広がったのがローリーズファームというファッションブランド。01年頃から店舗を急拡大させ、このお店を運営する「ポイント」の株価は100倍にも上昇した！

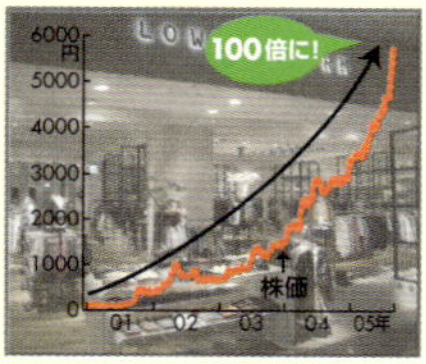

子どもの世界で大ブームに！

ムシキング

で、4万円➡34万円!

セガトイズ基本DATA

●コード：7842 ●市場：JASDAQ
●株価：173円（09年2/23）
●売買単位：100株

1年で8倍!!

男の子を持つ親で、ムシキングを知らない人はいないでしょう。カードやゲーム機などによる“ムシ相撲”のような遊びで、一大ブームに。その関連グッズを提供している「セガトイズ」の株価は1年で約8倍にも上昇した。

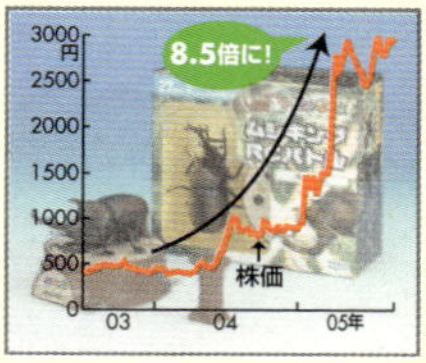

靴下もオシャレに！

靴下屋

で、5万円➡32万円!

タビオ基本DATA

●コード：2668 ●市場：大証2部
●株価：1021円（09年2/23）
●売買単位：100株

2年で6倍!!

靴下にも2000～5000円かけてオシャレをするのは当たり前――。そんな流れを作り出したのが「靴下屋」というお店を展開するタビオ。レッグウォーマーやレギンスを含めた靴下のオシャレブームを起こして業績と株価を伸ばした。

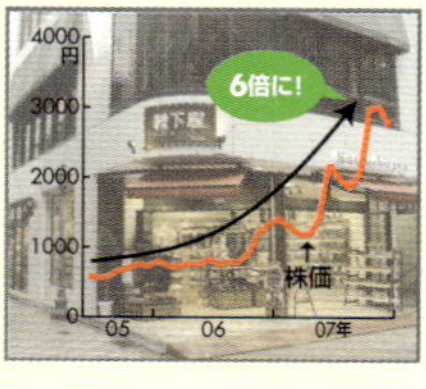

流行の兆しを発見したら株を買うチャンス!!

ブームの裏に、成長株あり――。

子どもの遊び、女性の流行、買い物や外食…などに、成長株のヒントが隠れています。日常生活の変化を見逃さず、成長株探しのヒントとして生かしましょう。それができるのが、株のスゴいところなのですから。

「最近この店増えたなぁ」身の回りの

人気店&サービスは宝の山!

100円レンタルが大人気!

レンタルDVD店

で、52万円 ➡ 1080万円!

ゲオ基本DATA

2年半で21倍!!

●コード:2681 ●市場:東1
●株価:28万4000円(09年2/23)
●売買単位:1株

もともと愛知県の普通のレンタルDVD店だったゲオは、ここ数年、100円レンタルなどで人気を博して全国的に勢力拡大。「そういえばゲオの店が最近目立つな。自分も愛用しているし」という人はそこで株を買っておけば21倍だった!?

圧倒的な安さと品揃えで人気!

"ニトリの家具"

で、61万円 ➡ 1800万円!

ニトリ基本DATA

11年で30倍!!

●コード:9843 ●市場:東1
●株価:5100円(09年2/23)
●売買単位:50株

東南アジアなど海外で家具を安く大量生産し、日本の大規模店で低価格と豊富な品揃えを武器に売りさばく。そんなビジネスモデルを確立したニトリ。消費者から絶大な支持を受けて、株価は業績とともに11年間上昇し続けて30倍に。

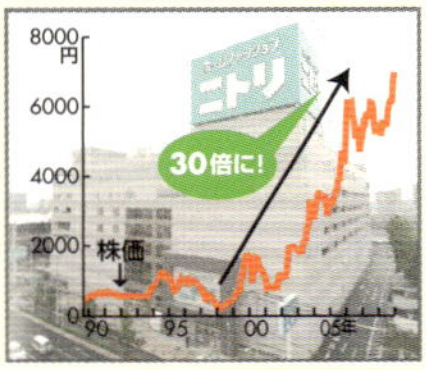

業界一のチェーン店に成長!

安売り家電ショップ

で、97万円 ➡ 2175万円!

ヤマダ電機基本DATA

8年で22倍!!

●コード:9831 ●市場:東1
●株価:7010円(09年2/23)
●売買単位:10株

ヤマダ電機は、ここ数年で家電量販店業界トップになるほどに成長した。テレビCMもよく流れているし、全国に店舗数がものすごく増えた。自動車などを運転していても、ヤマダ電機を見かける機会が増えたんじゃない?

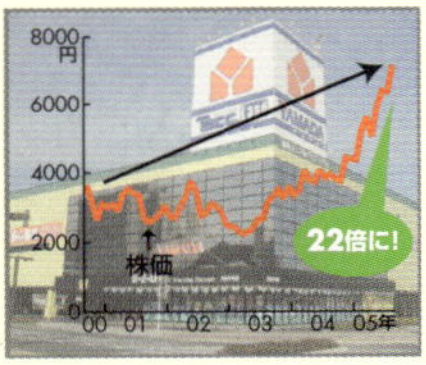

かっぱ寿司が拡大!

100円均一回転寿司

で、20万円 ➡ 1400万円!

カッパ・クリエイト基本DATA

6年で70倍!!

●コード:7421 ●市場:東1
●株価:2065円(09年2/23)
●売買単位:50株

「100円均一回転寿司」が登場した時、「そんな安く寿司が食べられるのか」と誰もが驚き喜んだもの。そして、その仕掛け人であるカッパ・クリエイトの「かっぱ寿司」は、90年代末から数年で、アッという間に全国各地に広まった。

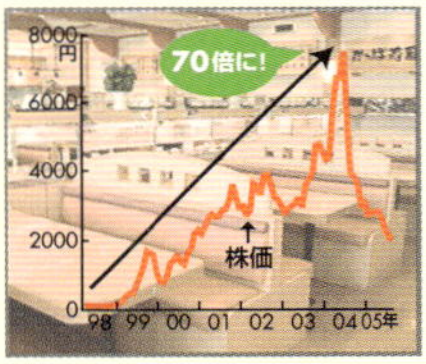

株のココがスゴイ 3

「株主優待」は企業からのプレゼント！

レンタルビデオがいつでも50%オフで借りられる！
コシヒカリや素麺、清酒など地域の特産品がもらえる！

たとえばこんな優待が。ほんの一部を紹介！

一番人気は「食」の優待！

居酒屋やレストランは、食事券や割引券が優待になる！

吉野家HG 9861 株は約12万円で買える！
300円のサービス券が10枚から！

モスフードサービス 8153 株は約11万円で買える！
モスバーガーで使える優待券500円券を年2回から！

東京一番フーズ 3067 株は約12万円で買える！
泳ぎとらふぐコース1人前優待券（5490円相当）など

地方の特産品をもらえる会社もたくさんあるぞ！

安永 7271 株は約20万円（4万円×5）で買える！
伊賀米コシヒカリや素麺、清酒、伊賀豚、伊賀牛などから1品選択！

優待は500株から。

食品会社や飲料会社には、自社製品をくれるところが多い！

ハウス食品 2810 株は約14万円で買える！
カレールウや調味料など1000円相当（株数によっては3000円相当も）

写真は3000円相当。

ダイドードリンコ 2590 株は約10万円で買える！
自社ドリンクがナント、3000円相当も！

ドトール・日レスHG 3087 株は約14万円で買える！
ドリップコーヒーなど自社製品2500円相当

なとり 2922 株は約8万円で買える！
おつまみなど2000円相当が！

自社製品はもちろん金券&お米もゲット！

株主優待というのは、簡単に言うと企業から株主へのプレゼントです。たとえば、9ページで紹介したゲオですが、1株買って持っていると優待カードがもらえて、レンタル料金が半額になるのです！　これは、「毎週1回はDVDを借りる」というようなヘビーユーザーには、かなり嬉しい特典ですね。

また、全日空や日本航空では国内線航空券の半額優待券がもらえますし、オリエンタルランドでは東京ディズニーランドのパスポートがもらえます。そして、優待の定番はなんといっても飲食店の会

その他、自社製品がもらえる＆割引になる

イオン　8267

株は約8万円で買える！

半年で100万円までの現金またはWAONの買上金額からキャッシュバックされる「オーナーズカード」（キャッシュバック率は3%〜）をゲット！お客様感謝デーは5%引きも

コクヨ　7984

株は約7万円で買える！

文房具セット2000円相当から！

ユナイテッドアローズ　7606

株は約7万円で買える！

商品が15%引きになる優待券を2枚から！

ファンケル　4921

株は約11万円で買える！

3000円相当の自社製品または「ファンケル銀座スクエア」利用券3000円分

マツモトキヨシHG　3088

株は約17万円で買える！

マツモトキヨシ商品券を2000円分から

エイチ・アイ・エス　9603

2000円相当の旅行割引券1枚から

株は約16万円で買える！

やっぱり嬉しい！金券・チケット

国内線の片道航空券が50%オフになる優待券がもらえる！

全日本空輸　9202

株は約40万円で買える！

日本航空　9205

株は約30万円で買える！

図書カードやクオカードもゲット！

●図書カード
あきんどスシロー（2781）3000円相当分
●クオカード
ジャパンフーズ（2599）1000円相当分

©2009 SANRIO CO. LTD.

テーマパークのチケットがもらえる！

サンリオ　8136

株は約8万円で買える！

サンリオピューロランド、ハーモニーランドの共通優待券3枚からとオリジナル商品

オリエンタルランド　4661

株は約63万円で買える！

東京ディズニーランドか東京ディズニーシーの1デーパスポート1枚から

社による食事券です。吉野家では３０００円分ものサービス券がもらえますし、ケンタッキー・フライドチキンでは５０００円分の食事券がもらえます。

その他にもお米がもらえる、クオカードがもらえる、宿泊券がもらえる……など、おトクな優待がいっぱい！　これもまた、株を買う楽しみのひとつになりますね。

株主優待をもらうには

- ある特定の日（権利付き最終日）に株主であることが条件
- 年に1度か2度、郵送で届けられる
- 何株持っているかによって、株主優待の内容が変わることも。少ない株数だと、もらえないこともあるぞ！

※株主優待については42ページから詳しく解説します。
株価や優待内容は09年2月時点のものです。

株のココがスゴイ

4 5万円もあれば株は買える!

日産自動車や三菱UFJフィナンシャルが4~5万円!?

お金がないから……と、あきらめなくてヨシ!

株を買うのに大金は必要ありません! あの日産自動車も、スターバックスコーヒーも約4万円ですし、三菱UFJやみずほFGなど、誰もが知ってる大手金融も約5万円。パナソニックやNTTドコモ、マクドナルドなども10万円台です。

株を買うのにいるお金

- 株の代金…数百円~
- 売買手数料…100円台~

5万円もあれば買える有名企業

約4万円!
スターバックス・コーヒー 2712
豊富なコーヒーメニューと、くつろげる空間で人気

約5万円!
三菱UFJフィナンシャル・グループ 8306
国内最大の金融グループ!

約5万円!
みずほフィナンシャルグループ 8411
ご存じ、メガバンク

約4万円!
博報堂DYHG 2433
広告代理店業界2位

約3万円!
ヤフー 4689
ネット界のジャイアント

約4万円!
一休 2450
高級宿泊施設に特化で急成長

約4万円!
タカラトミー 7867
リカちゃん他、トミカもあるぞ

©MIS DO

誰もが知ってるアノ企業はいくら？

日本マクドナルドHG 2702 約17万円！
株主優待でもらえる食事券も嬉しい！

NTTドコモ 9437 約15万円！
携帯電話といえばやっぱりココ

ホンダ 7267 約23万円！
世界中で高い評価をゲット

東京電力 9501 約27万円！
株を長期保有する人も多い安定企業

東日本旅客鉄道 9020 約55万円！
駅ナカ事業も好調！

アサヒビール 2502 約13万円！
競争激しいビールで首位

トヨタ自動車 7203 約30万円！
世界No.1の自動車メーカー

ユナイテッドアローズ 7606 約6万円！
おしゃれショップの株主になれる！

フジ・メディアHG 4676 約11万円！
テレビ放送業界でトップ独走中

パナソニック 6752 約11万円！
グローバル企業の株主になれる！

ソニー 6758 約15万円！
デザインの良さは世界の折り紙つき

三菱商事 8058 約13万円！
就職人気1位を争う大企業

楽天 4755 約6万円！
今やネットでのお買い物は常識に。先頭を行くのはこの企業

カッシーナ・イクスシー 2777 約3万円！
おしゃれな家具の代名詞

野村ホールディングス 8604 約5万円！
国内ナンバーワン証券会社

日産自動車 7201 約4万円！
国内2位、世界8位のビッグカンパニー！

※株価は09年2月時点のものです。

株のココがスゴイ 5

株の買い方はカンタンだ！

難しい&面倒なやりとりはナシ！

株取引のプロセス

証券会社に口座を開く

株は証券会社の仲介で買うもの。まず、証券会社に口座を開きます。なんか恐そう？　お金持ちしか相手にされなさそう？
いえいえ、ネット証券なら店舗に行かずに郵送だけで開けますし、難しいことなんて何もなし。銀行に口座を開くのと同感覚でラクラクOKです。

どの株を買うか決める

4000社近くもある企業の中から、さて、どの会社の株を買うかを決めましょう。株の取引で一番重要なのがこのプロセス。本書では、株選びのコツをわかりやすく解説しています。基本は普段の買い物と同じで「いいものを安く」。株選びってハマりますよ〜。

注文は30秒で完了 口座開設は郵送でOK

株を買うのはとってもカンタン。テレビゲームやパチンコをするのと同じくらいカンタン……なんて言ったら怒られるかもしれないけど、だってそうなんです！　インターネットがあれば郵送で口座は開けるし、あとは証券会社の自分の口座にお金を入れれば株を買うことができます。注文も超カンタン！　慣れれば30秒で完了です。手数料も数百円程度しかかかりません。

注文を出す

どの株を買うかを決めたら、今度は注文です。証券会社に買いたいことを伝えればいいのだけれど、これもインターネットで誰にも会わずにできちゃいます。買いたい値段と数を入力してクリックするだけ。早い人はこのステップ、10秒くらいで済ませるらしい。

注文成立

買えた!

買いたい人と売りたい人が希望価格を出し合って、条件が合えば売買成立!

人気のある株は、買いたい人が殺到して値段がつり上がっていきます。だから株で儲けるには、人気のある株を買うのではなく、売る側にまわること(人気が出る前に仕込んでおくべし!)。

保有中

売却

買った株が値上りしたら、売って儲けてしまいましょう。人気が出そうだな〜と思う株を人気が出る前に“青田買い”して、ホントに人気が出たところで売るのがポイント(前にも言ったっけ?)。まるで新人アイドル発掘オタクみたいだけど、これが儲けのコツなんです。

株のココがスゴイ 6

ネット取引なら儲けられる!

安い! 早い! 便利!

今、始めないと一生後悔するかも

「ネット取引」とは、インターネットを使ってする株取引のこと。今やサラリーマン、OL、主婦の間で大ブレイク中です。人気のヒミツは、安くて早くて便利なところ。株を売買する時に証券会社に払う手数料は、ネットならたった数百円からだし、情報はたくさんゲットできるし、注文はスピーディだしいいことずくめ。ネット証券の口座数は、大手5社だけでも500万口座に迫る勢いだとか。

あなたの友だちもコッソリ儲けているかもしれませんよ。

手数料が安い!

なんといっても最大のメリットはコレ。株の売買が成立すると、証券会社に手数料を払う決まりなのですが、この金額が、ネットだと激安なのです。証券会社の窓口で買うと数千円もする手数料が、ネットなら400円くらいなんてことも！　株のネット取引がブームになるのも納得でしょ？

20万円の株を買うのにかかる手数料例

店舗の場合
1回の取引で
2730円（N証券）

ネットの場合
250円（S証券）

2480円もおトク!

いつでもどこでも売買できる!

インターネットさえ使えれば、いつでもどこでも注文が出せます。仕事をしているフリで株をやってる人、マンガ喫茶で株をやってる人、駅のベンチで株をやってる人、様々です。最近は、ナント携帯でも取引ができるようになりました。携帯を使って会社のトイレで（隠れて）取引している強者もいるようです！

注文もスピーディ！

注文がすばやく手軽に出せる、というのもネット取引のメリットのひとつです。

ほんの数年前までは、証券会社に電話して→担当者を呼び出して→注文を告げて→発注作業をしてもらう、という今にして思うと、とんでもなく面倒な手順を踏む必要がありました。時間がかかるだけじゃなく、担当者に買いたくもない株をセールスされたりするのも、わずらわしかったのです……。

ネット取引なら、ピッとクリックするだけで注文完了。株の動きをリアルタイムで確認しながら、30秒もあれば終わってしまいます。

注文を訂正したり、取り消したりする場合も、いちいち担当者に電話してと面倒でしたが、ネットなら、気軽に何度でも訂正・取り消し手続きができます。

店舗の場合
電話で営業マンに連絡→営業マンがパソコンで注文

ネットの場合
直接パソコンで注文

リアルタイムで値動きを見ながら注文できる！

情報も早くて豊富！

株は情報戦でもあるので、早くて役立つ情報をどうゲットするかがとても大事。その点もネット取引なら万全です。

たとえば、リアルタイムで取引の状況がわかる「リアルタイム株価情報」、リアルタイムで描かれていく「チャート分析ソフト」などは、ちょっと前まではプロしか使えなかったもの。それが、ネット取引なら利用できるのです。

また、「この会社がすごい技術を開発して上方修正した」というような株式ニュースも続々と入ってきます。新聞記事検索などもあり、株で勝つための強力な武器になります！

高機能な株価チャート

リアルタイムの板情報

売件数	売数量	値段	買数量	買件数
		成行		
	69800	4740		
	159000	4730		
	109000	4720		
	126300	4710		
	141400	4700		
		4690	12700	
		4680	173200	
		4670	102100	
		4660	64800	
		4650	74800	
		累計		

リアルタイムの株価情報

ニュース速報

過去のニュースの検索

最新の企業業績

……など

自動売買ができる！

忙しい人にオススメなのが「自動売買」。あらかじめ「ここまで上がったら、○○円で買っておいて」などの指示を出しておけば、自動で売買してくれるというスグレもの。自分の代わりにネット証券が株の動きを見張ってくれている……そんな感覚で日中、株価を見られないサラリーマンに大人気！

※画面は楽天証券のもの。

儲かる人、損する人の

株で儲かる人
この本1冊で大丈夫!
本当に必要な株の基本だけはわかってる!
コツがわかればカンタンだ!
買う前に企業のことを調べてる!
儲かる株は日常生活から見つかる!
日常から情報収集のアンテナを張っている!
なるべく1日1回は見る!
株価チャートをこまめに見てる!
焦ると実力を発揮できないぞ
無理しない! 夢中になりすぎない!!
ネットで売買してる!
安くて便利なサービスを使い倒せ!

人の勧める株を無条件で買ってはダメ！

株で失敗している人の多くは、人が勧める株をやみくもに買っている場合がほとんど。他人まかせでは、他の投資家のカモになるだけです。

違いはコレだ！

株で損する人
業績、PERってなんだっけ？
最低限のことを理解していない！
人に勧められた株をやみくもに買っている！
だからいつまでも上達しない…
いいカモになってるかも…
イメージやカン、掲示板情報で売買！
手数料の高い証券会社を使ってる！
安いネット証券を使わないのはなぜ？
余裕資金以上を株につぎ込んでいる！
買った株が心配で夜も眠れないのでは…
旬を過ぎているのに過去に儲かった銘柄をまた買ってしまう…
たった1度の成功体験が忘れられない！

株に特別な才能はいりませんが、本当に必要な基礎知識だけは、きっちりマスターしましょう。もちろんこの本1冊で大丈夫。**一生使える知識が身につきます。**また、手数料にもシビアにならなければいけません。**ネット証券を利用して、ムダなコストをかけない**ことも大切です。

改訂版の発行にあたって

大成長株が続出する時期が、またやってくる！ 今こそ、〝株の神様〟の声に耳を傾けよう

〝株の神様〟が成功したシンプルな手法

日常生活の中から株価10倍になる株を探そう！――。これは、〝株の神様〟と言われるピーター・リンチが著書などで繰り返し発しているメッセージです。実際にピーター・リンチは、娘と行くショッピングや妻との会話などを大切にする中からヒントを得て10倍株をたくさん掘り当てました。そして、ファンドマネージャー（資金運用のプロ）として歴史に名を残すほどの成績を収めたのです。

株式投資には様々な手法があります。比較的シンプルでわかりやすい手法もありますし、とても複雑で難解な手法もあります。一見、複雑な方法が優れているように思ってしまいますが、実際には継続的に成功している投資家ほどシンプルでわかりやすい方法を取っているように思われます。ピーター・リンチはその代表格ですし、ピーター・リンチの盟友で世界富豪ランキング1位となったウォーレン・バフェットもシンプルな投資で成功した

ひとりです。一方、複雑な手法を取っていた米国の投資銀行やヘッジファンドなどの投資家たち（プロ中のプロといわれた人たち！）は08年に次々苦境に陥りました。

数十倍銘柄はたくさん出現している

日本でも「日常生活の中から出現した大成長株」は多数あります。コンビニエンスストアを日本に広めたセブンイレブンジャパン（現7&i・ホールディングス）、インターネットのポータルサイトとして定着したヤフーなどの株は300倍以上になりましたし、ユニクロブームを起こしたファーストリテイリング、100円均一回転寿司「かっぱ寿司」で一斉風靡したカッパ・クリエイト、女子中高生に人気の間で人気が広まったファションブランド「ローリーズファーム」の運営会社ポイントなどの株は50倍以上になっています。さらに、ハウスウェディングを日本に広めたテイクアンドギヴ・ニーズは30倍、低価格レンタルDVD店を広めたゲオは26倍、低価格家具チェーン店のニトリは30倍、家電量販店の圧倒的勝ち組として勢力拡大するヤマダ電機は101倍……と上げればキリがありません。ごく最近の話としても、DSやWiiなどのゲーム機で成功した任天堂の株価が9倍

ピーター・リンチ
1980年代に活躍したファンドマネージャー。13年間の活動期間に伝説的な成績を収め、世界中の投資家から今でも神様扱いされている。

になった事例などがあります。いずれも、その成長ぶりを生活の中で多くの人が感じられた事例ばかりだと思います。生活に変化をもたらすような企業が出現した時は、大成長株を狙うチャンスでもあるのです（倍率は、いずれも成長期前後の安値《やすね》から高値《たかね》までの動き）。

このように、私たちの日常生活の中には大変な宝が隠されています。それを探すヒントは、身の回りにたくさん転がっています。子どもの遊び、若い女性の趣味、そして、自分自身の消費行動などです。全くの株の初心者でも、そうしたヒントを生かして大成長株を掘り当てるための基本を伝えるという明確なコンセプトを持ち本書は05年に発売されました。結果、50万を超える人たちに読んでいただくことができました。

成長株が「出やすい時期」と「出づらい時期」は繰り返す

とはいえ、07年~08年の時期には大成長株はあまり出現しませんでした。景気がピークを打ち、後退期に入り、さらに「１００年に一度の経済危機」と呼ばれる状況に至る中で、多くの株は値を下げました。その過程でやはり多くの投資家が少なくない損を抱えてしまいました。こんな状況下で「大成長株を狙おう！」といっても、なかなかピンと来ない方もいるかもしれません。

では、もう大成長株は出てこないのでしょうか…。いや、そうではないでしょう。経済は好況と不況を繰り返すものですが、不況を乗り越えるたびに新しいサービス、新しい製品、新しいスター企業が生み出されてくるものだからです。

08年は投資家にとっては冬の時期だったと思います。しかし、冬の時期は春への準備の時期でもあります。この不況期を乗り越えて春の兆しが見え、いずれはまた盛夏がやってくるでしょう。そうした過程で新たな大成長株がたくさん出てくるはずです。人間は常に便利なもの、快適なもの、楽しいものを求め続けるものであり、そうしたエネルギーが新しいサービスや製品を生み出す原動力になるからです。そして、大成長株が次々出てくる時期はいずれ訪れるはずです。それは、今年かもしれないし来年かもしれません。次に大きなチャンスが訪れた時には、ぜひそれをモノにしたいものです。

そこでザイ編集部では、今こそ本書の考え方をもう一度投資に関心をもつ皆さんに訴えたいと思い、最新データや新たな事例などを加えてこの改訂版を作りました。本書を通じて、ひとりでも多くの人に、株の本当の楽しさやスゴさ、そして、「初心者でも大成長株を捉えることができるんだ！」というイメージをお伝えできれば幸いです。

Warren Edward Buffett

ウォーレン・バフェット

バイトなどで貯めた資金からスタートし、一代で6兆円の資産を築いた史上最強の投資家。07年世界富豪ランキングで1位に輝いた。

CONTENTS

巻頭特集

やっぱり「株」はスゴかった!

第1章

そもそも株ってなに?

第2章

今すぐ開始！ ネット証券で株を買おう

第3章

稼げる！ 株の選び方 いい株ってどんな株？編

第4章 稼げる！株の選び方 割安な株ってどんな株？編

第5章
売買タイミングがまるわかり！　株価チャートのテクニック

第1章

そもそも株ってなに？

1
株を始めたい！
でも、株って一体なぁに？
2
私が説明いたしましょう！え～・まず株というものは・・・・
3
そもそも東インド会社という云々・・・・貿易の・・・・
・・・・・・
4
本当に役に立つことだけ、サクッと教えてくださ～い！

1分でわかる! これが「株」だ!

1 株は企業がお金を集める手段だ!

事業が
うまくいったら
利益は分配します
こんな
僕ですが、
株を買いま
せんか?

ふーん、ちゃんと
利益を稼いで
くれそうな会社だな。
投資してみよう!

※投資するのは、どんな会社かを調べて、いい会社か確認してから!（69ページ）

2 投資家は企業が上げた利益を受け取れる!

事業は絶好調!
利益を分配
します!

この会社に
投資して
ヨカッタ!

※これを「配当」といいます（32ページ）

利益を上げてる
いい会社みたい。
僕も投資しよう
これからも
どんどん利益を
上げてくれそうね。
私も投資したい

3 ちゃんと利益を出しているいい会社なら、「株を買って投資したい」という人が増えていく

私も……
私も……

4 株を買いたい人が増えると株の値段（株価）が上がる！

※株の数には限りがあるからね。
買いたい人が多いと値段（株価）は上がっていく

この会社に
投資したい！
ちょっと高くても
株を買うよ！
私も買いたい！
株を売って
くれ〜！

株を売ったら
儲かった！
買えて
ヨカッタ！

5 株価が上がったところで売れば、差額が儲けになる！

※買った値段より高い値段で売れば差額が儲けになる。
「できるだけ安く買っておくこと」と、「値上りしそうな企業の株を選ぶ」ことが大切だね！（36ページ）

「株を買う」ということは、会社のオーナーになるということ！

誰でも少額からプチ・オーナーになれる！

株を買うということは、その会社のオーナーになるということです。

ほとんどの人は、「会社のオーナーになるなんて、自分とは無関係」と思っていることでしょう。しかし、株は少額からでも会社のオーナーになることのできる仕組みなのです。たとえば、トヨタ自動車でも、ソニーでも、ヤフーでも、楽天でも、数万～数十万円程度のお金を出すことで、誰でもオーナーとして名を連ねることができます。

ただし、オーナーといっても、その会社を自分の好きなようにできるというわけではありません。あくまでも共同オーナーのひとりということです。その会社が発行している株をすべて買い占めれば、その会社を１００％自分のものにすることができますし、１株だけ買うなら１株

例えば楽天の株を１株買えば、6500億円（楽天全部の値段）分の５万円（１株の値段）だけのオーナーになるということ
オーナー
オーナーになれば利益の分け前をもらえるし…
楽天
株主総会で社長に質問できる！

分だけ、その会社のオーナーになることができるのです。

たとえば、09年2月現在、楽天の発行している株をすべて合計すると約650０億円になります。一方、1株は5万円程度です。つまり、1株だけ買うと、6500億円の中の5万円分だけのオーナーになります。パーセンテージにすると本当に僅かですし、まさに〝プチ・オーナー〟という感じですが、それでも、紛れもなくオーナーのひとりであることに違いありません。

事業がうまくいったら〝分け前〟をゲット!

オーナーである株主は、会社が利益を上げれば、持っている株数に応じて分け前を受け取ることができます。これを「配当《はいとう》」といいます。

ただし、利益が上がらなければ配当は受け取れません。ちゃんと利益の上がる事業をしている会社のオーナーになった方がよさそうですね。

また、オーナーは会社の最高意思決定機関である株主総会に出席して、意思表示をすることもできますし、その場で社長に質問することもできます。ちょっと大げさかもしれませんが、株主どうしが共同歩調を取れば、経営陣を替えることだって可能です。なにしろ、社長を含めた経営陣は、オーナーである株主に雇われているという立場なのですから。

その他にも、良い会社の株主になると、いいことがたくさんあります。株の仕組みをもう少し説明しながらそれらを解説していきましょう。

用語解説

株主
かぶぬし

株を持っている人のこと。土地を持っている人のことを地主というように、株を持っている人のことを株主といいます。株は会社の所有権を小分けにしたものなので、株主とは会社の共同オーナーということになります。株主は会社の利益の中から配当をもらえるほか、株主総会にも出る権利があります。

配当
はいとう

会社が稼いだ利益の中から、株主が直接受け取れる分け前のこと。配当は年に1回か2回、実施され(会社による)、3月決算の会社の場合には、6月末くらいに支払われます。

株主総会
かぶぬしそうかい

株主が集まって、重要なことを採決したり承認したりする会議のこと。原則としては年に1回行われます。カンタンにいってしまえば、会社のオーナー会議であり、会社の最高の意思決定会議です。開催時期については、3月決算の会社の場合には、5月頃に決算発表が行われた後、6月後半に株主総会が行われるケースが多いようです。最近は食事が出たり、お土産付きだったり、家族で参加できるなど、様々な特典が用意されているケースが増えています。それら特典を目当てに出席する個人株主も多いようです。

会社の利益は株主のもの！

オーナーと会社の利益の関係について、もう少し詳しく見ていきましょう。

先ほど、利益が上がれば配当を受け取れる、とお話しましたが、ズバリ、会社の稼いだ利益は全部、オーナーである株主のものです。これは、賃貸マンションのオーナーの場合と同じです。マンションの家賃収入はオーナーのものですよね。

しかし、「会社の利益は株主のもの」ということには疑問を持つ人もいるでしょう。たとえば、社員や社長はどうなるんだ、と。実際に一生懸命に働いて利益を稼いでいるのは社員や社長です。彼らが知恵を絞り、汗水たらして働くことで、会社は利益を稼ぐことができるのですから。

実は、社員や社長の給料は会社の経費なのです。会社が稼いだ収入から、社員や社長の給料などの経費を差し引いて、さらに税金を引いて、残ったものが利益になります。そして、この利益は株を買うことで事業資金を投資した、オーナーのものなのです。

利益の一部は、もっと成長するために使われる

では、会社の利益のすべてを株主の頭数で割って（正確には発行している株数で割って）、配当するのかといえば、そういう例はあまりありません。

実際はほとんどの場合、利益の7～9割は翌年以降さらに利益を稼ぐための、事業資金にまわされることになります。製品を作るための機械を買ったり、出店するための土地や建物を購入したりするのに使われるのです。

株主にもいろんな人がいますから、中には「利益は全額配当しろ」という人もいます。そこは共同オーナーなわけで、株数による多数決によっては全額配当ということもあります。しかし、会社が今年の利益を有効利用することで翌年もっと多くの利益を稼いでくれるのなら、それはオーナーにとって悪いことではないでしょう。

このような、配当されず会社内に蓄えられる利益を「内部留保」といいます。これは会社が株主から預かっているものなので、もし会社が解散するようなことがあれば、株主に返還されることになります。

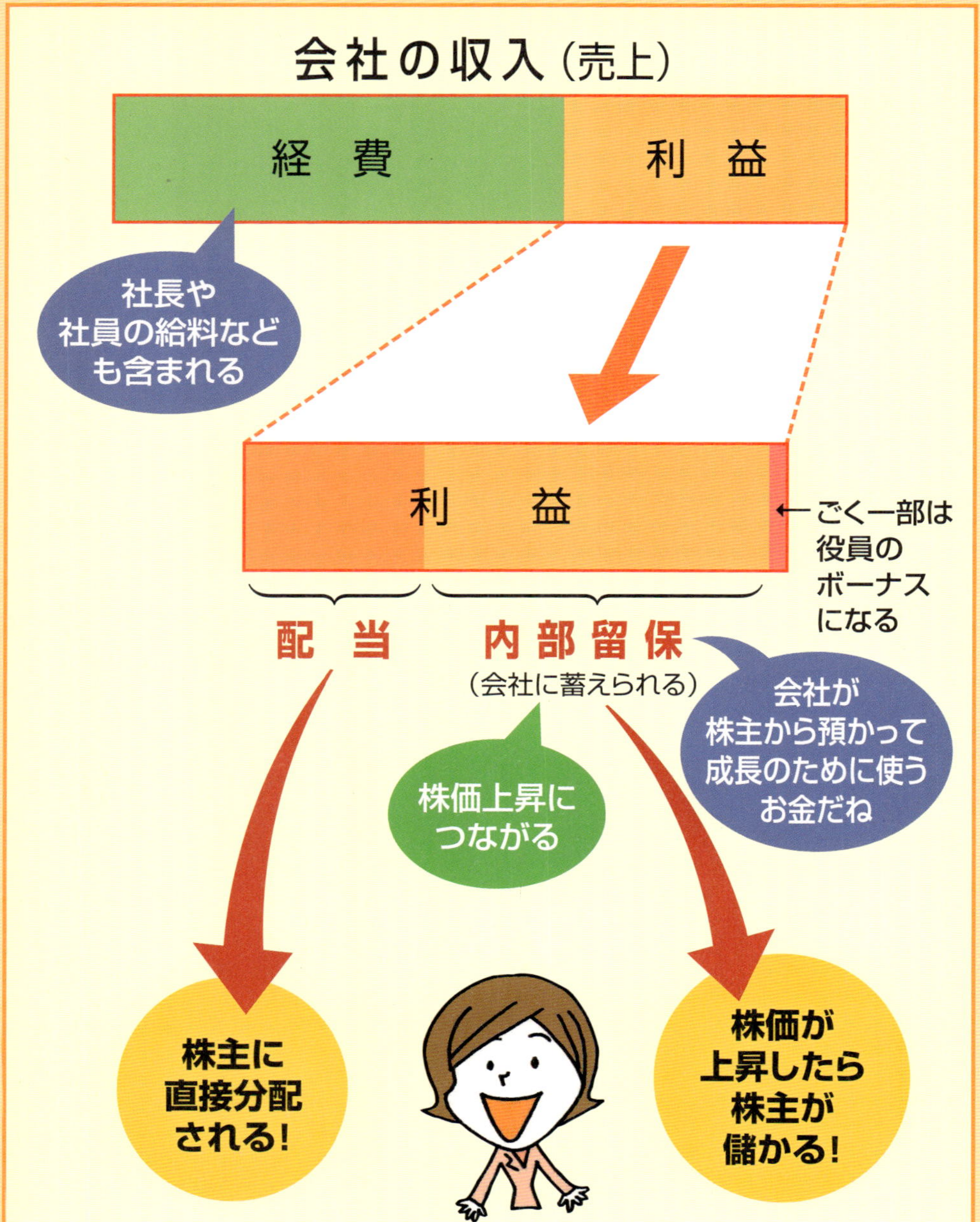

会社の収入（売上）
経　費
利　益
社長や社員の給料なども含まれる
利　益
←ごく一部は役員のボーナスになる
配　当
内部留保
（会社に蓄えられる）
会社が株主から預かって成長のために使うお金だね
株価上昇につながる
株主に直接分配される！
株価が上昇したら株主が儲かる！
結局、利益はみ～んな株主のもの！

買いたい人が多いと株価は上がる！

たとえば「トヨタ自動車の株を買いたい」と、トヨタの本社に行っても株は買えません。株は証券取引所で株主どうしが売買するものだからです。イメージとしては、ネットオークションや〝競《せ》り〟でしょうか。買いたい人と売りたい人が価格と数量を出し合って、折り合いがつけば売買が成立します。売買が成立することを「約定《やくじょう》」といいます。

株の値段は刻々と変わる！

誰しも利益をいっぱい稼いでくれる会社に投資したいもの。そういう会社は人気があって、株価は上昇していきます。

流通している株の数には限りがありますから、売りたい人に対して買いたい人が多ければ、買いたい人の間で競争が起こるのです。

「100円で買いたい」

「ならば俺は110円だ」

「なんの私は120円」と来て、やっと、

「120円なら売ってもいいか」

という人が現れる……なんて感じです。

こういったやりとりは、実際はコンピュータ上で行われます。証券会社が取り次いで、売買注文を証券取引所に流し、条件が合えば約定《やくじょう》します。詳しい取引方法は、次の章で解説しましょう。

株はほぼ毎日取引されています。1日の中でも何度も約定しますが、「株価」というのは、一番最近、売買が成立した際についた値段のことをいうのです。

用語解説

約定
やくじょう

証券会社に出した株の売買注文が成立すること。たとえば、株数や株価などの条件を指定して買い注文を出した時には、別の投資家がその条件と折り合う売り注文を出してくれれば、売買が成立します。いくら売買注文を出しても約定しなければ、株を手に入れたり処分したりできません。

株価
かぶか

株価とは株の値段のこと。投資家どうしが希望価格を出し合って、折り合ったら取引が成立する仕組みなので、株には「定価」はなく、取引が成立するたびに株価は変化することになります。今の株価とは、一番直近に取引が成立した価格のことで、この「株価」で注文を出しても、必ずしも売買が成立するわけではありません。

株は 証券取引所で売買される
売りたい
買いたい
証券会社
取り次ぎ
証券取引所
取り次ぎ
証券会社
投資家
条件が合えば売買成立
投資家
買いたい人が多いと、株価は上がる
売って！
100円
高くても買うよ！
120円
買いたい！
130円！
ま、高い値段なら考えてやってもいいかな‥
買いたい人が殺到！！
売りたい人
売りたい人が多いと、株価は下がる
買いたい人はまばら…
買ってください！
80円！
安くしとくよ！
売りたい！
いらないや
30円なら買ってもいいかも

株価が上がったところで売れば、差額が儲けになる！

「値《ね》上《あが》り益《えき》」で大きく儲けよう！

株を買うメリットには、利益の分け前としての「配当《はいとう》」のほか、「値《ね》上《あが》り益《えき》」があります。**値上り益とは、株を、買った値段より高い値段で売ることで得られる利益のこと**です。

安く仕入れて高く売る――とても単純ですが、上手に売買できれば、配当とは比べ物にならないくらい**大きな利益を得ることができます**。

コツは、いい銘柄を選ぶことと、いいタイミングで売買すること。

いい銘柄とはもちろん、利益をしっかり稼いでくれる会社の株のことです。できれば、今後利益がグングン伸びていく会社がいいですね。そうした会社なら、「自分もその会社の株主になりたい」という人が増えて、株価が値上がりしていくはずだからです。また、利益をしっかり稼ぐ会社、利益をグングン伸ばす会社ならば、配当だって増やしていけます。

しかし、どんなにいい会社でも、高い値段で買ってはいけません。普段の買い物もそうですが、ましてや転売して儲けようというのです。できるだけ安く仕入れなければ、儲けられません。

そこで本書では、どうしたら「いい銘柄」を選ぶことができるのかということと、どうしたら「安く」買えるのかということを解説していくことにします。

「こんなにいい株が、こんなに安い値段で売られている！」というものを見つけて、それを仕入れて値上がりを待つ――それが賢い株の買い方なのです。

用語解説

値上り益
ねあがりえき

株を売買することによって得られる利益のこと。たとえば、10万円で買った株を20万円で売ることができれば、10万円の“値上り益”となります。その反対に売買して受ける損失のことを「値下り損」といいます。

株でデッカク儲けるには"値上り益"を狙うこと！

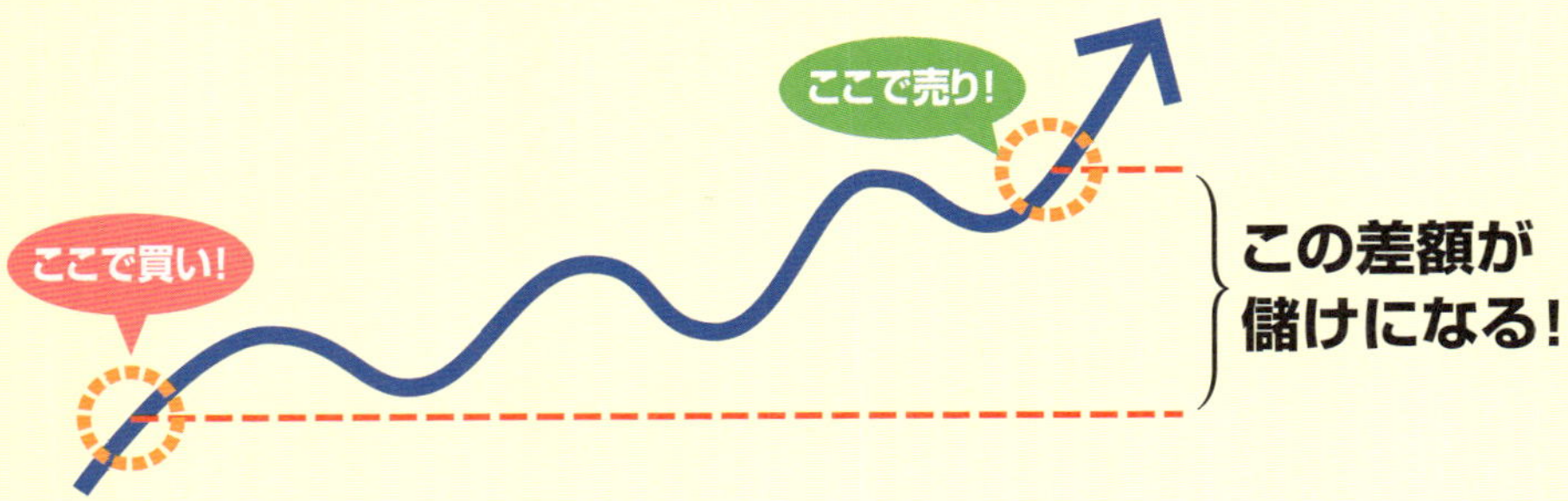
ここで買い！
ここで売り！
この差額が
儲けになる！

コツは

❶ 値上りが期待できる"いい会社の株"を買うこと！

❷ できるだけ安く買うこと！

こ〜〜んなに儲けられたよ！
これだけ儲かったよ！
ぜんぜん儲からないよ〜
株価
超安い時に買い!!
まあまあ安い時に買い！
高くなってから買い
同じいい会社でも株価が安い時に買わなきゃ儲からないね！

利回り3%台もいっぱい！「配当」を受け取ろう！

株の楽しみには「値上り益」と「配当」「株主優待」（10・11ページ）があります。値上り益は、買い値より高く株を売ったら受け取れる利益のことでした。では、配当や株主優待はどのようにしたら受け取れるのでしょうか。

まず、配当から説明します。**配当とは、会社の利益を株主に分配するもの**で、金額は「1株あたりいくら」というふうに、株主総会で決まります。配当額が決まると、**株主には郵便為替など、配当を受け取るための証書が送られてきますから、それと印鑑と身分証明書を持って郵便局や銀行に行けば、決まった金額を受け取ることができる**のです。

また、証券会社にあらかじめ申し込みをすることで、自分の銀行口座に配当を振り込んでもらう形にすることもできます。また、証券口座を振り込み先に指定することも可能です。

手続きは、証券会社のサイトなどから簡単に行えます。郵便局などへ行く手間も省け、取りっぱぐれもないことから、ぜひ利用したいサービスです。

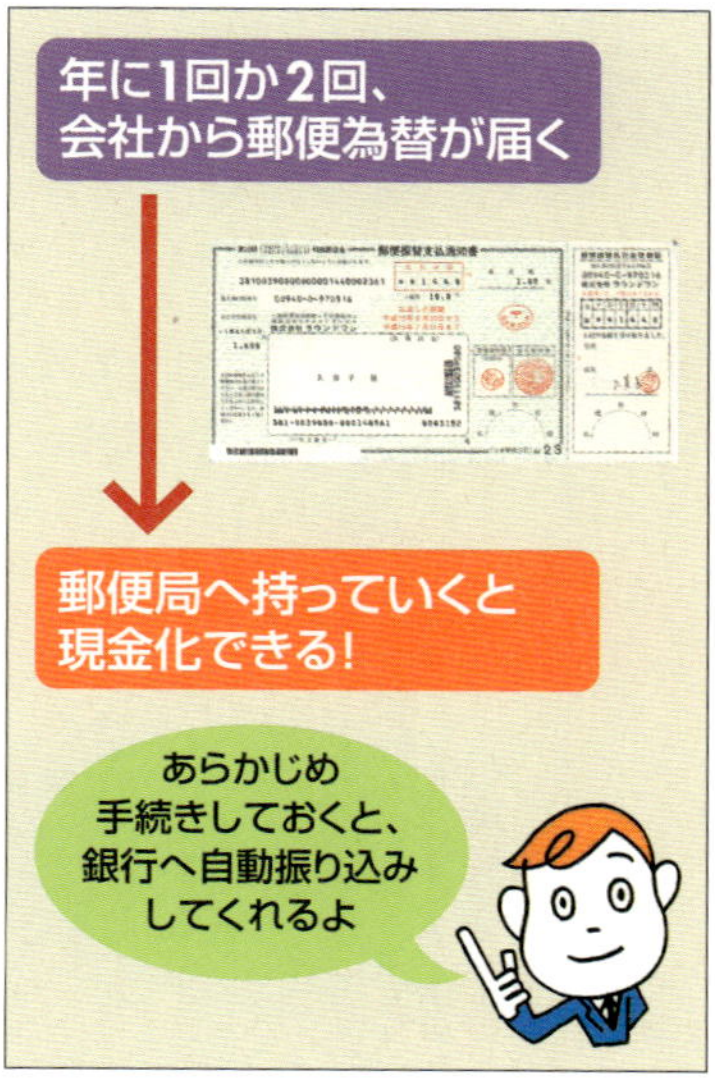
年に1回か2回、
会社から郵便為替が届く
郵便局へ持っていくと
現金化できる！
あらかじめ
手続きしておくと、
銀行へ自動振り込み
してくれるよ

配当利回り3%台がいっぱい

銘柄コード	銘柄名	株価	単元株数	配当利回り
9654	コーエー	778円	100株	7.07%
4716	日本オラクル	3230円	100株	5.36%
8031	三井物産	923円	1000株	4.98%
7974	任天堂	2万7250円	100株	4.62%
8053	住友商事	845円	100株	4.50%
4502	武田薬品工業	3930円	100株	4.27%
4704	トレンドマイクロ	2420円	500株	4.01%
9412	スカパー	3万8950円	1株	3.85%
8219	青山商事	1304円	100株	3.83%
9766	コナミ	1416円	100株	3.81%
4568	第一三共	1912円	100株	3.66%
6417	SANKYO	4420円	100株	3.39%
4307	野村総合研究所	1560円	100株	3.21%
4676	フジ・メディアHG	11万2600円	1株	3.20%
9437	NTTドコモ	15万2100円	1株	3.16%
7458	第一興商	916円	100株	2.73%
9503	関西電力	2295円	100株	2.61%
2651	ローソン	4280円	100株	2.57%
4911	資生堂	1407円	1000株	2.42%
9501	東京電力	2710円	100株	2.40%
9531	東京ガス	394円	1000株	2.03%
9020	JR東日本	5580円	100株	1.97%
9021	JR西日本	34万7000円	1株	1.73%

年7.07%!!

たとえば、8万4500円の投資で年3802円の配当が受け取れる、ということ!

3%以上の利回りなんて預貯金じゃ望めないよね!

いくら配当を受け取れるかも、会社によってまちまちです。左には、主な会社の09年2月時点での配当利回りをまとめました。配当利回りとは、投資金額（株を買うのに必要な金額のこと。株価×単元株数。詳しくは54ページ）と、配当額を比べて、どのくらい利回りがあるかを計算したものです。

武田薬品工業の場合4・27%になっています。これは、**39万3000円で株を買ったら、1万6781円の配当を受け取れる**ということです。39万3000円を定期預金にしても年3000円の利息を受け取れるかどうかという状況ですから、これはなかなかのリターンと言えるでしょう。

ただし、**配当額は会社の業績によって毎年見直されますから、この利回りが来年以降も続くかどうかはわかりません**。業績が伸びれば配当も増えるでしょうし、業績が悪化すれば配当は減る可能性があります。ですから、配当を狙うなら、業績がかなり安定していると思える会社を選ぶべきです。

今どんなに配当利回りが高くても、今後業績が悪化すれば、配当が減るばかりか株価の値下がりで損してしまう可能性もあるのです。

column

「株主優待」と「配当」はスケジュールに注意！

株主優待は10・11ページで紹介したように、会社から株主へのプレゼントです。**すべての会社が行っているわけではありません**が、近年、実施する会社が多くなってきています。

株主優待では、自社製品の詰め合わせや、店舗の利用券、割引券のほか、お米券やクオカードなどの金券、地方の特産品がもらえることもあります。各会社から郵送で送られてきますが、いくつかの品から選べる場合は、まず、カタログが送られてきて、品物を選んでハガキを返送するなどします。

株を買いたいと思っている会社に株主優待があるかどうかは、その会社のホームページで調べることができます。また、ネット証券の銘柄情報欄やYAHOO！ファイナンスなどでも調べられます。

優待内容を調べる時は、**「何株持っていれば優待を受けられるのか」を必ずチェックしましょう**。たとえば、「5株で自社製品1000円相当」という場合、1株しか持っていないならこの優待は受けられません。

株主優待はあくまでプレゼントですから、不在の場合や、返送すべきハガキを送らなかった場合にも、会社からは何の通知も来ません。そのまま受け取れなくなることが多いので要注意です。

配当と株主優待について、とても大切なことがあります。それは、**「いつの時点で株主であれば受け取れるのか」**ということです。これを「権利確定日」といい、この日に株主でないと、配当も株主優待も受け取ることができません。

「最終売買日」までに株を買って持っておく！
配当、優待ともこの日までに買わなきゃもらえない！
水 25 最終売買日
木 26 権利落ち日
金 27
土 28 休日
日 29 休日
月 30
火 31 （決算日）権利確定日
水 1
4営業日前
この日に株を売っても、配当や優待はもらえる！
09年の最終売買日の例
4
5
6
SUN MON TUE WED THU FRI SAT
最終売買日1→権利確定日1
最終売買日2→権利確定日2

権利確定日（原則として決算日）に株主として登録されておくには、**権利確定日の4営業日前までに株を買って、持っておく必要があります。**なぜなら、注文が成立しても、それは契約が成立しただけに過ぎず、実際に株主名簿が書き換えられるまでに時間がかかるからなのです。この4営業日前の日を「権利付き最終日」、または**「最終売買日」といいます。**権利確定日が土・日・祝日に重なった場合は、実質的な確定日が前日に繰り上がりますから注意が必要です。また暦上、祝日でなくても、株式市場が開いていない大晦日なども、権利確定日が大納会《だいのうかい》（その年の市場が開く最終日）まで前倒しになりますから注意しましょう。なお、会社によっては中間決算も権利確定日になることがあります。

いつが最終売買日かは、各会社のホームページで調べたり、電話で聞いたりしてもいいですし、証券会社によっては、銘柄情報欄に掲載されていることもあります。最終売買日を1日でも過ぎると、配当も株主優待ももらえなくなりますから、くれぐれも注意してください。なるべく期日ギリギリでなく、前もって買っておくといいでしょう。

「株主優待」と「配当」を狙って株価は上昇する!!

たとえば最終売買日に株を買い、翌日売ってしまっても、権利確定日には株主であるわけですから、配当も株主優待も受け取ることができます。一見、ものすごい裏ワザのように見えますが、注意しなければならないことがあります。

日本ケンタッキー・フライド・チキン(9873)

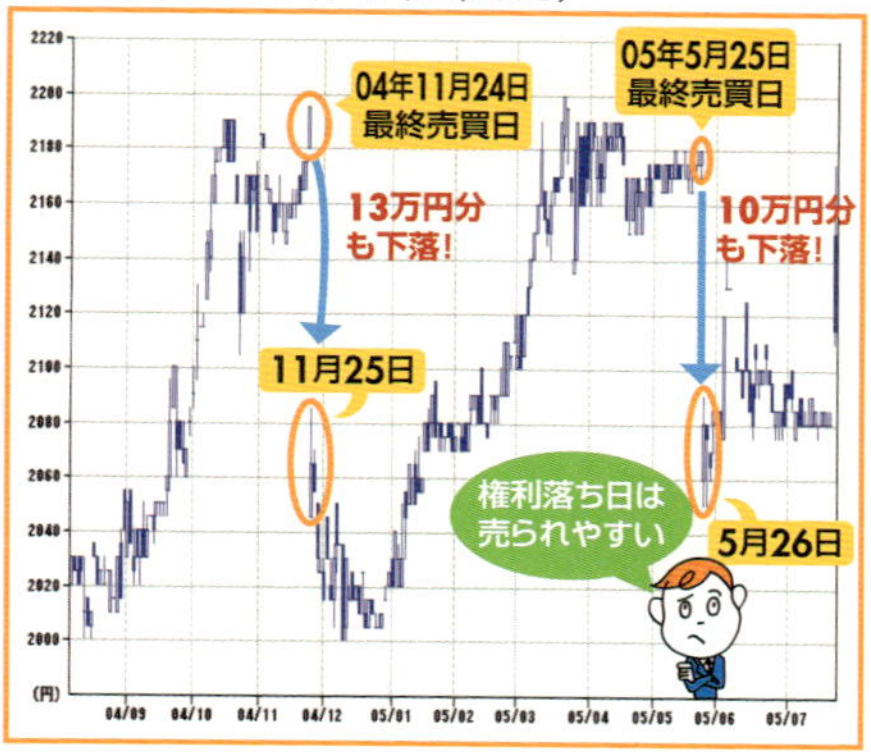
04年11月24日
最終売買日
13万円分
も下落!
11月25日
05年5月25日
最終売買日
10万円分
も下落!
5月26日
権利落ち日は
売られやすい

上の株価チャートを見てください。株価チャートとは株の値動きを表したグラフのこと。詳しい見方は5章で説明しますが、横軸は日にち、縦軸は値段で、青い部分が株価を表しています。

05年5月25日の最終売買日に向かってだんだん株価が上昇していっているのがわかりますか?

配当や株主優待を得るために、多くの投資家がこの最終売買日を見越して株を買い進んでいるため、株価が上昇しているのです。そして、最終売買日の翌日には大きく下がっていますね。配当や株主優待の権利を得た投資家は、「もうこの株はいらないや」とばかりに売りに出してしまったのです。

最終売買日の翌日を「権利落ち日」といいますが、この日は株主優待や配当の金額分だけ株価が下落することが多くなります。

本当に配当や株主優待が魅力的だと思う会社なら、こういった権利にまつわる株価の動きを気にせずに、売買してもいいかもしれません。しかし、あくまで値上り益がメインで配当や株主優待はオマケと考えるのなら、最終売買日直前に株を買うのは高値で買うことになるので避けた方がいいでしょう。

第2章

今すぐ開始!
ネット証券で株を買おう

STEP 1 ネット証券に口座を開こう！

株は証券会社の店頭や、電話でも買うことができますが、インターネットで買うことを強くオススメします。

ネットなら、手数料も安く、豊富な情報もゲットでき、すばやく手軽に注文を出すことができます。株で儲けるには、コストを安く抑えること、良い情報を仕入れること、機敏に売買することが重要ですが、ネット証券を利用すれば、そのすべてが可能になるのです！

口座開設は超カンタン！ 郵送でOK!!

ではさっそく、ネット証券に口座を開いてみましょう。

まず、ネット証券のホームページを検索して、そのページを開きます。ネット証券の選び方については、64ページからを見てください。そして、トップページに、「口座開設はこちら」などと書かれているはずですので、それをクリックして、ホームページの誘導にしたがって必要な情報を入力すると、「口座開設申込書」が郵送で送られてきます。あるいは、ネット証券のホームページにコールセンターの電話番号が書いてあったら、そこに電話することによっても「口座開設申込書」がすぐに送られてきます。

「口座開設申込書」が郵送で送られてきたら、それに記入・なつ印して、運転免許証などの本人確認書類を同封して送り返しましょう。だいたい1～2週間後には口座開設は完了。取引に必要なIDや

パスワード、入金する時に使う銀行口座が記載された用紙が送られてきます。

株を買う前に口座にお金を入金！

ネット証券を選ぶポイントは、①手数料、②情報の充実度、③取扱商品、④経営の安全性の4つです。

ネット証券の自分の口座にお金を入れて、その資金で株を売買するわけですが、口座へ入金するには、ネット証券側に指定された銀行口座を使います。**指定の銀行口座にお金を振り込むと、そのお金が自分の口座に入金される仕組み**です。

指定の銀行に振り込んでから、自分の口座に入金されるまでには、時間のかかることもあります。なるべく時間に余裕を持って、入金するようにしましょう。

口座に入金したり、口座から出金する際の手数料は、ネット証券が負担する場合と、顧客（あなた）が負担する場合とがあります。また、提携している銀行を使うと無料になることもありますから、こちらも要チェックです（66・67ページを参照）。

少し面倒だけど、会社員は源泉なしが有利な場合も

申込用紙に記入の際は、投資スタンスは「余裕資金で」を選びましょう。

唯一の悩みどころは、「特定口座」の欄でしょう。株で利益が出たら税金を支払いますが（利益の10％）、**確定申告をしたくないなら、利益が出る都度、源泉される「特定口座・源泉あり」を選びます**。確定申告をしてもいいなら、「特定口座・源泉なし」でもいいでしょう。まとめて取引明細を送ってくれますから、それをもとに自分で確定申告を行います。

会社員の場合、給与所得以外の収入が年20万円以内なら、その分に関しては確定申告（納税）が免除されるという特例があります。株以外に収入がなければ、株での利益20万円までは実質無税になるわけですが、この特例を利用するなら、必ず「特定口座・源泉なし」を選ばなければなりません。この特例を理由にいったん、源泉された税金を返してもらうことはできないからです。

口座開設は無料でできますし、口座を開いたからといって、必ずその口座で取引しなくちゃならないというわけでもないので、あまり悩みすぎずに、いくつか開いてみることをオススメします。

用語解説

ネット証券
ねっとしょうけん

インターネットで株の売買注文が出せる証券会社のことで、現在、約40社あります。インターネット専業の場合と、従来型の店舗も併せ持つ場合とがあり、手数料が安いのが人気。個人の売買の主流はネット証券に移りつつあります。

※66、67ページに「オススメ！ ネット証券をチェック！」があります。

口座開設申込用紙に記入しよう！

とってもカンタンだよ！

①
氏名や
住所など
を記入！

②
なつ印する

いわゆる
ゴム印は
ダメ！

③
勤務先も
記入！

④
勤め先が上
場している
ならここも
記入！

⑤
開設した
自分の口座
に入金する
のに使う
銀行を選ぶ

⑥
税金を
どう払うか
を決める

詳しくは
47、179
ページを
見てね！

⑦
投資に
関する
アンケート

ここも必ず
全部記入
しよう！

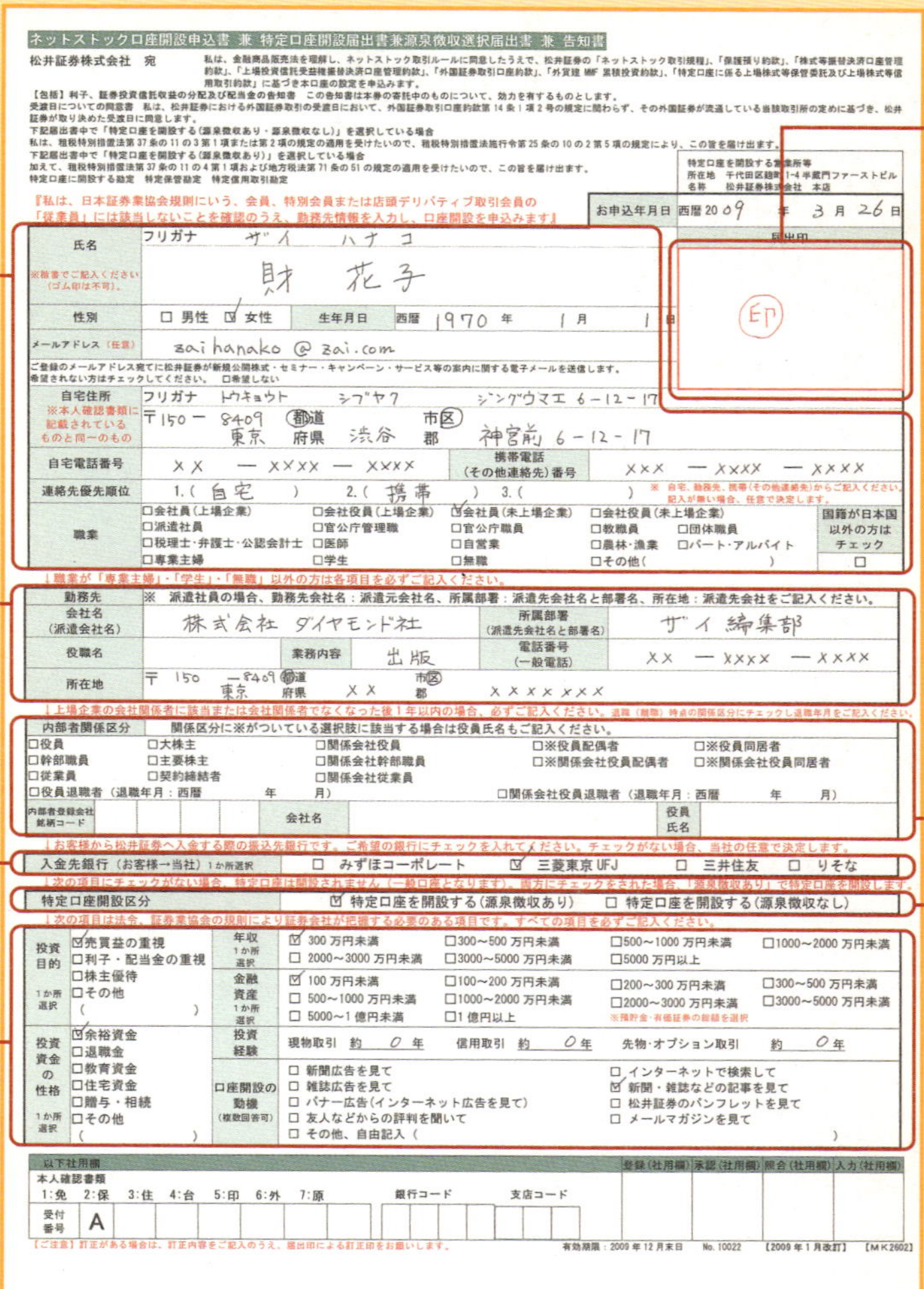

ネットストック口座開設申込書 兼 特定口座開設届出書兼源泉徴収選択届出書 兼 告知書

松井証券株式会社　宛

私は、金融商品販売法を理解し、ネットストック取引ルールに同意したうえで、松井証券の「ネットストック取引規程」、「保護預り約款」、「株式等振替決済口座管理約款」、「上場投資信託受益権振替決済口座管理約款」、「外国証券取引口座約款」、「外貨建 MMF 累積投資約款」、「特定口座に係る上場株式等保管委託及び上場株式等信用取引約款」に基づき本口座の設定を申込みます。

【包括】利子、証券投資信託収益の分配及び配当金の告知書　この告知書は本券の寄託中のものについて、効力を有するものとします。

受渡日についての同意書　私は、松井証券における外国証券取引の受渡日において、外国証券取引口座約款第 14 条 1 項 2 号の規定に関わらず、その外国証券が流通している当該取引所の定めに基づき、松井証券が取り決めた受渡日に同意します。

下記届出書中で「特定口座を開設する（源泉徴収あり・源泉徴収なし）」を選択している場合

私は、租税特別措置法第 37 条の 11 の 3 第 1 項または第 2 項の規定の適用を受けたいので、租税特別措置法施行令第 25 条の 10 の 2 第 5 項の規定により、この旨を届け出ます。

下記届出書中で「特定口座を開設する（源泉徴収あり）」を選択している場合

加えて、租税特別措置法第 37 条の 11 の 4 第 1 項および地方税法第 71 条の 51 の規定の適用を受けたいので、この旨を届け出ます。

特定口座に開設する勘定　特定保管勘定　特定信用取引勘定

特定口座を開設する営業所等　所在地　千代田区麹町 1-4 半蔵門ファーストビル　名称　松井証券株式会社　本店

『私は、日本証券業協会規則にいう、会員、特別会員または店頭デリバティブ取引会員の「従業員」には該当しないことを確認のうえ、勤務先情報を入力し、口座開設を申込みます』

お申込年月日　西暦 2009 年 3 月 26 日

届出印　印

氏名 ※楷書でご記入ください（ゴム印は不可）。	フリガナ　ザイ　ハナコ 財　花子
性別	□男性　☑女性　生年月日　西暦 1970 年 1 月 1 日
メールアドレス（任意）	zaihanako@zai.com
ご登録のメールアドレス宛てに松井証券が新規公開株式・セミナー・キャンペーン・サービス等の案内に関する電子メールを送信します。希望されない方はチェックしてください。□希望しない	
自宅住所 ※本人確認書類に記載されているものと同一のもの	フリガナ　トウキョウト　シブヤク　ジングウマエ 6－12－17 〒150－8409　東京 都道府県　渋谷 市区郡　神宮前 6－12－17
自宅電話番号	XX－XXXX－XXXX　携帯電話（その他連絡先）番号　XXX－XXXX－XXXX
連絡先優先順位	1.（自宅）2.（携帯）3.（　）※自宅、勤務先、携帯（その他連絡先）からご記入ください。記入が無い場合、任意で決定します。
職業	□会社員（上場企業）□会社役員（上場企業）☑会社員（未上場企業）□会社役員（未上場企業） □派遣社員　□官公庁管理職　□官公庁職員　□教職員　□団体職員 □税理士・弁護士・公認会計士　□医師　□自営業　□農林・漁業　□パート・アルバイト □専業主婦　□学生　□無職　□その他（　） 国籍が日本国以外の方はチェック □

↓職業が「専業主婦」・「学生」・「無職」以外の方は各項目を必ずご記入ください。

勤務先	※派遣社員の場合、勤務先会社名：派遣元会社名、所属部署：派遣先会社名と部署名、所在地：派遣先会社をご記入ください。
会社名（派遣会社名）	株式会社ダイヤモンド社　所属部署（派遣先会社名と部署名）ザイ編集部
役職名	業務内容　出版　電話番号（一般電話）XX－XXXX－XXXX
所在地	〒150－8409　東京 都道府県　XX 市区郡　XXXXXXX

↓上場企業の会社関係者に該当または会社関係者でなくなった後 1 年以内の場合、必ずご記入ください。退職（離職）時点の関係区分にチェックし退職年月をご記入ください。

内部者関係区分　関係区分に※がついている選択肢に該当する場合は役員氏名もご記入ください。

□役員　□大株主　□関係会社役員　□※役員配偶者　□※役員同居者
□幹部職員　□主要株主　□関係会社幹部職員　□※関係会社役員配偶者　□※関係会社役員同居者
□従業員　□契約締結者　□関係会社従業員
□役員退職者（退職年月：西暦　年　月）　□関係会社役員退職者（退職年月：西暦　年　月）
内部者登録会社銘柄コード　会社名　役員氏名

↓お客様から松井証券へ入金する際の振込先銀行です。ご希望の銀行にチェックを入れてください。チェックがない場合、当社の任意で決定します。

入金先銀行（お客様→当社）1か所選択　□みずほコーポレート　☑三菱東京 UFJ　□三井住友　□りそな

↓次の項目にチェックがない場合、特定口座は開設されません（一般口座となります）。両方にチェックをされた場合、「源泉徴収あり」で特定口座を開設します。

特定口座開設区分　☑特定口座を開設する（源泉徴収あり）　□特定口座を開設する（源泉徴収なし）

↓次の項目は法令、証券業協会の規則により証券会社が把握する必要のある項目です。すべての項目を必ずご記入ください。

投資目的 1か所選択	☑売買益の重視　□利子・配当金の重視　□株主優待　□その他（　）
年収 1か所選択	☑300 万円未満　□300～500 万円未満　□500～1000 万円未満　□1000～2000 万円未満　□2000～3000 万円未満　□3000～5000 万円未満　□5000 万円以上
金融資産 1か所選択	☑100 万円未満　□100～200 万円未満　□200～300 万円未満　□300～500 万円未満　□500～1000 万円未満　□1000～2000 万円未満　□2000～3000 万円未満　□3000～5000 万円未満　□5000～1 億円未満　□1 億円以上　※預貯金・有価証券の総額を選択
投資資金の性格 1か所選択	☑余裕資金　□退職金　□教育資金　□住宅資金　□贈与・相続　□その他（　）
投資経験	現物取引 約 0 年　信用取引 約 0 年　先物・オプション取引 約 0 年
口座開設の動機（複数回答可）	□新聞広告を見て　□雑誌広告を見て　□バナー広告（インターネット広告を見て）　□友人などからの評判を聞いて　□その他、自由記入（　）　□インターネットで検索して　☑新聞・雑誌などの記事を見て　□松井証券のパンフレットを見て　□メールマガジンを見て

以下社用欄　登録（社用欄）承認（社用欄）照合（社用欄）入力（社用欄）
本人確認書類　1:免　2:保　3:住　4:台　5:印　6:外　7:原　銀行コード　支店コード
受付番号　A

【ご注意】訂正がある場合は、訂正内容をご記入のうえ、届出印による訂正印をお願いします。　有効期限：2009 年 12 月末日　No. 10022　【2009 年 1 月改訂】　【MK2602】

自分の口座に入金する方法

振り込む → ネット証券に指定された銀行口座 → 入金 → ネット証券の自分の口座

※入金の際に、提携している銀行や郵貯を使うと、振込手数料が無料になるネット証券もあります（ネットでの振込みに限るなど制限あり）。詳しくは66、67ページ。

この書類に本人確認書類のコピーを添えて郵送しよう！

申込用紙に記入なつ印したら、本人確認書類（住所の記載のあるもの）のコピーと一緒に送り返します。すると、1～2週間で、口座開設完了のお知らせが届きます。さっそく、そこに記載されているIDとパスワードで、証券会社のホームページからログインしてみましょう。

STEP 2 どの株を買う？　銘柄を選ぼう！

銘柄選びのポイントは、まず、①業績のいい会社を探して、②それを安い株価で買う、ということです。そこで、業績の情報や株価の情報が必要になるわけですが、それらの情報は、ネット証券が提供してくれます。

ヤフーなどのポータルサイトでも、株価や企業情報を見ることができますが、速さや充実度では、やはり、ネット証券のものに軍配が上がるでしょう。

ネット証券ならたくさんの情報を見ることができる！

気になる会社が、どんな事業を行っていて、業績はどうなのかを、ネット証券で調べてみましょう。まず、調べたい銘柄の名前か銘柄コードを入力して検索します。すると、その銘柄に関する様々な情報を見ることができます。

会社のプロフィールや業績の推移はもちろん、その会社に関するニュース、株価チャート（値動きのグラフ）、ネット証券によっては株主優待情報なども見ることができるのです。

用語解説

銘柄コード
めいがらこーど

銘柄ごとにつけられている４ケタの番号のこと。似たような名前の会社でも、銘柄コードがあれば、間違えずに注文ができます。銘柄コードが何番かわからなくても、ネット証券のホームページで会社名から検索できますので安心を。

株で成功するかどうかは銘柄選び次第！

銘柄選びのポイントはこの2つ
1 業績のいい会社を探す
2 割安な株価で買う
第3章から詳しく解説するよ！

どんな会社かな？ 業績を調べてみよう！

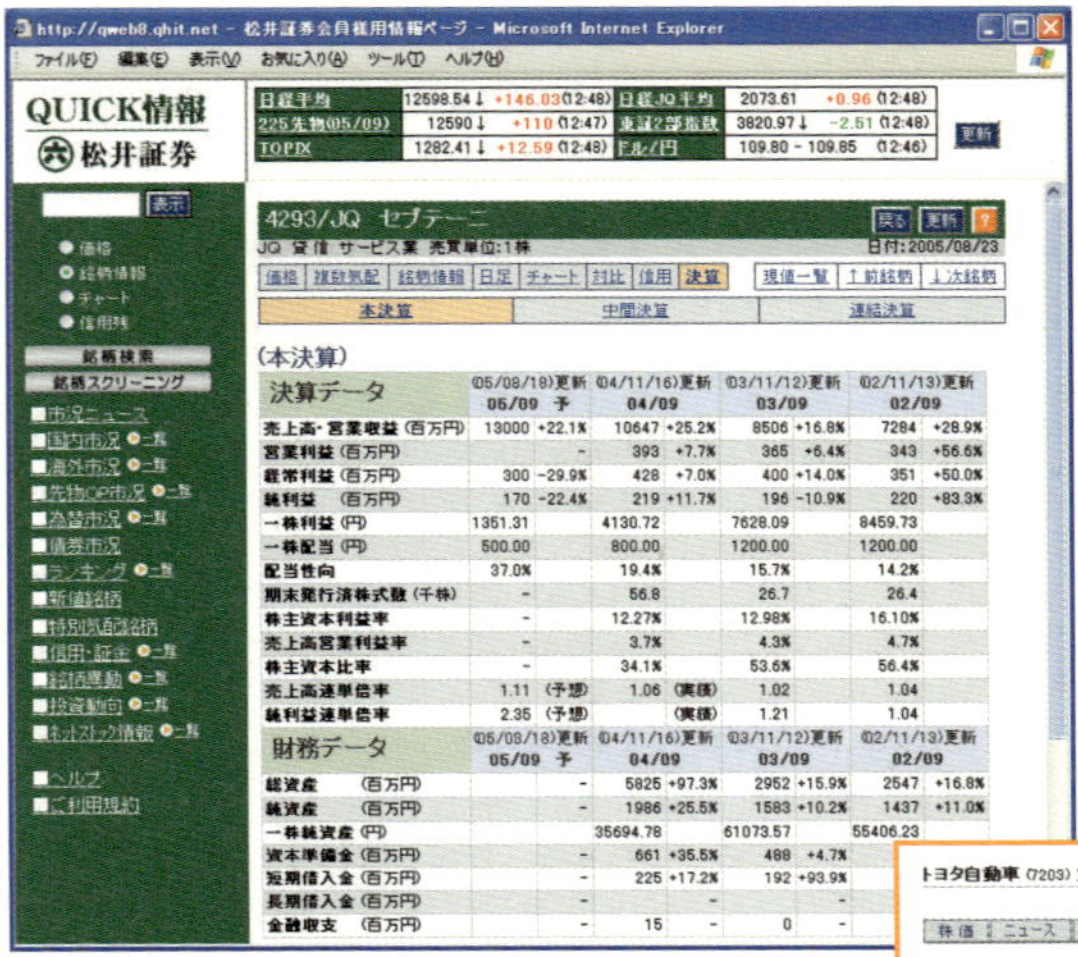
4293/JQ セブテーニ
JQ 貸信 サービス業 売買単位:1株　日付:2005/08/23
(本決算)

決算データ	(05/08/18)更新 05/09 予		(04/11/16)更新 04/09		(03/11/12)更新 03/09		(02/11/13)更新 02/09	
売上高・営業収益 (百万円)	13000	+22.1%	10647	+25.2%	8506	+16.8%	7284	+28.9%
営業利益 (百万円)		-	393	+7.7%	365	+6.4%	343	+56.6%
経常利益 (百万円)	300	-29.9%	428	+7.0%	400	+14.0%	351	+50.0%
純利益 (百万円)	170	-22.4%	219	+11.7%	196	-10.9%	220	+83.3%
一株利益 (円)	1351.31		4130.72		7628.09		8459.73	
一株配当 (円)	500.00		800.00		1200.00		1200.00	
配当性向	37.0%		19.4%		15.7%		14.2%	
期末発行済株式数 (千株)	-		56.8		26.7		26.4	
株主資本利益率	-		12.27%		12.98%		16.10%	
売上高営業利益率	-		3.7%		4.3%		4.7%	
株主資本比率	-		34.1%		53.6%		56.4%	
売上高連単倍率	1.11	(予想)	1.06	(実績)	1.02		1.04	
純利益連単倍率	2.35	(予想)		(実績)	1.21		1.04	

財務データ	(05/08/18)更新 05/09 予		(04/11/16)更新 04/09		(03/11/12)更新 03/09		(02/11/13)更新 02/09	
総資産 (百万円)		-	5825	+97.3%	2952	+15.9%	2547	+16.8%
純資産 (百万円)		-	1986	+25.5%	1583	+10.2%	1437	+11.0%
一株純資産 (円)			35694.78		61073.57		55406.23	
資本準備金 (百万円)		-	661	+35.5%	488	+4.7%		
短期借入金 (百万円)		-	225	+17.2%	192	+93.9%		
長期借入金 (百万円)		-		-		-		
金融収支 (百万円)		-	15	-	0	-		

業績データは銘柄探しの必須アイテム！

いい株かどうかを判断するには、何をやっている会社なのか、業績はどうなのかなどの情報は欠かせません。企業の業績情報はネット証券のサイトで無料で手軽に見ることができます（左は松井証券のもの）。

銘柄探しに
役立つ情報は、ネット
証券のサイトに
豊富にある！

プロによる分析も参考になる！

業績データなどから、その会社の成長性や割安さなどをプロが分析。グラフを使ってわかりやすくまとめたレポートが見られることも（右はSBI証券のもの）。

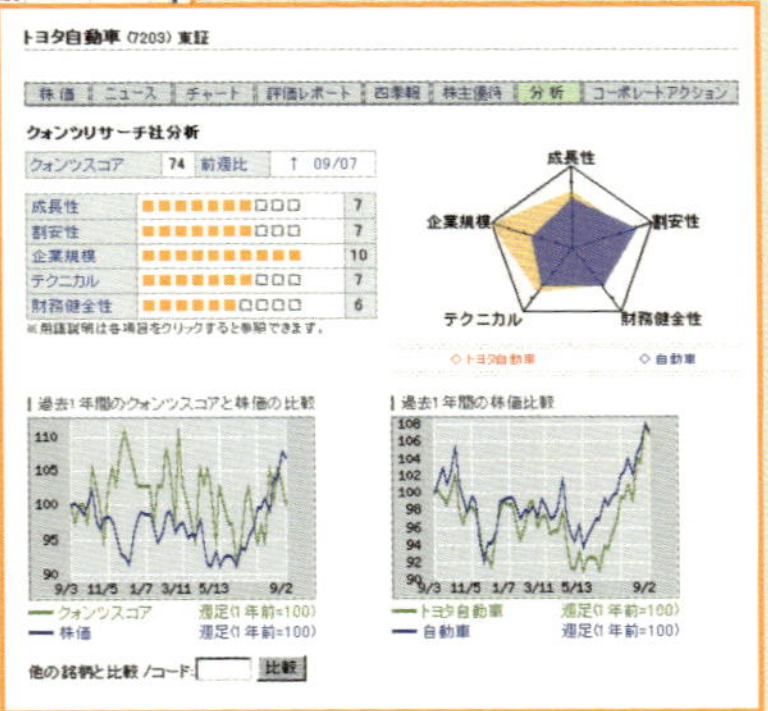

どんな会社なの？概要や業績をチェック！

それでは、ネット証券が提供する、銘柄選びに欠かせない情報にはどのようなものがあるのか、主なものを見てみましょう。

まず、各企業の「業績情報」です。業績の詳しい見方は3章で解説しますが、業績情報からは、どんな会社なのか、売上げや利益は伸びているのか、今後の見通しはどうなのか、などがわかります。

いくつかのネット証券では、「会社四季報」や「QUICK（クイック）」の情報を見ることができます。これらは、銘柄選びに役立つ企業情報を一通り網羅していて、大変便利なものです。

また、アナリストによる分析レポートを提供しているネット証券もあります。業績と合わせて見れば、銘柄選びの参考になります。

株の値動きがリアルタイムでわかる！

楽天証券
MARKETSPEED
個別チャート
国内株式
7203 トヨタ自動車 東証 週足 2003年10月10日 〜 2005年09月07日
REUTERS ロイター・ジャパン
ORACLE

「株価チャート」を使いこなして目指せ勝率アップ！

株価チャートというのは、株価の動きをグラフにしたものです。ネット証券なら様々な種類のチャートを見ることができますし、補助線を引いたりして、自分であれこれ“分析”できたりもします（左は楽天証券のもの）。

ちょっと前までは
プロしか使えな
かったような道具を
使えるよ！

刻々と変わる株価の動きに思わず手に汗握る！

値動きや売買注文の入り具合などが、手に取るようにわかるリアルタイム株価情報が使えるのは、ネット証券利用者ならでは（右はカブドットコム証券のもの）。

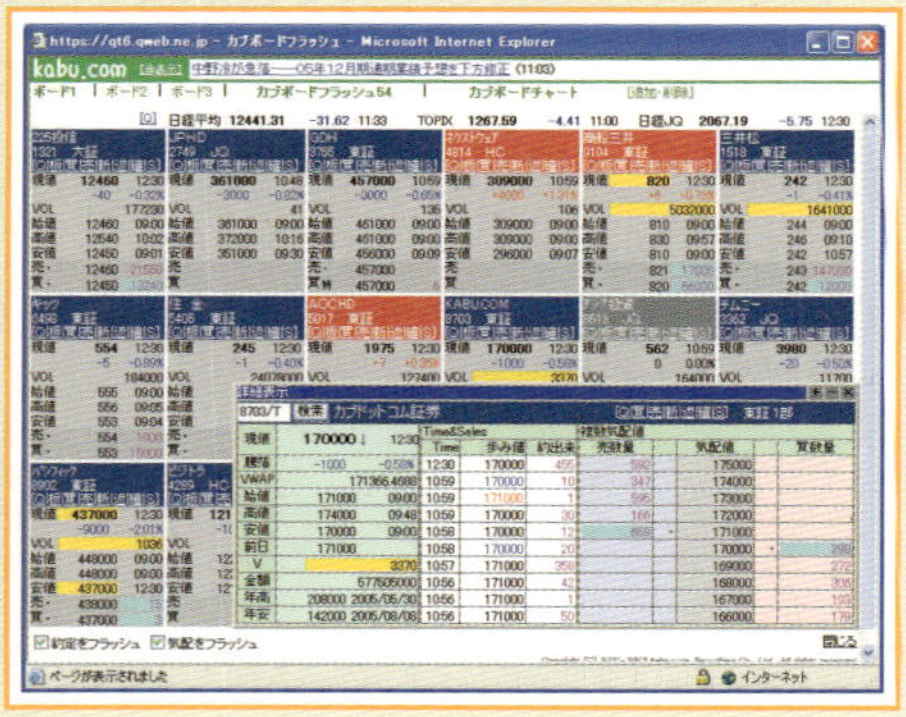
https://qt6.qweb.ne.jp - カブボードフラッシュ - Microsoft Internet Explorer
kabu.com
日経平均 12441.31
TOPIX 1267.59
カブドットコム証券

「リアルタイム株価情報」でプロ並みの情報をゲット！

今の株価はいくらなのか、いくらに何株の注文が出ているのか（板情報《いたじょうほう》）、値動きの推移はどうなのか（株価チャート）。

これら、株価に関する情報もまた、銘柄選びに欠かせないものです。無料のものと有料のものがありますが、無料の場合、情報更新のたびにクリックが必要だったりと若干の制約があります。有料の場合はクリックなしで自動更新されていくのはもちろん、**株価チャートもリアルタイムで描かれて、まさに市場の躍動感をそのまま味わうことができます**（リアルタイム株価情報）。

ライバルたちがどんな動きをしているのかがわかるので、適材適所の作戦を立てることができます。もちろん、「ここだ！」というタイミングでピタッと注文を出すことも可能です。

ニュースは速報と検索サービスが便利！

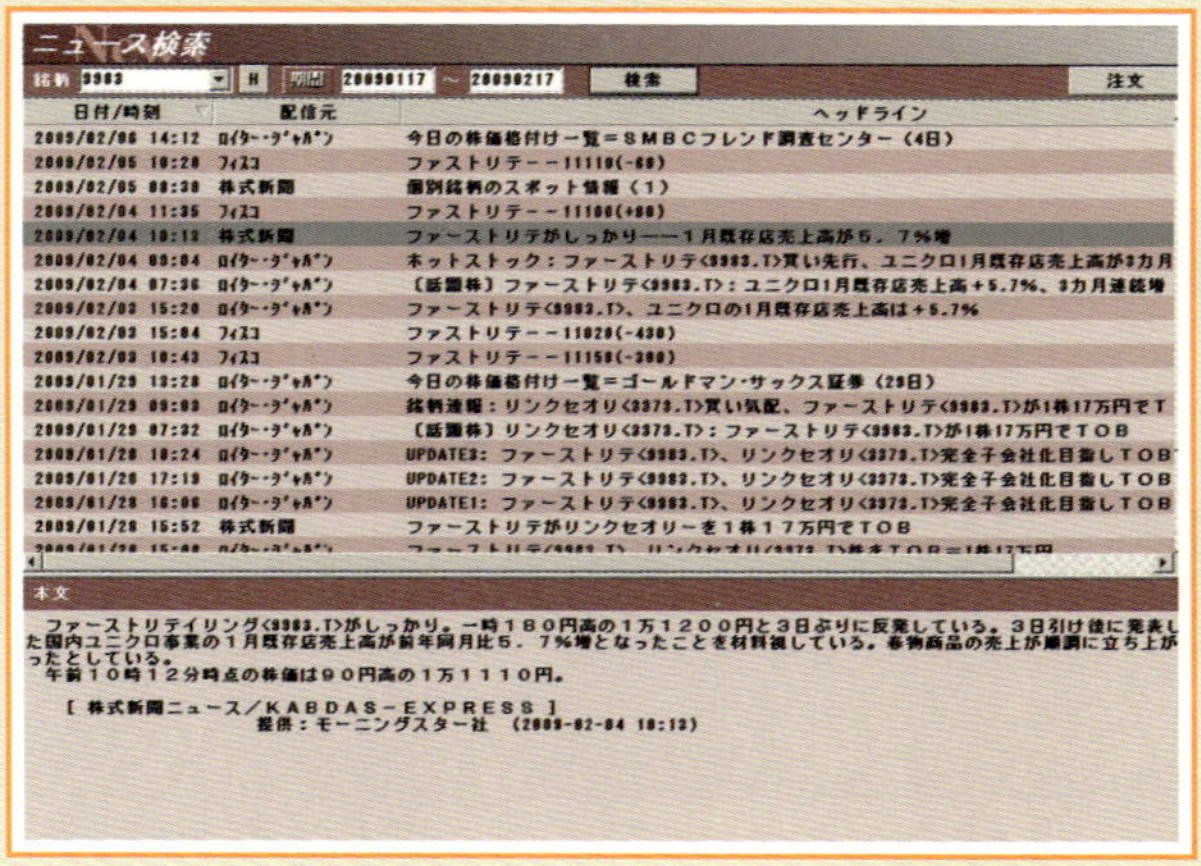

ニュースの中に儲けるためのヒントあり！

株式市場全体のニュースや、個別の企業ごとのニュースなどを見ることができます。株の専門新聞や、金融情報会社の速報ニュースがリアルタイムで更新されるので、有力情報をすばやくキャッチできます！（左は楽天証券のもの）

情報戦に勝つには ニュースも大事！

リアルタイムで見ることができるのは、株価情報だけではありません。ニュースもまた、続々と配信されます。

「○○会社が新技術を開発した」「好業績を発表した」「訴訟で勝った」などのニュースを早く入手できれば、それだけ有利に取引を進めることができます。

また、各企業ごとに関連ニュースが見られると、大変便利です。たとえば、トヨタに関するニュースだけを集めて閲覧できる……といったサービスです。

ニュースに関するおすすめサービスには他に、「日経テレコン21」があります。これは日経4紙（日経新聞、日経金融新聞、日経産業新聞、日経流通新聞）の記事検索サービスです。キーワードを入れて検索すると、関連記事が一覧できます。過去に遡って調べたい時に便利です。

銘柄選びに役立つ、こんなサービスも

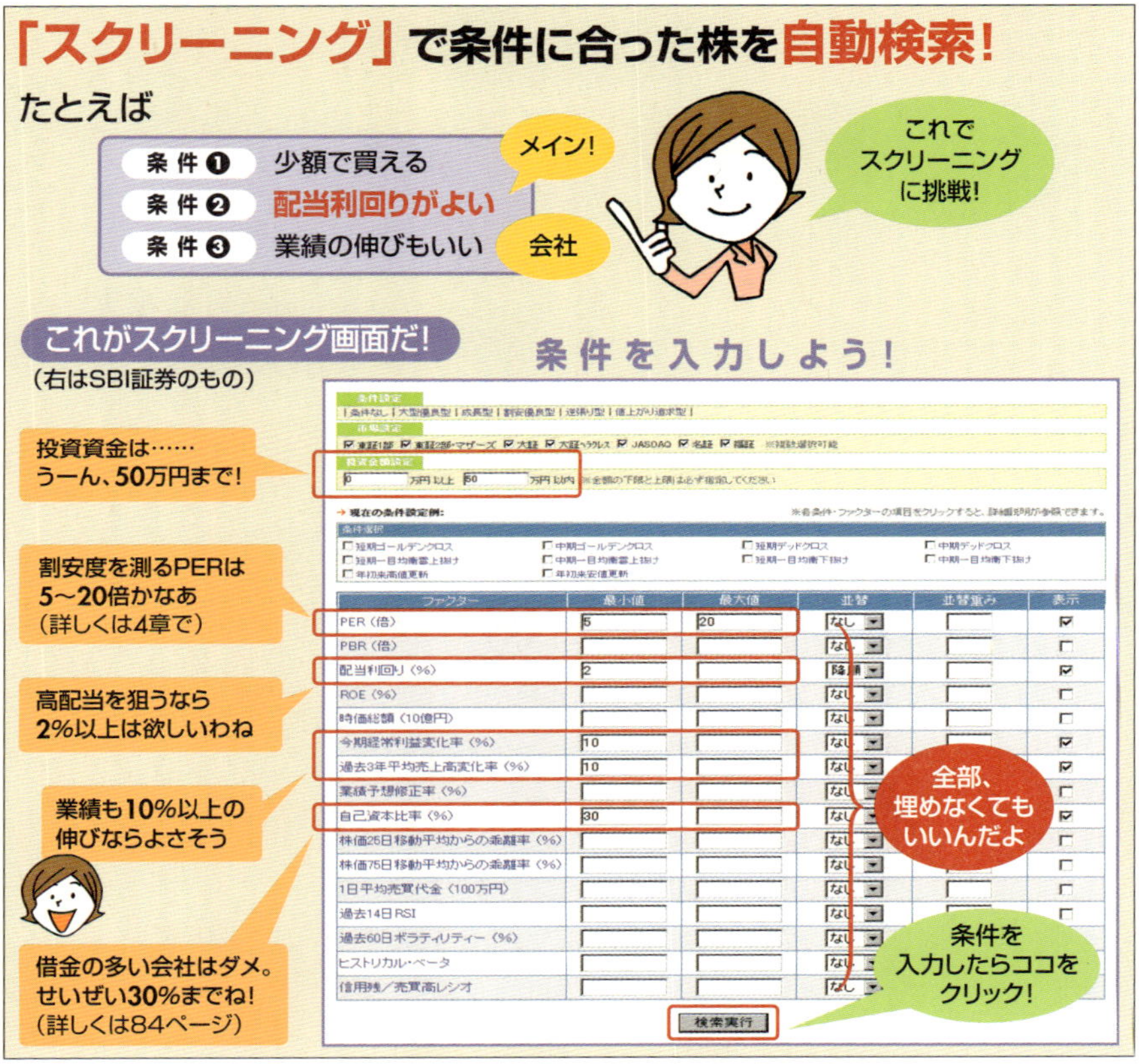
「スクリーニング」で条件に合った株を自動検索！
たとえば
条件❶ 少額で買える
条件❷ 配当利回りがよい
条件❸ 業績の伸びもいい
メイン！
会社
これでスクリーニングに挑戦！
これがスクリーニング画面だ！
（右はSBI証券のもの）
条件を入力しよう！
投資資金は……うーん、50万円まで！
割安度を測るPERは5～20倍かなあ（詳しくは4章で）
高配当を狙うなら2%以上は欲しいわね
業績も10%以上の伸びならよさそう
借金の多い会社はダメ。せいぜい30%までね！（詳しくは84ページ）
全部、埋めなくてもいいんだよ
条件を入力したらココをクリック！
現在の条件設定例：
ファクター
最小値
最大値
並替
並替重み
表示
PER（倍）
PBR（倍）
配当利回り（%）
ROE（%）
時価総額（10億円）
今期経常利益変化率（%）
過去3年平均売上高変化率（%）
業績予想修正率（%）
自己資本比率（%）
株価25日移動平均からの乖離率（%）
株価75日移動平均からの乖離率（%）
1日平均売買代金（100万円）
過去14日RSI
過去60日ボラティリティー（%）
ヒストリカル・ベータ
信用残／売買高レシオ
検索実行

ネット証券ならではの「スクリーニング」を使おう！

ネット証券ならではのサービスに、「スクリーニング」があります。これは銘柄検索のことで、業績や投資資金などの条件を入力して検索（スクリーニング）すると、条件に合った銘柄を自動で抽出してくれるものです。

条件としては、たとえば、「利益が20%以上増加していて、25万円以内で買える株」「配当利回りが3%以上で50万円以内で買える株」などが考えられます。その他、株価チャートの形を条件にすることができるなど、各社が競って機能を充実させています。

業績情報、株価情報、株価チャート、ニュース、スクリーニングがあれば、銘柄選びの情報としては完ぺきです。銘柄を選んだら、次は注文です！（銘柄選びのやり方は、3章、4章で解説します）。

STEP 3

買い注文を出そう！

注文を出すにはまず、注文したい銘柄の名前か銘柄コードを入力して、銘柄ごとの注文画面を表示させます。

今の株価や注文状況を参考に希望価格を決める

左にあるのが注文画面です。注文する前にまず、現在の株価の状況をチェックしましょう。現在の株価はいくらか？　注文の入り具合はどうか？……などを見ます。株価チャートも必ず見るようにしましょう。

これらの情報をもとに、いくらで注文を出すのかを最終決定します。決まったら、いよいよ注文です。

注文方法はとってもカンタン。慣れれば30秒くらいでできてしまいます。

基本的には「指値《さしね》」で注文！

注文時に入力するのは主に3つです。

① 何株注文するのか
② いくらで注文するのか
③ この注文の有効期限

株は銘柄ごとに100株、1000株などの「売買単位（単元株数）」が決められています。この単位ごとの〝セット販売〟が基本なので、たとえば売買単位が100株の場合は、注文は100株か、200株か、300株か――100株の整数倍になります。200株欲しい場合は「200」と入力します。

左の例のように、売買単位は注文画面に表示されることもありますが、あらかじめ、銘柄情報のページなどで調べておくとスムーズです。

用語解説

売買単位（単元株数）
ばいばいたんい（たんげんかぶすう）

株は、銘柄ごとに、「100個単位で注文すること」「1000個単位で注文すること」といった売買できる単位が決まっている。100株や1000株単位の場合が多いが、1株単位の会社も、比較的若い会社を中心に増えてきている。

今の株価をチェック！

❶ 現在値《げんざいね》はいくら？

株の注文を入れる時には、まず、「今、いくらくらいで取引されているものなのか」を、まず確認してから。現在値というのは、直近で成立した売買の価格のこと。

❸ 板情報《いたじょうほう》も見よう！

「板情報」は、売買注文の状況を表示したもの（詳しくは57ページ）。買い注文や売り注文が、いくらで、何株入っているのかを見て、「今ならいくらで買えそうかな（売れそうかな）」と考えましょう。

❷ 始値《はじめね》・高値《たかね》・安値《やすね》

次に、今日一日どんな値動きをしているのかを確認。その際チェックしたいのは始値・高値・安値の3つです。始値は、その日最初についた値段で、高値・安値は、その日に一番高く取引された値段と一番安く取引された値段のこと。さらに「株価チャート」で最近の株価の動きも確認しましょう。

株価チャートも見よう！

▲最近の株価の動きは？
詳しくは117ページから！

買い注文を出してみよう！

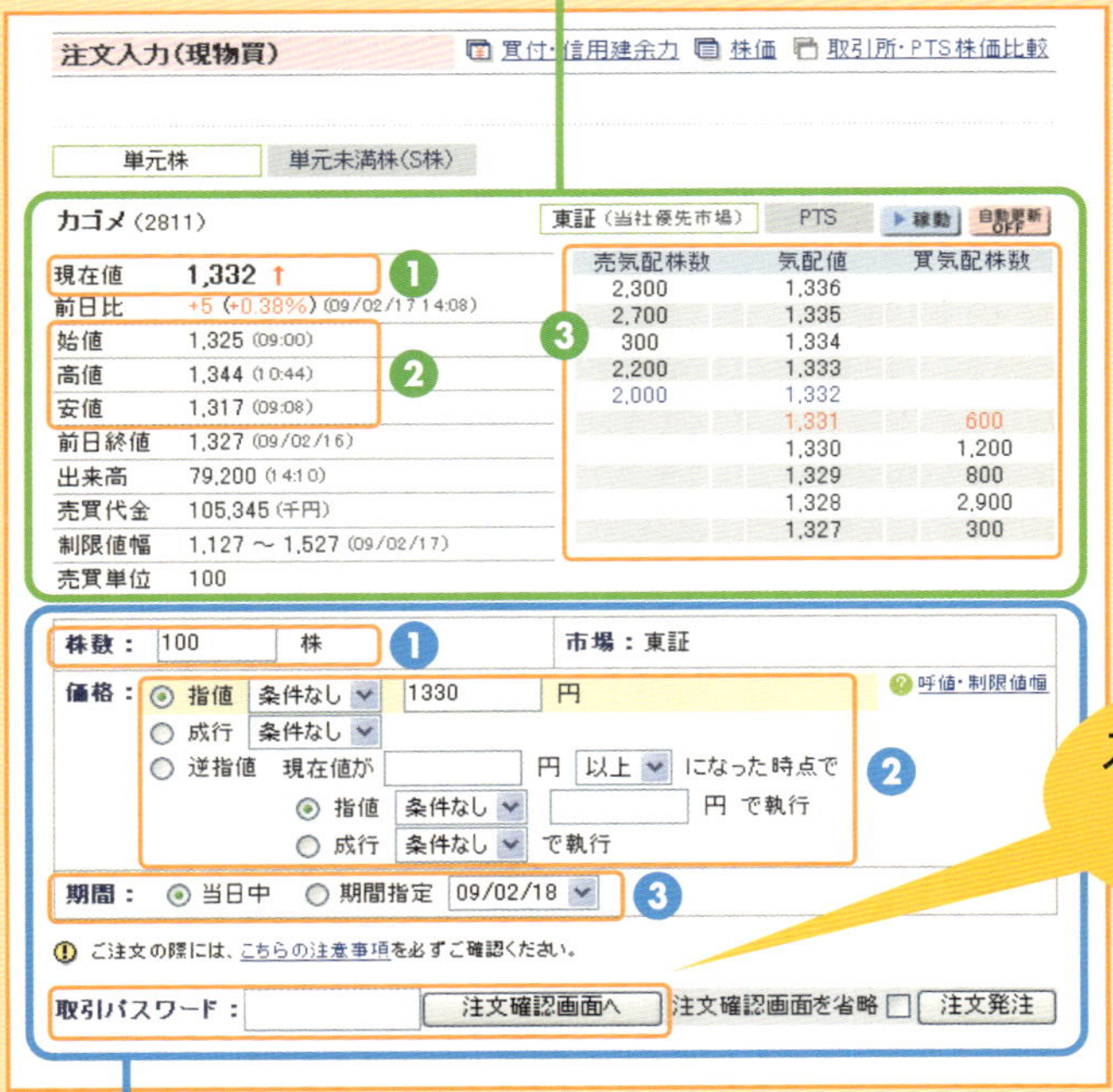

注文入力（現物買）
買付・信用建余力 株価 取引所・PTS株価比較
単元株 単元未満株（S株）
カゴメ（2811）
東証（当社優先市場） PTS 稼動 自動更新OFF
現在値 1,332 ↑ ❶
前日比 +5（+0.38%）(09/02/17 14:08)
始値 1,325 (09:00)
高値 1,344 (10:44)
安値 1,317 (09:08) ❷
前日終値 1,327 (09/02/16)
出来高 79,200 (14:10)
売買代金 105,345（千円）
制限値幅 1,127 ～ 1,527 (09/02/17)
売買単位 100
❸
売気配株数 気配値 買気配株数
2,300 1,336
2,700 1,335
300 1,334
2,200 1,333
2,000 1,332
1,331 600
1,330 1,200
1,329 800
1,328 2,900
1,327 300
株数： 100 株 ❶ 市場：東証
価格： 指値 条件なし 1330 円 呼値・制限値幅
成行 条件なし
逆指値 現在値が 円 以上 になった時点で ❷
指値 条件なし 円 で執行
成行 条件なし で執行
期間： 当日中 期間指定 09/02/18 ❸
ご注文の際には、こちらの注意事項を必ずご確認ください。
取引パスワード： 注文確認画面へ 注文確認画面を省略 注文発注

入力が済んだら
確認ボタンを
クリック！

注文を入力しよう！

❶ 何株買いたい？

何株買いたいのか、希望の株数を入力します。入力できるのは、売買単位の整数倍です。この例の場合は1株単位なので、その整数倍となります。くれぐれもケタを間違えないように！

❷ いくらで買いたい？

次に、いくらで買いたいのか、希望の価格を入力します。希望価格がある場合は、「指値」を選択して、その右の空欄に希望価格を入力します。指定できる株価は、「値幅制限（制限値幅）」の範囲で「呼び値」として決められた株価の刻みで決めます（68ページ）。「いくらでもいい」なら「成行（なりゆき）」を選択。

指値《さしね》

希望価格を指定する注文方法。希望に合う売り注文があれば売買は成立する。

成行《なりゆき》

希望価格を指定しない注文方法。売買は比較的すぐ成立するけど、いくらで売買するかわからないリスクも。

❸ この注文は何日有効にする？

株の注文は、原則としては注文したその日だけ有効で、その日の取引時間が過ぎると失効してしまいます。しかし、期間指定をすると、その指定した日にちまで注文を継続することができます。

次に、いくらで買いたいかを入力します。画面を見ると「指値《さしね》」と「成行《なりゆき》」の2つがありますね。**指値《さしね》は、値段をズバリ指定する注文、成行《なりゆき》は、いくらでもいいからとにかく買いたい（売りたい）という注文**です。多くの場合、指値で注文することになると思いますが、急いで売りたい（買いたい）時、どうしても買いたい（売りたい）時などは、**成行の方が指値よりも優先的に約定《やくじょう》される決まり**なので、成行を使うことになります。

ただし、「いくらでもいいから」という注文なだけに、びっくりするような高値で買うハメになってしまっても文句は言えません。基本的には指値を使うようにしましょう。

指値で買う場合、１００円で買いたいのなら、１００と入力します。そうすると、「１００円以下で買いたい」と注文したことになります。「１２０」と入力すると、「１２０円以下で買いたい」という注文になります。この場合、大抵は１２０円で約定することになりますが、稀に１１０円とか、思っていたよりも安く買えることもあります。

さらに、この注文の有効期限を選びます。「当日中」とは、「注文を出した当日のみこの注文は有効」ということです。その日のうちに約定しなかったら注文は失効します。ここで1週間を選ぶと、その日に約定しなくても、注文は週末まで継続されることになります。

最長何日まで注文を継続できるかはネット証券によって違いますが、一般に1週間程度のところが多いようです。

さて、以上で注文は終わりです。確認ボタンを押して内容に間違いがないか確認したら、確定ボタンを押します。これで証券取引所に注文が出されたのです。

注文前に決めておくこと！

銘柄コード（銘柄名）

株を売買する時には、4ケタの銘柄コードか銘柄名を入力します。銘柄コードを入力した場合は銘柄名が、銘柄名を入力した場合には銘柄コードが注文確認画面に自動的に出てくるので、確認しましょう。

何株買うか

次に買いたい希望株数を入力します。銘柄ごとに売買単位が決まっているので、その整数倍を入力する形となります。くれぐれも、株数のケタは間違えないようにしましょう。

指《さし》値《ね》か成《なり》行《ゆき》か

次に希望価格を入力します。希望価格がなく、「いくらでもいい」という場合には「成行」を選択します。希望価格を指定する場合には、「指値」を選択して希望価格を入力します。

注文はいつまで有効か

通常は、株の売買注文は当日限り有効で、その日の取引時間が終わると注文は失効します。しかし、期限を何日か先まで指定しておけば、その期間内は注文を継続することができます。

注文状況が手に取るようにわかる!「板情報《いたじょうほう》」を使おう!

ネット証券では、「板情報《いたじょうほう》」（単に「板《いた》」ともいう）を見ることができます。これを見れば、どの価格帯にどれくらいの注文が入っているのかが一目でわかります。

Aを見てください。真ん中に株価を挟んで、売数量と買数量が並んでいますね。

「板」の見方をマスターしよう!

A

売数量(株)	気配値(円)	買数量(株)
10	1040	
50	1030	
20	1020	
40	1010	
30	1000	
	990	10
	980	20
	970	10
	960	10
	950	13

売りたい人の行列

1000円で30株が売りに出されている

990円で10株の買い注文が出ている

買いたい人の行列

売りたい人、買いたい人が希望している値段。「気配値」という

B

売数量(株)	気配値(円)	買数量(株)
10	1040	
50	1030	
20	1020	
40	1010	
30	1000	
	990	11
	980	20
	970	10
	960	10
	950	13

あなたの注文が反映されて11株に!

このAからは、「今、１０００円での売り注文が30株、１０１０円での売り注文が40株出ていて、一方、９９０円での買い注文が10株、９８０円での買い注文が20株出ている」ことがわかります。

ここで、あなたが９９０円で1株の買い注文を出せば、板はBのように変わります。９９０円での買い注文が1株増えて11株になりました。この11株目の注文はあなたが出した注文なのです。

板は指値《さしね》を決めるのにメチャクチャ役に立つ!

この状況では、９９０円で売ってくれる人が現れない限り、あなたはこの株を

買うことはできません。しかも、あなたより先に990円で出された買い注文が10株分もあるのです。

株は、同じ価格なら先に注文を出した人から売買を成立させる、というルールがあります。注文が成立するか、取り消されると、その注文は板から消えていきますから、11番目のあなたはドキドキしながら、前に並んだ10株分の注文が消えていく（成立するか、取消される）様を見ていることになります。

ほとんどのネット証券では注文画面に板が表示されます。板を見れば、いくらで注文すれば約定しそうなのか、注文したら何株待ちなのか……などの状況がわかるので、指値を決めるのに役立ちます。

買いたい人、売りたい人どっちが多いのか

基本的には、板には買いと売り、それぞれ5つの株価しか表示されません。その上下の価格帯にも注文は出ていますが、とりあえず5つ分の価格と株数がわかれば、その株が目先、どう動くのかを予想することができます。

「買いたい人が多ければ株価は上がり、売りたい人が多ければ株価は下がる」という値動きの基本がありました（36ページ）。ですから、板を見て買い手が多いなら、目先では「この株は上がりそうだ」ということがわかります。

板は買い手と売り手の〝今〟の対戦状況を如実に表しています。買い手と売り手のどっちが優勢かを見てとれれば、値動きの次が読めるのです。

板には「成行《なりゆき》」の注文は出てこない！

板を見る上で注意したいことが2つあります。

ひとつは、板から読み取れる値動きというのは、あくまで目先の動きだということです。

取引時間外に表示されている板は、取引時間終了時点での情報になります。今日の取引が終わると、投資家たちはあらためて明日の作戦を立てるので、取引時間終了後の〝止まっている板〟から明日の値動きを読もうと思っても、なかなかうまくいきません。

もうひとつは、板には「成行《なりゆき》」注文の

〝買い〟と〝売り〟、どっちが有勢？

売数量（株）	気配値（円）	買数量（株）
10	1040	
9	1030	
7	1020	
12	1010	
10	1000	
	990	30
	980	28
	970	20
	960	18
	950	50

売り注文は少ない

買い注文の方が多い
＝
上昇パワーがあるということ！

数は含まれないということです。

値段を指定せず、とにかくすぐに買いたい（売りたい）という成行注文の場合、注文が板に表示される間もなく、売買が成立してしまう、という感じです。

したがって、板では買い手が多いと見えていても、大量の売りの成行注文が入って暴落してしまう……ということもありえます。取引時間内に売買をするなら、「歩《あゆ》み値《ね》」という、約定した値段と株数が見られるサービスを併せて見るようにしましょう。

スカスカの板や「特」の文字に注意！

板には時々、特別な表示が出ることがあります。

たとえば、買い（売り）注文に対して売り（買い）注文が圧倒的に多いような場合は、「特別気配」となって、「特」マークが表示されます。

また、ストップ高（値幅制限いっぱいまで買われた）やストップ安（値幅制限いっぱいまで売られた）では、「S」マークが表示されます。こうしたマークが表示されたら、初心者のうちは慎重になった方がいいでしょう。

「板」と「歩み値」の関係をマスターしよう！

板 注文状況を表す

売数量（株）	気配値（円）	買数量（株）
10	104	
9	103	
2	102	
7	101	
3	100	
	99	4
	98	5
	97	7
	96	3
	95	8

99円で1株注文が約定すると、ここが3になって…

歩み値 約定したら更新される

時刻	出来高（株）	約定値（円）
13:15	1	99
13:10	1	100
13:09	2	99
13:09	2	99
13:08	1	99
13:08	3	100
13:08	1	99
13:06	1	100
13:05	1	100

約定した時間　株数　いくらで約定したか

こんなマークが出たら注意！

マーク	名称	説明
特	特別気配	売り注文か買い注文のどちらか一方が殺到した場合に、両者の株数がつりあうまで、売買を成立させないまま株価を下げ（上げ）ていくこと。
注	注意気配	売の注文が並んでいない時に、成行で買い注文を出すと、値段がいきなり上がってしまうので、それを避けて、買い値を時間をかけて上げていくこと。
S	ストップ高（安）	値幅制限いっぱいまで株価が上がって（下がって）しまうことをストップ高（安）という。Sマークはストップ高（安）の印。

1		999,000		
263	·	940,000		
-		-		-
		940,000	特	3,844
		930,000		1
		912,000		1
		910,000		7
		906,000		3

特別気配

特別気配は、買いか売りのどちらかが殺到してしまうこと。買い注文が殺到なら「特別買い気配」。

条件付きの注文方法「逆指値《ぎゃくさしね》」に挑戦！

指《さし》値《ね》注文では、たとえば「100円で買い」と注文を出しますが、「株価が100円まで上昇したら、100円で買い」という注文方法もあります。この場合100円まで上昇すれば、「100円で買い」という注文が出されますが、100円まで上昇しなかったら、注文は無効になる、という条件付きの注文で、「逆指値《ぎゃくさしね》」といいます。

5章で解説しますが、株というのは、いったん上昇を始めると、しばらくその傾向が続くことが多く、逆指値を使えば、上昇しはじめた株を狙えます。

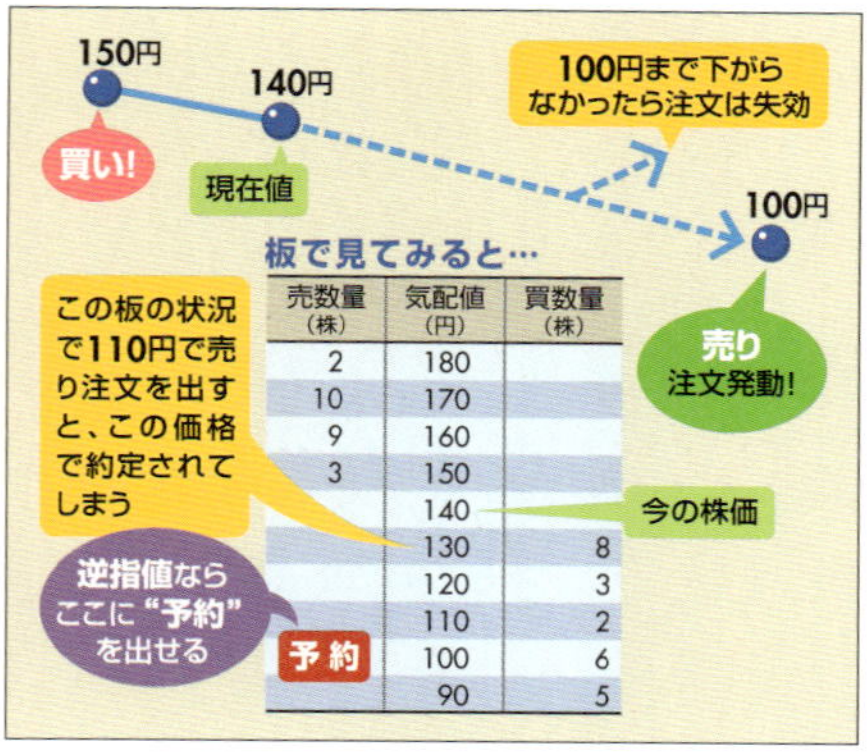
150円
140円
買い!
現在値
100円まで下がらなかったら注文は失効
100円
売り 注文発動!
板で見てみると…
この板の状況で110円で売り注文を出すと、この価格で約定されてしまう
今の株価
逆指値ならここに“予約”を出せる
予約

売数量（株）	気配値（円）	買数量（株）
2	180	
10	170	
9	160	
3	150	
	140	
	130	8
	120	3
	110	2
	100	6
	90	5

また、**「損切り《そんぎ》」にも逆指値が威力を発揮**します。「損切り」とは、損をしている株を諦めて売ること。株価が下がるにつれて損はどんどん膨らみますので、**ある程度まで下がったら諦めて売ってしまう**のです。

たとえば、150円で買った株があって、今の株価は140円だとします。この株が100円まで下がったら諦めて売りたいとすると、**「100円まで下がったら売り」という逆指値を出します**。

通常の指値では「100円で売り」と出しますが、これだと、140円とか130円とか120円とかで、早々に売れてしまう可能性があります。「100円で売り」というのは、正確には「100円以上で売り」ということだからです。**逆指値の場合は、「100円まで下がる」まで、「100円で売り」という注文は出されません**。条件をつけて、実際にそうなったら注文が出されるというわけです。

STEP 4 株を買った後はどうする？

注文が完了してしばらくしたら、無事買えたかどうか確認しましょう。「約定《やくじょう》一覧」や「ポートフォリオ」などのページを開いてみます。**約定《やくじょう》されていれば、そこに、銘柄名といくらで買えたのかなどが表示されているはず**です。表示のない場合はまだ買えていないということ。どうしても約定させたいなら、現在の株価を確認した上で、指値《さしね》を変更するといいでしょう。

株価とニュースはなるべくチェック

買えた株はネット証券の自分の口座に入ります。口座の状況を知りたい時は「ポートフォリオ」などのページを開いてみましょう。現在保有中の銘柄が並んで表示されます。**損益も自動で計算されて表示されます**から、自分がどのくらい儲かっているのかが一目瞭然です。

保有している株の株価とニュースは、なるべく毎日チェックするのが理想です。あらかじめ、「こうなったら売ろう」という自分なりの〝見直しルール〟を決め

用語解説

ポートフォリオ

銘柄の集合体のこと。自分の保有している株を一覧した情報を「持ち株ポートフォリオ」などといいます。株の運用は一点買いではなく、バランス良いポートフォリオを持つことが大事。資金が特定の銘柄に偏ってないか注意しましょう。

株を買ったばかりの人の心得
1. 細かい値動きを気にしすぎるな
2. “見直しルール”を決めよう！
10%下落したら売り

ポートフォリオは持ち株を入れた"お財布"みたいなもの!

これが「ポートフォリオ」だ!

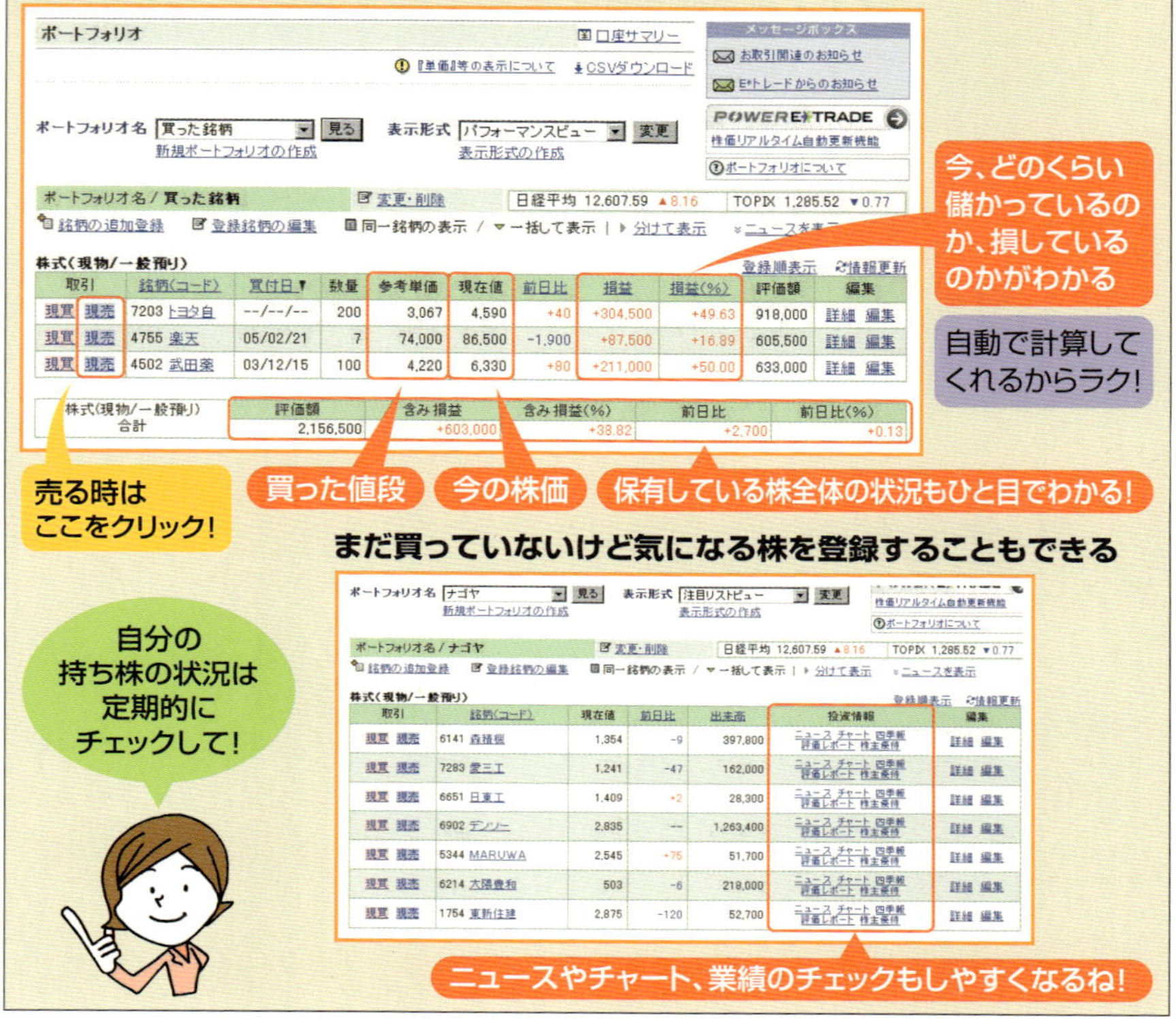

今、どのくらい儲かっているのか、損しているのかがわかる
自動で計算してくれるからラク!
売る時はここをクリック!
買った値段
今の株価
保有している株全体の状況もひと目でわかる!
まだ買っていないけど気になる株を登録することもできる
自分の持ち株の状況は定期的にチェックして!
ニュースやチャート、業績のチェックもしやすくなるね!

ておくといいでしょう。

たとえば、「買った値段から10%下がったら諦めて売ろう」「買った値段から20%上がったら売って利益をゲットしよう」などです。

株価は日々動いていますから、**上がる日もあれば下がる日もあって当然です。**こういったルールを決めておけば、日々の細かい値動きに必要以上に一喜一憂せずに済みます。

株価が大きく動いた日は、その銘柄に関するニュースが出ていないかをチェック。場合によっては、売ることを検討しましょう。

今日も下がってしまった…

STEP 5 持っている株を売ろう！

株の売り時については、162ページでも解説していますが、目標の株価まで達した時や、思惑が外れて大きく下落してしまった時などが、売り時です。

売り注文の出し方は、買い注文の時とほぼ同じになります。

急いで売りたい時は「成行《なりゆき》」も検討

まず、銘柄名か銘柄コードを入力して、売り注文の画面を表示させます。そして、いくらで何株売りたいかを入力し、注文の有効期限も入力したらおしまいです。

ここでも指値《さしね》と成行《なりゆき》があるのですが、大きく損をしていてとにかく早く売りたい場合は成行《なりゆき》がいいでしょう。かなり悪いニュースなどが出て株価が猛スピードで下落していて、早く売らないと、どんどん株価が下落してしまう！　という時は成行です。板情報《いたじょうほう》を見て、買い注文がほとんどなく、売り注文が殺到している時がこれにあたります。

一方、利益確定の売りや、そこまで急ぐことのない場合は指値《さしね》を使いましょう。100円で売りたい場合は、100と入力しますが、これは「100円以上で売りたい」という意味です。この場合、ほとんど100円で約定《やくじょう》しますが、稀に110円など、思ったよりも高く売れることもあります。

口座への入金されるのは4営業日後

株を売ったら、証券会社の自分の口座に売却代金が入金されるわけですが、ここで注意したいことがあります。それは、お金が入金されるのは、売り注文が約定した日から数えて4営業日目だということです。急いでお金が必要で、株を売る場合には注意しましょう。

また、自分の口座からお金を引き出すには、銀行口座を指定して、そこに振り込んでもらうやり方が一般的です（一部、ATMからカードで引き出せる場合もあります）。

オススメ一覧付き！成功するネット証券の選び方

最後に、ネット証券の選び方についてお話しします。

ネット証券を選ぶポイントは、①手数料、②情報の充実度、③取扱商品、④経営の安全性の４つです。

まず、手数料について。株の取引でかかる費用には、株の代金（株価×株数）と、売買手数料があります。株の代金はどのネット証券で買っても一緒なので、差が出るのは売買手数料です。これは、買い・売りそれぞれの注文が約定《やくじょう》した時に、ネット証券に払います。

金額は各社まちまちで、料金体系も１回の約定《やくじょう》ごとにいくらといったものから、１日いくら、１カ月いくら……などがあります。約定《やくじょう》代金によっても変わることがあります（たとえば株の代金が20万円までならいくら、50万円までならいくら、など）。

初心者の場合は、「20万～50万円くらいの株を１回買った時に、いくらかかるのか？」を基準に、考えてみるといいでしょう。

なお、証券会社によっては、「口座管理料」を取るところもあります。これは株を買った瞬間から取られるもので（口座開設だけでは取られない）、年間いくらというふうに決められています。ネット証券で口座管理料を取るところは稀ですが、注意が必要です。

本格的に始めるなら リアルタイム株価情報は必須

次に大切なのが、銘柄選びに欠かせない情報の充実度です。どんな情報が見られるかは、各社のホームページで紹介されています。

株価や株価チャート、銘柄の概要や業績などは、大抵無料で提供されます。初心者のうちは、これらの無料情報だけで十分かもしれません。

まず、無料でどんな情報が得られるのかをチェック（本来は有料でも、取引実績があると無料になる場合もあります。それもチェック！）。加えて、有料ならどんな情報が得られるのかもチェックすると万全でしょう。

　また、オススメの有料情報に「リアルタイム株価情報」があります。これは、市場で今、この瞬間に、いくらで何株売買されたのか、どんな銘柄が人気なのかなどを自動更新でリアルタイムに見ることができるもの。取引所の躍動感をそのまま味わうことができます。ちょっと前まではプロしか見られなかった濃～い情報を手にできるのです！

　このリアルタイム株価情報を申し込むことで、業績情報やニュースも有料レベルのものを利用できるネット証券が多いようです。サービス内容や料金は各社で違ってきますが、本格的に取引を考えているなら、コストパフォーマンスを念頭に置いた上で、利用を検討しましょう。

タイプ別ネット証券の選び方

お金をかけない！	**手数料が安いところを選ぶ** ネット大手なら業績や株価、ニュースなどは無料で見られる！ **ただし…**情報や機能に制約があることも
本気でがんばる！	**手数料とリアルタイム株価情報の利用料を合わせて考える** デモ画面や利用条件をチェック！ **ただし…**最初のうちは機能がありすぎて戸惑うかも
逆指値を使いたい！	**逆指値のできるところを選ぶ** 手数料とリアルタイム株価情報の利用料もチェック！ **ただし…**利用できるネット証券が絞られる
予備口座を開く！	**無料でおいしいサービスのあるところを選ぶ** とりあえず口座開設してオイシイところ取り！ **ただし…**IDやパスワードの管理が大変！

IPO《アイピーオー》の公募株の取り扱いがあるか？

　取扱商品で注意したいのは、IPO《アイピーオー》株（新規公開株）の公募です。これらはネット証券によっては取り扱いのないところもあるので注意が必要です。

　経営の安全性も気になります。ネット証券が潰れても、顧客の資産は守られます※が、一時的に資金の出し入れができなくなったり、株の売買ができなくなるなど、問題がないともいえません。この点は大手であれば比較的安心でしょう。

いくつか開いて“いいトコ取り”もあり！

　口座開設は無料でできますから、とりあえず気になる数社に口座を開いてみることをオススメします。口座を開いたら、必ずそこで売買をしなければならないわけではありません。銀行の口座もそうでしょう？　ほったらかしでもいいのです。

　たとえば売買は手数料の安いA社で、情報は無料で取れるB社で……なんていうことも可能です。

　売買を始めた後でも、保有している株ごと、別のネット証券に引っ越すこともできます。これを「移管《いかん》」といいますが、手続きはカンタンで、書類に記入・なつ印するだけです。

　まず、引越し先のネット証券に「○○証券から移管したいんだけど……」と問い合わせてみるといいでしょう。

※株や投信はすべて保護されるが、口座にある「現金」は1000万円までしか保護されない。

表の見方やアドバイス■ネットを利用した場合の手数料や情報サービスを記載。「情報サービス」の「リアルタイム株価情報」欄には、各社の看板ツールの場合を掲載した。無料か、もしくは条件付き無料・割引で利用できることが多い。使いやすさは個人の好みによるが、慣れればみんなそれなりに使いやすいという声も。1日に何度も取引を繰り返すデイトレーダーの場合はツールによって勝負が決まることもあるが、そうでないなら、それほど悩まず、手数料が高すぎないところを2、3選んで、まず、口座を開いてみることをオススメ。完璧な一社を見つけようとがんばるより、口座を開いた後の取引でがんばろう!

大和證券

http://www.daiwa.co.jp/

窓口大手ならではの充実したレポートやスクリーニングが人気

大和証券は、取引方法にネット利用を選ぶと、窓口や電話取引と比べて割安な手数料で取引できる。条件を入力して銘柄を検索できる「スクリーニング」は、多くのネット証券で使えるが、大和証券のものは条件項目数が多くて人気。投資情報では、大和証券や大和総研のアナリストレポートが充実している。取引明細の電子交付に申し込まないと、口座管理料が年1575円が必要になるので注意。

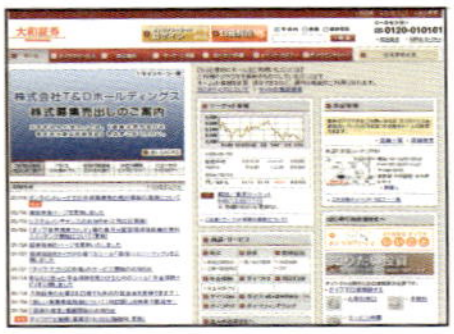

手数料

20万円の株を買ったら?	1050円
100万円の株を買ったら?	3622円

上記は「ダイワ・ダイレクトコース」の約定ごと手数料方式。1日定額手数料方式の場合1日300万円まで3150円。

情報サービス

リアルタイム株価情報	ツール「トレーディングボード」が月3150円
業績・ニュース	「日経テレコン21」(過去3カ月の記事検索)が無料など。

QUICK株価情報(無料)、自動更新株価ボード(ポイント制)でもリアルタイム株価を表示可能。

おトクな入・出金方法は?

ゆうちょ・みずほ・三菱東京UFJ・ジャパンネット・三井住友銀行でネット入金無料。ゆうちょ銀・三井住友などのATM入金も無料。eメンバーに申込みでネット出金無料。

取扱商品

IPO　夜間取引　中国株　米国株　FX　海外ETF

楽天証券

http://www.rakuten-sec.co.jp/

オールインワン機能の「マーケットスピード」が好評!

楽天証券のトレードツール「マーケットスピード」は、こうしたツールの元祖的存在で、何度ものヴァージョンアップを重ね、初心者からデイトレーダーまで多くの人が利用している。過去3カ月内に1度でも取引実績のある場合、もしくは預け資産残高が30万円以上などの条件で使用料無料に。「日経テレコン21」(過去1年分の日経記事検索)も追加料金なしで利用できる。

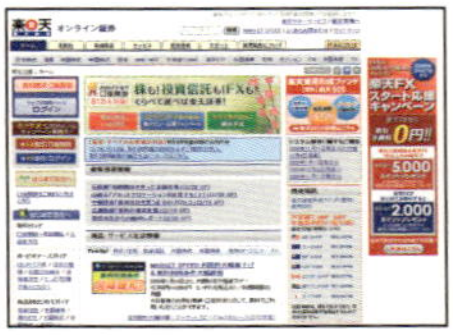

手数料

20万円の株を買ったら?	450円
100万円の株を買ったら?	900円

上記は1日の約定代金の合計で手数料が決まる「いちにち定額コース」の例。デイトレードは片道無料になる。

情報サービス

リアルタイム株価情報	マーケットスピードが3カ月3000円。初回利用で3カ月無料
業績・ニュース	為替、米株関連ニュース。「日経テレコン21」無料※

取引・資産に応じてきわめて低いハードルで無料利用できる(3カ月で1回の取引、預け資産30万円など)。

おトクな入・出金方法は?

ゆうちょ・みずほ・三菱東京UFJ・ジャパンネット・三井住友・イーバンク・セブン銀行のネット利用リアルタイム入金無料。銀行振込出金無料。

取扱商品

IPO　夜間取引　中国株　米国株　FX　海外ETF

※マーケットスピードを通じて閲覧する。

クリック証券

https://www.click-sec.com/

手数料が安く、ツールやサイトもシンプルにまとまる

情報やトレードツールの機能がシンプルで、わかりやすい。情報としては、四季報やニュース、銘柄検索機能など、一通りが揃う。トレードツール「はっちゅう君」や「レーザートレード」は、他社ツールに比べると、注文機能に特化した感があり、「板」を見ながらすばやい注文ができる機能も装備。取引手数料は業界最安水準なので、頻繁にトレードする人に向く。

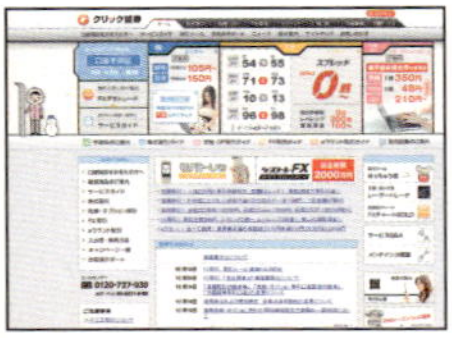

手数料

20万円の株を買ったら?	105円
100万円の株を買ったら?	525円

上記は「1約定ごとプラン」の料金。ちなみに、300万円を超える取引は一律1260円。高額取引でも安い。

情報サービス

リアルタイム株価情報	「レーザートレード」「はっちゅう君」が無料
業績・ニュース	証券ニュース、FXニュース。カテゴリ別に表示

四季報や企業業績、ニュース、リアルタイムトレードツールなどで、ひととおりの情報を提供。

おトクな入・出金方法は?

ゆうちょ・みずほ・三菱東京UFJ・三井住友・ジャパンネット・イーバンク銀行のネット即時入金サービスを利用すれば無料。出金は無料。

取扱商品

IPO　夜間取引　中国株　米国株　FX　海外ETF

カブドットコム証券

http://www.kabu.com/

投資信託や自動売買、夜間取引に力を入れる個性派証券

自動売買機能(あらかじめ決めた条件に沿って自動で注文が出せる)が秀逸で、逆指値注文を株価変動に合わせてリアルタイムに自動修正する「トレーリングストップ」まで装備。取引に慣れたら使ってみたい。また、システムトレードの発想を取り入れたkabuスコープ(銘柄選択)、kabuカルテ(銘柄売買タイミング)など、ユニークな機能も。投資信託は約230本を取り扱い、手数料無料のものも豊富に揃う。

手数料

20万円の株を買ったら?	1025円
100万円の株を買ったら?	1575円

上記はネット注文の指値料金。成行の場合は500円(20万円の株)、1050円(100万円の株)。夜間取引はともに378円。

情報サービス

リアルタイム株価情報	「kabuマシーン」月2520円(取引手数料月2000円未満の場合)
業績・ニュース	トムソン・ロイター社の企業スコアほか

ツール「kabuマシーン」は取引手数料月5万円以上で無料。ロイター、三菱UFJ証券レポートほか無料情報あり。

おトクな入・出金方法は?

ゆうちょ・三菱東京UFJ・三井住友・じぶん銀行のネット振込みで即時無料入金。出金は三菱東京UFJ・じぶん銀行ほかで無料。

取扱商品

IPO　夜間取引　中国株　米国株　FX　海外ETF

※情報はいずれも09年2月23日時点のもの。変更になる場合もあるので、詳細は各社のホームページで確認してください。

オススメ！ネット証券をチェック！

松井証券
http://www.matsui.co.jp/

1日の約定代金10万円までなら手数料ゼロ！

ネット証券の老舗的存在で、根強い人気のある証券会社。手数料は、1日の約定代金の合計で手数料が決まる「1日定額制」。1日の約定代金10万円までなら、手数料無料なので、10万円以下の株を買う時はここを使うという人も。1日30万円まで手数料315円、50万円まで525円……など。投資情報はまんべんなく必要なものが揃う。

手数料

20万円の株を買ったら？	315円
100万円の株を買ったら？	1050円

1日の約定代金の合計で手数料が決まる。1日10万円まで無料。30万円、50万円、100万円……と段階的に手数料が変わる。

情報サービス

リアルタイム株価情報	「ネットストック・ハイスピード」が無料
業績・ニュース	QUICKに加え、QUICKリサーチネットも無料

「板」に並んだ株価をクリックして注文ができる最新トレードツール「ネットストック・ハイスピード」が無料。

おトクな入・出金方法は？

ゆうちょ・みずほ・三菱東京UFJ・三井住友・りそな・ジャパンネット・セブン銀行他のネット入金無料。出金は、翌営業日以降なら無料。即時は315円。

取扱商品

IPO　夜間取引　中国株　米国株　FX　海外ETF

オリックス証券
http://www.orix-sec.co.jp/

株だけでなくFXや日経先物、CFDまで。低料金でツール充実

手数料が業界最安水準で、とくに頻繁に取引を行う人にとってありがたい仕組みになっている。たとえば、1日の約定金額50万円まで手数料315円など。また、高機能のトレードツール「オリックス・マーケットステーション」は有料だが、ある程度の取引実績があれば無料で使える。金融商品の品揃えも豊富。

手数料

20万円の株を買ったら？	250円
100万円の株を買ったら？	800円

上記は1約定ごとの手数料。1日定額コースの場合、日計り片道無料。50万円まで315円、100万円まで840円など。

情報サービス

リアルタイム株価情報	オリックス・マーケットステーションが月1260円
業績・ニュース	四季報無料。トレードツールでニュース情報入手

ホームページで銘柄の業績閲覧。「オリックス・マーケットステーション」のシンプレクスニュースが便利。

おトクな入・出金方法は？

ゆうちょ・みずほ・三菱東京UFJ・ジャパンネット・三井住友・イーバンク・セブン・スルガ銀行のオンライン入金は無料。振込出金無料。

取扱商品

IPO　夜間取引　中国株　米国株　FX　海外ETF

SBI証券
http://www.sbisec.co.jp/

安い手数料、海外ETFなどサービスが充実

SBI証券（旧SBIイー・トレード証券）はネット証券最大手。リアルタイム株価情報「HYPER SBI」は月980円だが、前月に3回の約定実績で1カ月無料になる。手数料は、1約定ごとのプランと、1日の約定合計金額ごとのプランとに分かれるが、いずれも業界最安水準だ。夜間取引（PTS。証券取引所を通さない取引のこと）もできる。

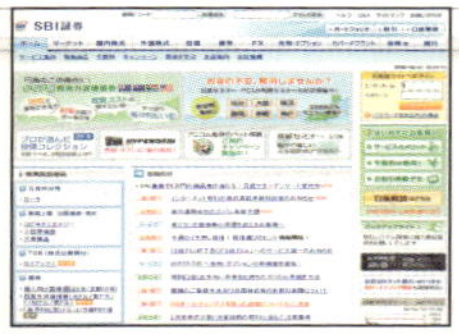

手数料

20万円の株を買ったら？	250円
100万円の株を買ったら？	800円

手数料は業界最安水準。上記は1注文の約定代金で手数料が決まるスタンダードプランのケース。

情報サービス

リアルタイム株価情報	「HYPER SBI」月980円など。3回以上約定で無料
業績・ニュース	レポート、コンセンサス、四季報など無料で見られる

高度なチャートが使えるHYPER SBIは、月3回以上の約定（取引）があれば無料で使える。

おトクな入・出金方法は？

ゆうちょ・住信SBIネット・みずほ・スルガ・三菱東京UFJ・ジャパンネット・三井住友・イーバンク・セブン銀行のネット入金無料。銀行振込出金無料。

取扱商品

IPO　夜間取引　中国株　米国株　FX　海外ETF

マネックス証券
http://www.monex.co.jp/

携帯電話で注文すると手数料が安くなるなどのサービスも

携帯電話で注文すれば、最低手数料105円で、約定金額によってはパソコン経由よりかなりお得になる。トレードツール「マネックストレーダー」は、他社にない独自ツールで、無料なのにプログラムトレード機能（あらかじめ決めた条件に沿って自動で注文が出せる）まで使うことができる。逆指値だけでなく連続注文も可能。また、株やお金に関する啓蒙にも熱心。

手数料

20万円の株を買ったら？	1575円
100万円の株を買ったら？	1575円

上記はPC経由の指値注文の場合。指値は約定額の0.1575%（最低1575円）。成行なら0.105%（最低1050円）。

情報サービス

リアルタイム株価情報	独自ツール「マネックストレーダー」が無料
業績・ニュース	配信メール多数。「機関投資家の声」ほか

株式新聞や四季報速報などが流れる「マーケットライブ」、市況概況、J.P.モルガンのレポートほか情報充実。

おトクな入・出金方法は？

ゆうちょ（Ftnet）・みずほ・スルガ・三菱東京UFJ・ジャパンネット・三井住友・イーバンク銀行で、即時入金サービスを使ったネット入出金手数料無料。

取扱商品

IPO　夜間取引　中国株　米国株　FX　海外ETF

株の基本をおさらいしよう!

株は“セット売り”が基本!

「株価×売買単位」が最低購入価格

株は売買できる株数の単位が決まっています。100株単位や1000株単位の株が多く、基本的には単位未満では買えません（「ミニ株」という制度を使えば購入できることも）。ただし、最近は新規上場の会社を中心に1株単位の株も増えてきています。

5株セット
1000円

取引できるのはだいたい9時から15時まで

11時から12時30分までは昼休み

株が取引される時間は取引所ごとに少し違いますが、だいたい9時〜15時です。11時〜12時半の間は昼休みになります。土、日、祝日はお休みで、年末年始もお休み。ただし、注文の受付については、ネット取引の場合にはほぼ365日24時間受け付けられます。

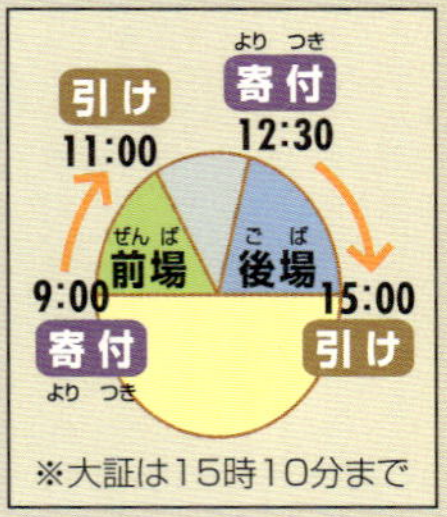

引け
11:00
寄付《よりつき》
12:30
前場《ぜんば》
後場《ごば》
9:00
15:00
寄付《よりつき》
引け
※大証は15時10分まで

株の売買には手数料がかかる!

手数料が格安なネット証券がオススメ

株の売買が成立すると、証券会社に手数料を支払うことになっています。これは、株を買う時にも売る時にもかかります。手数料は証券会社ごとにバラバラですが、一般的にはネット取引の手数料は格安となっていて、50万円以内の売買なら数百円〜1000円程度です。

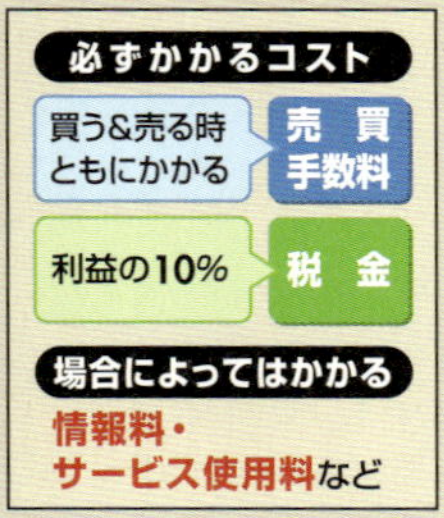

必ずかかるコスト
買う&売る時ともにかかる
売買手数料
利益の10%
税金
場合によってはかかる
情報料・サービス使用料など

「指値《さしね》」と「成行《なりゆき》」を選択!

早く売買したい時は成行を使おう

株の売買注文を出す場合には、「××円で買いたい（売りたい）」と希望値段を指定する「指値」と、「いくらでもいいから買う（売る）」という「成行」のどちらかを選択することになります。指値の場合には、希望の値段も入力して注文を出すことになります。

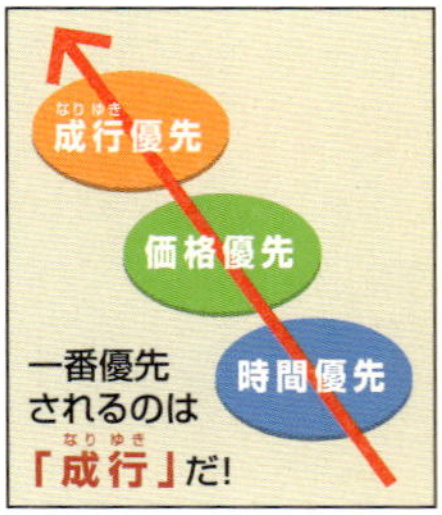

成行《なりゆき》優先
価格優先
時間優先
一番優先されるのは「成行《なりゆき》」だ!

1日に動く値幅の上限・下限は決まっている!

値幅制限の上限までいったら「ストップ高」になる

株価は1日の中で、値動きできる上限と下限が決められています。たとえば、前日の終値が600円ならば、その日は高値700円まで、安値500円までとなります。このような値動きの制限のことを値幅制限といい、価格帯ごとにその幅は決められています。

たとえば…	ストップ安		ストップ高
8万円の株なら	7万円	〜	9万円
30万円の株なら	25万円	〜	35万円
100万円の株なら	80万円	〜	120万円

など、1日に動く値幅の上限・下限は決まっている!

株の値動きの“刻み”は決まっている!

注文エラーが出たらコレが原因かも

株は価格帯ごとに、値段の“刻み”が決まっています。たとえば、2000円以下の株なら1円単位で動きますし、それを超えると5円刻みになります。このように、株価の刻みのことを「呼び値」といい、売買注文もこの呼び値にしたがって出すことになります。

株価	注文できる単位
2000円以下	1円
2000円超〜3000円以下	5円
3000円超〜3万円以下	10円
3万円超〜5万円以下	50円
5万円超〜10万円以下	100円
10万円超〜100万円以下	1000円
100万円超〜2000万円以下	1万円
2000万円超〜3000万円	5万円
3000万円超	10万円

第3章

稼げる!

株の選び方

いい株ってどんな株?編

「いい株を、安く買う」のがすべての基本！

さて、ここからは、ズバリ、どんな株を買えば儲かるのかをお話しします！

結論から言うと、株で儲けるためのコツは、〝いい株〟を〝安く〟買うこと。つまり、「いい株かどうか」「割安かどうか」の2つのポイントを考えていけば、株で儲けることができるのです。

これは普段の買い物と全く同じです。いくら良いものでも、あまりにも高い値段で買ったら損ですし、逆に、どんな安いものでも、粗悪品を買うとかえって損してしまいます。あくまでも、「良いものを、安く買う」ということが、普段の買い物でも、株を買う場合でも大切なのです。

そこで、この3章では、まず、〝いい株〟の見つけ方からお話していきましょう。

狙うは利益をグングン伸ばす会社の株

いい株とは、どんな株でしょうか。それは、利益をしっかり稼ぐ会社の株、利益をグングン伸ばしてくれる会社の株です。

たとえば、今後数年で利益が10倍になるような会社を見つけられたらすごいですね。おそらく、その会社の株は大幅に上昇するでしょうし、その株を買うことで大儲けできそうです。

しかも、そうした株は、日常生活や仕事など、自分の身の回りの中から見つけることができます。たとえば、

「この店はすごく伸びそうだな」

「この商品は大ヒットするよ！」

「この会社の製品は画期的だ！」

などに気づいたら、その会社の株を買うことをぜひ検討してみましょう。株価が大幅上昇するかもしれません。

〝株の神様〟のネタ元は日常生活だった！

「普段の生活の身近なところにこそ、いい株を見つけるヒントがある」ということは、いくら強調してもしすぎることはありません。

これについては、1980年代のアメリカで最も活躍したファンドマネージャー（プロの投資家）であり、〝株の神様〟と尊敬されているピーター・リンチという人が自著の中で何度も訴えていることでもあります。

実際に、ピーター・リンチ自身、専門家の分析レポートなどよりも、身近なところから銘柄を見つけることによって、株の売買を行うことが多かったようです。もちろん、専門家の分析や情報だって役に立ちますが、「それ以上に日常生活から得られる情報の方が役に立つ」とリンチは言っているわけです。

たとえば、リンチは娘や妻とよく街に出かけて、食事や買い物を楽しんだそうです。そのように家族との生活を大切にし、娘や妻が最近夢中になっているものなどを観察したり、話を聞いたりする中で得た情報を、株の運用に役立てていたのです。

このような話を知ると、株式投資が俄然身近なものになった感じがしませんか？　なにしろ、専門家のレポートや難しい分析法よりも、日常生活の方が投資に役立つというのですから。

そして、そうした目で日常生活や世の中を見渡してみると、いろいろなことに関心がもてるようになってきますし、街を歩くのが楽しくなってくるはずです。

用語解説

ファンドマネージャー

投資信託（投資家からお金を集めて、一定の方針のもとで資金運用する金融商品）や年金など、大きな資金の運用を行うプロの投資家のこと。数億円程度から、大きな資金の場合には数兆円以上ものお金を運用するファンドマネージャーもいます。

ピーター・リンチ

1980年代の米国で最も活躍したファンドマネージャー。1977年から彼の担当したマゼランファンドは、当初約2000万ドルだったものが、引退時の1990年には140億ドルと世界最大級の規模にまで成長しました。個人投資家の啓蒙にも熱心で、『ピーター・リンチの株で勝つ』（ダイヤモンド社）などの著書はベストセラーになっています。

〝いい会社〟かどうかは数字で確認！

良さそうな会社を見つけたら業績をチェック！

「いい会社」のヒントは日常生活の中にたくさんありますが、「ムシキングが流行りそう→この会社、儲かりそう→株を買おう!!」では早急すぎます。日常生活の中から見つけられるのは、あくまでも〝いい会社の候補〟。本当にいい会社なのかどうかは、ちゃんと〝数字〟で確認しましょう。

「ムシキングが子どもたちの間で流行ってるみたい。ブームが来たら、商品を作っているメーカーは儲かるぞ。数字で確認！　ふむ、良さそうだ。株価がまだ安いなら、買っておこう」が正解です。

確認するのは、会社が発表している業績や資産に関するデータです。何やら難しそうですが、そんなことはないので安心してください。

会社の数字については、『ダイヤモンド「株」データブック』（ダイヤモンド社）や『会社四季報』（東洋経済新報社）などの本に最低限必要なデータが載っています。また、ネット証券によっては口座開設者に無料で、『会社四季報』のデータを提供しているところも多くあります。コツがわかれば〝数字〟はどんどん読めるようになりますよ！

会社は年1回〝本決算〟を発表して3カ月ごとに〝四半期決算〟を発表する！

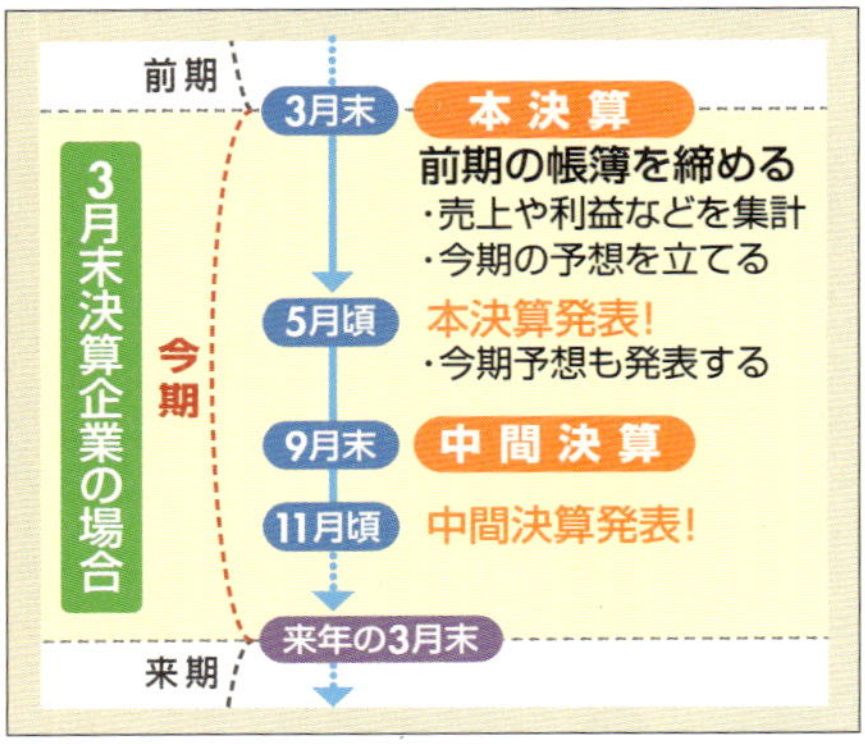
3月末決算企業の場合
前期
3月末
本決算
前期の帳簿を締める
・売上や利益などを集計
・今期の予想を立てる
今期
5月頃
本決算発表!
・今期予想も発表する
9月末
中間決算
11月頃
中間決算発表!
来年の3月末
来期

上場企業は年1回、**「昨年度の業績結果と、今年度の業績予想」を発表します**。これを本決算といいます（単に決算ともいう）。

たとえば、3月末決算企業の場合、3月末に帳簿を締めて、前年度（前年4月から今年3月末まで）の業績を集計し、だいたい5月頃に「本決算」を発表します。ここでは、今年度（来年3月末まで）の業績の予想数値も発表されます。

株を保有している会社や気になる会社の本決算発表は要注目。とくに、**今年度の予想数値は、株価に対する影響大**です。

また、**3カ月ごとに途中経過を集計して発表**することも上場企業の義務です。これを「四半期決算」といいます。3月決算企業の場合には、6月、9月、12月に途中経過を集計し、それぞれ、だいたい8月、11月、2月頃に発表するというスケジュールです。とくに半年目の途中経過を「中間決算」といいます。

業績の予想数値は、途中で修正されることがあります。「発表した数値よりも良くなりそう」なら、予想値を上方修正しますし、逆の場合には下方修正します。

こうした修正の発表は、四半期決算や中間決算の発表時に一緒に行われることが多いのですが、本決算発表の1週間～1カ月前くらいに行われることもよくあります。

各決算や修正などの情報は、ネット証券の情報ページでも見られますし、**自社のホームページで決算書を公開している企業も多い**ようです。

※予想が不可能だという理由で、予想数値を発表しない企業も一部あります。

売上や利益が順調に伸びているかをチェック!

では、事例を見ながら「いい会社」を見分けるコツをお話します。

例に挙げたのは、家電などの価格比較サイトで成長しているカカクコム。

記事は2007年9月半ばに発売された『ダイヤモンド「株」データブック』のものです。少し前の記事ですが、当時にタイムスリップした気持ちで、見てみましょう。

まず、一番大切な、①業績の流れから見ていきます。ここでは、売上や利益が順調に増えているか、といった〝流れ〟が重要です。

業績データの見方ですが、この例では上から順に2007年3月期(07・3)、2008年3月期(08・3)、2009年3月期(09・3)の業績が記されています。

2007年3月期というのは、2006年4月から2007年3月までの1年間の業績ということです。この会社のように、3月に帳簿を締めて集計する決算を3月決算といいます。何月決算であるかは会社ごとに異なります。

また、この例では、「07・3」の数値は既に終了した過去の年度の実績、「08・3」「09・3」の数値はこれからの予想です。

そして、各年度の業績については、売上高、営業利益、経常利益、利益……などのデータが示されています。一口に「利益」といっても、何種類かあります。

利益には3つの種類がある

まず、**売上高**は、会社が商品を売ったり、サービスを提供したりして得た収入の合計です。

営業利益は、本業から得られた利益です。売上高から本業にかかった経費を差し引いて計算します。

経常利益は、本業を含めて普段行っている活動から得られた利益のことです。営業利益に、本業以外に普段行っている活動の損益を加減して求めます。本業以

業績の数字はだいたい、こんなふうに並んでいます

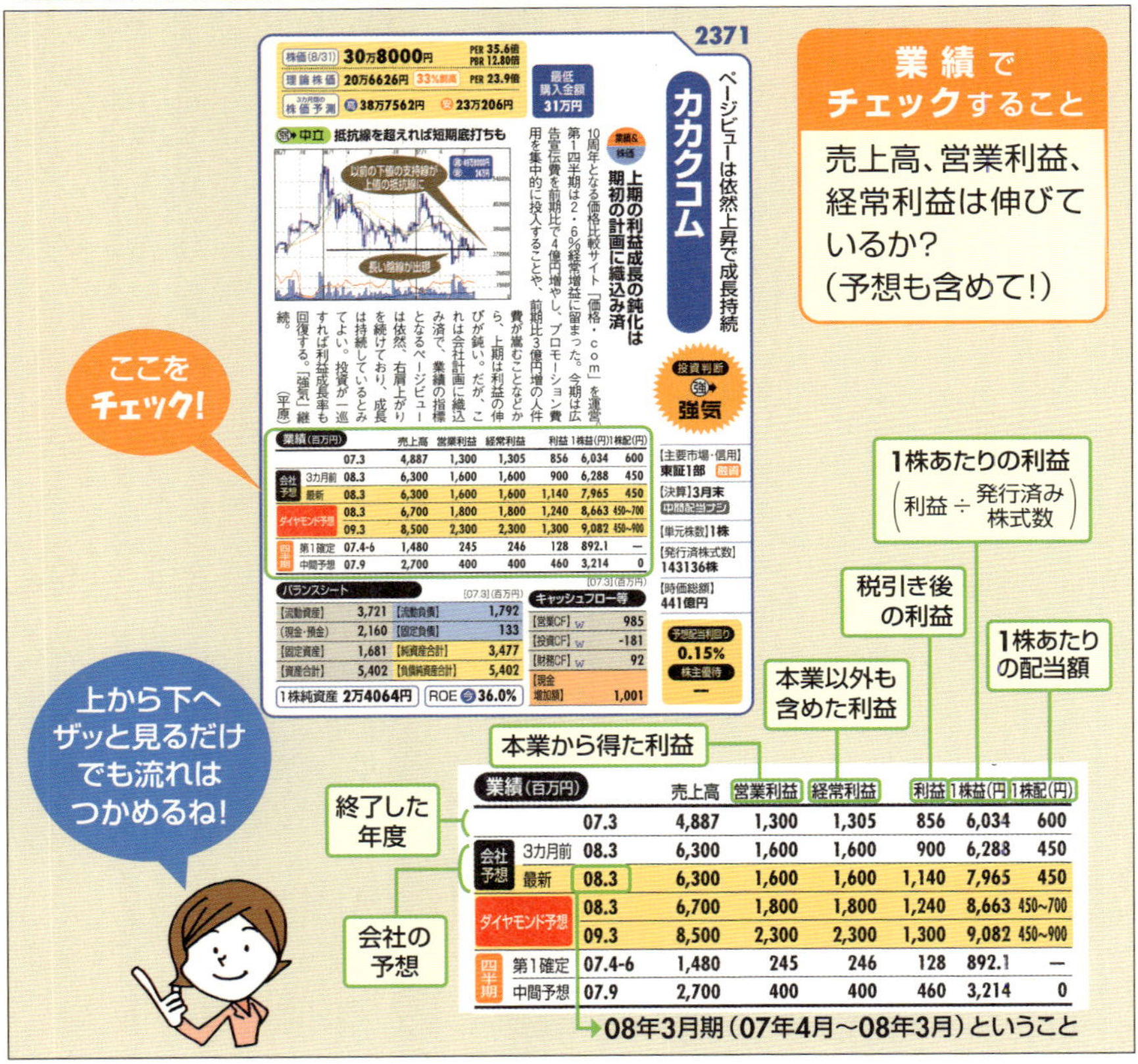

業績（百万円）			売上高	営業利益	経常利益	利益	1株益(円)	1株配(円)
		07.3	4,887	1,300	1,305	856	6,034	600
会社予想	3カ月前	08.3	6,300	1,600	1,600	900	6,288	450
会社予想	最新	08.3	6,300	1,600	1,600	1,140	7,965	450
ダイヤモンド予想		08.3	6,700	1,800	1,800	1,240	8,663	450~700
ダイヤモンド予想		09.3	8,500	2,300	2,300	1,300	9,082	450~900
四半期	第1確定	07.4-6	1,480	245	246	128	892.1	—
四半期	中間予想	07.9	2,700	400	400	460	3,214	0

外に普段行っている活動とは、たとえば、お金を借りたり預金したりというような財務活動などです。

利益（**当期利益・純利益**とも言う）とは税引き後利益のことであり、経常利益から特別損益（一時的な利益や損失）を加減し、さらに、税金を差し引いて最終的に残った利益のことです。

ここまではわかりましたか？　売上から経費やもろもろの損益を差し引いて、残ったものがその会社の利益です。

会社の利益は株主のものでしたね（34ページ）。そこで、利益を発行済み株式数で割って、1株あたりの利益がいくらかを計算してみましょう。

1株あたりの利益のことを、「1株益」といいますが、利益と株価を比べてその株がお買い得か否かを判断する時にとても役立つ数字です。これは投資家にとって、とても大切な数字。4章でバッチリ解説します。

最後に**1株配**というのは、1株あたりの配当の額です。1株配が10円の場合、1株持っていれば10円が、100株持っていれば1000円が受け取れたということです。

㊁決算よりも㊄決算を見る

なお、会社四季報などでは、「連」「単」「中」などのマークが付いていることがありますが、「連」は**連結決算**、「単」は**単独決算**、「中」は**中間決算**のことです。

連結決算とは、子会社などグループ会社の業績を、保有株比率などに応じて加えた決算のことです。それに対して「単」というのは、その会社単独の決算のことです。

現在は、子会社などが会社の一部門のような働きをすることが多いため、連結決算の方が実態を表すものと考えられ、連結と単独決算の両方を発表している会社の場合には、**連結決算を見るようにします。**『ダイヤモンド「株」データブック』の場合、単独決算のみの会社を除いて、基本的には連結決算が記載されています。

「中」は中間決算のことです。中間決算というのは、半年分の決算のことであり、1年のうちの半分をやってみての中間報告的な決算のことです。3月決算企業の場合、9月が中間決算期になります。

売上と経常利益の流れを見よう！

業績の欄をザッと見て、**売上や経常利益（または営業利益）が、安定しているか、または、上昇傾向にあるならひとまず合格**です。

最終的には利益が大切なのですが、そのおおもとになるのは売上です。ですから、業績の流れを見る上では、利益（この場合は経常利益）とともに売上を一緒に見ていきましょう。

カカクコムの場合には、売上高は48億8700万円（実績）→67億円（予想）→85億円（予想）。

経常利益は13億500万円（実績）→18億（予想）→23億円（予想）というように、3割近いペースで勢いよく伸びています。こうした数字を見ると、カカクコムはかなり順調に業績を伸ばしていると判断できました。

業績が順調に伸びていることを確認！

業績（百万円）			売上高	営業利益	経常利益	利益	1株益(円)	1株配(円)
		07.3	4,887	1,300	1,305	856	6,034	600
会社予想	3カ月前	08.3	6,300	1,600	1,600	900	6,288	450
会社予想	最新	08.3	6,300	1,600	1,600	1,140	7,965	450
ダイヤモンド予想		08.3	6,700	1,800	1,800	1,240	8,663	450~700
ダイヤモンド予想		09.3	8,500	2,300	2,300	1,300	9,082	450~900
四半期	第1確定	07.4-6	1,480	245	246	128	892.1	—
四半期	中間予想	07.9	2,700	400	400	460	3,214	0

売上高、営業利益、経常利益とも、み〜んな伸びてるね
上から下へ見ていこう！（07年から09年だ）

column

証券取引所は全国に6カ所ある。東証1部と新興3市場が注目だ！

株は証券取引所で売買されるわけですが、取引所は東京証券取引所をはじめ、大阪、名古屋、福岡、札幌にあります。さらに、ジャスダック証券取引所というのもあります。

企業は上場したい取引所を選んで、そこの審査を受けます。審査に合格しないと上場できません。

最も有名で、最も多く企業が上場していて、最も多くの取引がなされているのが東京証券取引所（東証）です。東証は、1部、2部、マザーズと3つの市場を持っています。

中でも、東証1部は審査基準が一番厳しいところです。トヨタ、ソニー、キヤノン、NTTなど日本を代表する大企業がここに上場しています。

対して東証2部は、比較的規模の小さな中堅企業が多く、地方市場では、地元企業などが上場しています。

東証マザーズ、大証《だいしょう》ヘラクレス、ジャスダックは比較的審査がゆるく、規模の小さな会社やベンチャー企業が数多く上場しているため、「新興市場」と呼ばれています。ジャスダックは08年に大証《だいしょう》（大阪証券取引所）の子会社になり、2010年頃には大証ヘラクレスと統合する予定です。

東証と大証など、2つの取引所に上場している企業もあります。こうした企業の株を取引する時は、必ず取引量の多い方の上場先（市場）を選ぶようにしましょう。ネット証券で注文を出すと、ほとんどの場合、メイン市場が自動的に選ばれるようですが、一応、注意が必要です。

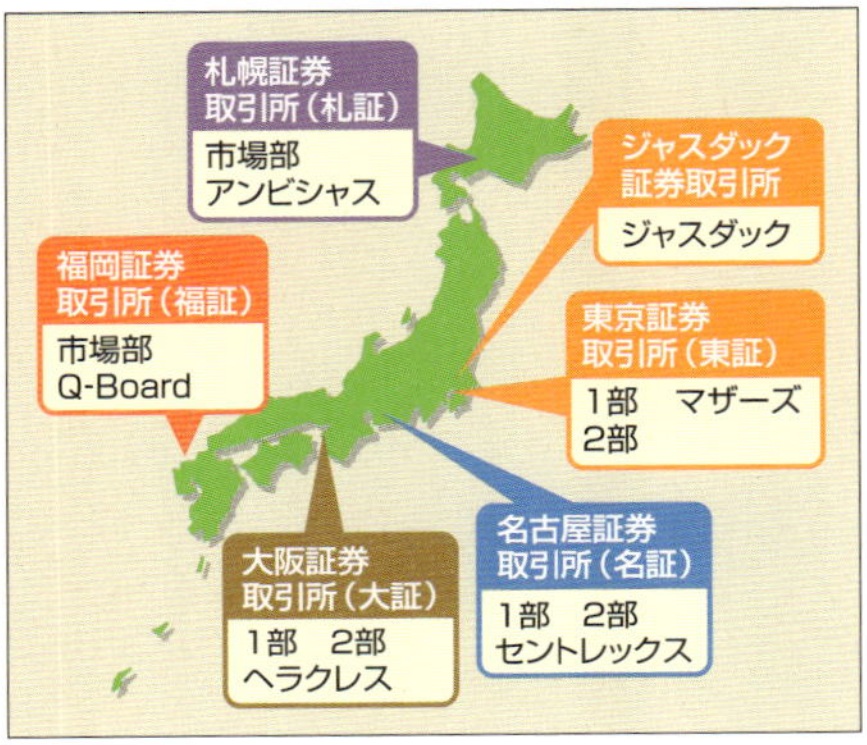

札幌証券取引所（札証）
市場部
アンビシャス
ジャスダック証券取引所
ジャスダック
福岡証券取引所（福証）
市場部
Q-Board
東京証券取引所（東証）
1部　マザーズ
2部
名古屋証券取引所（名証）
1部　2部
セントレックス
大阪証券取引所（大証）
1部　2部
ヘラクレス

「株」データブックや四季報は、〃株のカタログ〃としても使える！

カタログ好きは買い物上手!?

ここまでの話では、いい株を探す方法として、「身近なところからいい株の候補を探す→『ダイヤモンド「株」データブック』などで数字を確認する」という手順を話してきました。

しかし、『ダイヤモンド「株」データブック』や『会社四季報』は、いい株探しの最初の取っかかり、つまり、〃株のカタログ〃としてもオススメなのです！

通信販売などを利用すると、3カ月に1回くらい、定期的にぶ厚いカタログが送られてきますよね。それをペラペラめくりながら、気になる商品があればそこで目を留めて、商品説明や値段をチェック、買う気が起これば注文を出すことになります。

『ダイヤモンド「株」データブック』も似たようなものです。3カ月に1回発行※されていて、そこには、各銘柄の最新データが掲載されています。ベテラン投資家やプロの投資家の多くは、それをカタログのようにペラペラとめくり、「良い株ないかな～」と探しているのです。

パラパラとめくりながら、コメントと業績データをチェックしていきます。たとえばコメントで、「新しい事業が好調にスタートして、今後大きく伸びそう」などの情報があったり、売上や経常利益が勢い良く伸びている場合は要チェック。「なんか、すごく業績が伸びているけど、

※3月、6月、9月、12月に発行される。

この2つのやり方で銘柄を選ぼう!

"株のカタログ"で業績が伸びている会社を探す
ユニ・チャーム ペットケア
ココを見る!
伸びてる会社発見!
会社の内容を調べてみる
確かにこれは流行りそうだ
身の回りで流行りそうなもの、変化の兆しを探す
流行の兆し発見!
業績を数字で確認!
良さそうだ
割安かどうかを考える!

何が起きているのだろう」と考えます。

そして、チェックした銘柄が自分の知っている会社で、「あー、この会社は確かに伸びそうだ」となれば、これはかなり有望そうです。また、家族や友人など身近な人に、その会社の商品・サービスについて詳しそうな人がいれば、その評判を聞いてみるといいでしょう。

もし店舗や商品があるなら、それを実際に見に行ったり、サービスを利用してみても面白いと思います。「こんなに業績が伸びている会社の店は、どんな感じなんだろう」と興味を持ってウォッチング。そして、「あー、この会社は確かにいいな」と思えば、儲かる株の可能性大です。

日常生活からヒントをもらうやり方と、もうひとつ、『ダイヤモンド「株」データブック』などの〝株のカタログ〟から探すやり方。その両方を上手く使って、銘柄探しのアンテナを広げましょう!

今後も利益が伸びるかを考えるための4つのポイント

業績の〝予想〟が株価を動かす!

業績の流れはチェックできました。さて、次は、会社が出している今期の業績の予想は達成できそうか、来年以降も好調は続くのかをチェックしましょう。

株は過去や現状よりも、〝これから〟を見据えて動くもの。ですから今後の業績見通しこそが重要であり、とくに会社の発表する業績予想には多くの投資家が注目しています。

この予想の数字は、いい方がもちろんいいに決まっています。一方で、この予想は達成可能なのかどうかを考えることも大切です。会社の予想は達成されないこともあります。予想はあくまでも自己申告なので、甘く見積もる会社もあれば、厳しく見積もる会社もあるのです。

どんなにいい予想を出しても達成できなければ絵に描いた餅。予想の下方修正を発表したとたんに、失望した投資家たちが一斉に持っていた株を売りに出すことも考えられます。そうなると、株価は急落……。

予想が信頼できるものかそうでないかを判断するのは、正直、難しい部分もありますが、どんな会社なのか、どんな事業なのかを知ることが、一番の手がかりになります。それには、以下の4つをチェックするといいでしょう。

①商品・サービスは魅力的?

まず、その会社の商品、サービスに魅力があるのか、その会社ならではの強みがあるのか、ということです。これらは

用語解説

下方修正
かほうしゅうせい

会社が業績見通しを基に修正すること。企業は新年度がスタートして1〜2カ月たった頃、前年度の決算（業績の結果）と一緒に新年度の業績予想も発表します。その後調子が悪いと、この予想を基に修正することがあるのです。

業績を伸ばしていく上での大前提です。

②まだまだグングン伸びそう？

「その会社の事業はまだまだ伸びそうか」を考えてみましょう。そのビジネスをスタートしたばかりの段階なのか、もう、かなり事業範囲を拡大した後なのか。

仮に今、ものすごいブームだとしても、**もうこれ以上伸びる余地が大きくないなら**、業績や株価の伸びも曲がり角を迎えつつあるのかもしれません。

③競争が過熱してない？

次に、ライバル会社がいないか、もしいるなら、そのライバルは脅威的な存在なのかを考えてみましょう。どんなに有望な事業をしていても、**ライバルが多すぎて競争が過熱**してしまうと、儲かりにくくなってしまいます。会社の業績が悪化する典型的なパターンは、競争が激化して、過度な値下げ競争に巻き込まれることです。できれば、その会社だけしかできないとか、新規参入が難しい事業だといいのですが……。

④会社の規模は大きすぎないか

会社の規模についても考えましょう。たとえば、新製品がヒットしてその売上が300億円になったとします。その会社のもともとの売上が30億円だったら、売上は10倍増することになります。しかし、もともと1兆円の売上の会社だったら、300億円程度のヒット商品が出ても売上の伸びは3%に過ぎません。

ですから、その会社の規模は大きすぎないか、有望だと思った新製品や新サービスにはその会社の業績を変貌させるインパクトがあるのかも考えることが大切です。

記事と数字をダブルで見て、会社の先行きを推理しよう！

全く新しいコンセプトの店を開発して展開している様子が書かれている。興味を持ったら会社のホームページを見たり、実際に店舗に行って確かめてみよう。

ホントにこの計画どおりにいくのかな？

売上も利益も順調に伸びている様子が分かる。

2769

ヴィレッジヴァンガードコーポレーション

雑貨類の粗利益率は書籍の約2倍

3カ月間の株価予測　適正株価 56万893円

予測高値	12/1終値	予測安値
69万円	48万円	33万円
PER 20.9倍	PER 14.5倍	PER 10.0倍

弱気　下値支持線を割り込むか!?

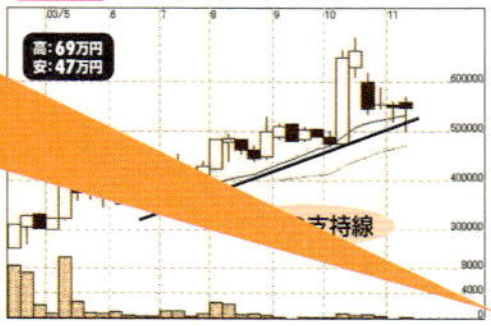

03/5
6
7
8
9
10
11
高：69万円
安：47万円
600000
500000
400000
300000
8000
4000
支持線

短期の判断　強気

雑貨の比率高めた新業態店に期待

「遊べる本屋」をコンセプトに、衣料・雑貨、書籍、CDの販売店を全国展開。縫いぐるみやキッチン用品など雑貨の比率を書籍の10倍程度に高めた新業態が新たな成長の原動力に。従来型から新業態へのシフトが進むようだと利益率が向上する。次の展開に期待して「強気」としたい。（村瀬）

長期の判断　強気

安全度 ー　収益度 ー
成長度 B　割安度 B

業績(百万円)		売上高	営業利益	経常利益	利益	1株益(円)	1株配(円)
	02.5	7,250	693	616	281	45,315	0
	03.5	8,726	782	714	379	59,893	0
会社予想 3カ月前	04.5	ー	ー	ー	ー	ー	ー
会社予想 最新	04.5	10,155	ー	834	447	31,416	0
ダイヤモンド予想	04.5	10,300	920	860	470	33,032	ー
中間予想 3カ月前	04.11	4,666	ー	293	159	ー	0
中間予想 最新	04.11	4,666	ー	293	159	ー	0

株価指標	割安度 予想PER	割安度 PBR	収益度 予想ROE	収益度 予想売上高経常利益率	成長度 予想売上高伸び率
会社予想ベース 9/1時点	ー倍	ー倍	ー%	ー%	ー%
会社予想ベース 12/1現在	15.3倍	3.47倍	22.6%	8.2%	16.4%
会社予想ベース 業種平均	19.4倍	1.23倍	6.5%	3.6%	4.0%
ダイヤモンド予想	14.5倍	ー倍	23.8%	8.3%	18.0%

予想配当利回り　ー
株主優待　×
【主要市場・信用】ジャスダック／×
【決算】5月末　中間配当ナシ
【単元株数】1株
【ミニ株】×
安全度CHECK!
株主資本比率 24.6%
有利子負債(百万円) 3,121

利益が順調に伸びているかどうかは、営業利益か経常利益を見ること。利益（純利益）や1株益は、一時的要因が入っていたり、株式分割の影響などもあり業績トレンドが分かりづらい（108ページ）。

上の03年12月当時のヴィレッジヴァンガードコーポレーションの記事を見てください。この会社は「遊べる本屋」というコンセプトで、衣料・雑貨、書籍、CDなどを興味深いテーマに沿って複合的に陳列するというエンタテイメント性の強い店舗を展開しています。その魅力にはまってリピーターになる人がどんどん増え、業績を伸ばしていきました。

全く新しい業態なのでライバルはおらず、当時は売上も100億円程度とあまり大きくありませんでした。当時の会社のホームページを見ると、店舗数は関東で50前後、関西では10前後であり、まだまだ全国的に出店余地が大きい状態です。

以上のようにこの会社は、サービスが魅力的で、伸びる余地が大きく、競争もあまりなく、会社の規模も小さいというように「成長株の4条件」を備えた状態でした。その後この会社は業績を伸ばし続け、株価は2年で5倍になりました。

3年先、5年先の業績は、社長のインタビューから予想できる

成長株に投資するなら、「今後3年程度の見通しを考えることが大切」ですが、そのためには会社が発表している中期経営計画や社長のインタビュー記事が役立ちます。左は02年5月29日の日経新聞地方版に掲載された、レンタルビデオチェーンのゲオの社長インタビューです。こうした記事は一部のネット証券が提供している「日経テレコン21」で、会社名から検索できます（52ページ）。

ロビー

好機逃さず規模を拡大

「リストラ物件が大量にでる今のような好機は長くは続かない」と話すのはゲオの遠藤結城社長。同社は不振の紳士服店や家電量販店を買収する形で店舗数を増やしており、2003年３月期も 100店を出店する計画だ。「新規に出店する場合に比べ、コストは数千万円抑えられる」という。中期目標として2005年３月期に売り上げ1000億円を掲げていたが、1200億円に修正、「当面は休まずに規模拡大する」と意気込んでいた。

この中でゲオの社長は、05年3月期の売上目標を1000億円から1200億円に上方修正するといっています。02年3月期の売上は600億円程度でしたから、そこから倍増させるという計画です。

ここで、社長の言っている話が信頼できるのかどうかを考えましょう。それには80ページで見た4条件を考えることはもちろん、今まで会社は目標や計画をきちんとクリアしてきたのかを調べてみます。会社のホームページの「投資家（IR）情報」や日経テレコン21などで、過去の業績発表の履歴を見てみるのです。

当時のゲオはライバルのTSUTAYAと競うように「安くて品揃えの豊富なレンタルビデオ店」をどんどん拡大していましたが、当時はまだ会社も若くて成長余地もあり、業績の上方修正も繰り返していましたので、この計画も信頼性あるものと感じられたと思います。その後、株価は2年で8倍に上昇しました。

危ない会社を避ける方法

〝自己資本比率〟が低い会社は要注意

今まで、業績の話をしてきましたが、もうひとつ、大事なことがありました。その会社が〝危険ではないか〟を考えることもとても大切です！

具体的には、借金が多すぎないかどうか、を考えましょう。上場企業には、ほとんど借金していない会社もあれば、たくさん借金している会社もあります。

もちろんチャンスがあれば借金をしてビジネスを拡大するのは悪いことではありません。しかし、「チャンスだ！」と思ってたくさんの借金をしてまで事業を拡大したのに、それが上手くいかなくなったら経営は傾いてしまいます。たとえ

これが株主資本比率だ!

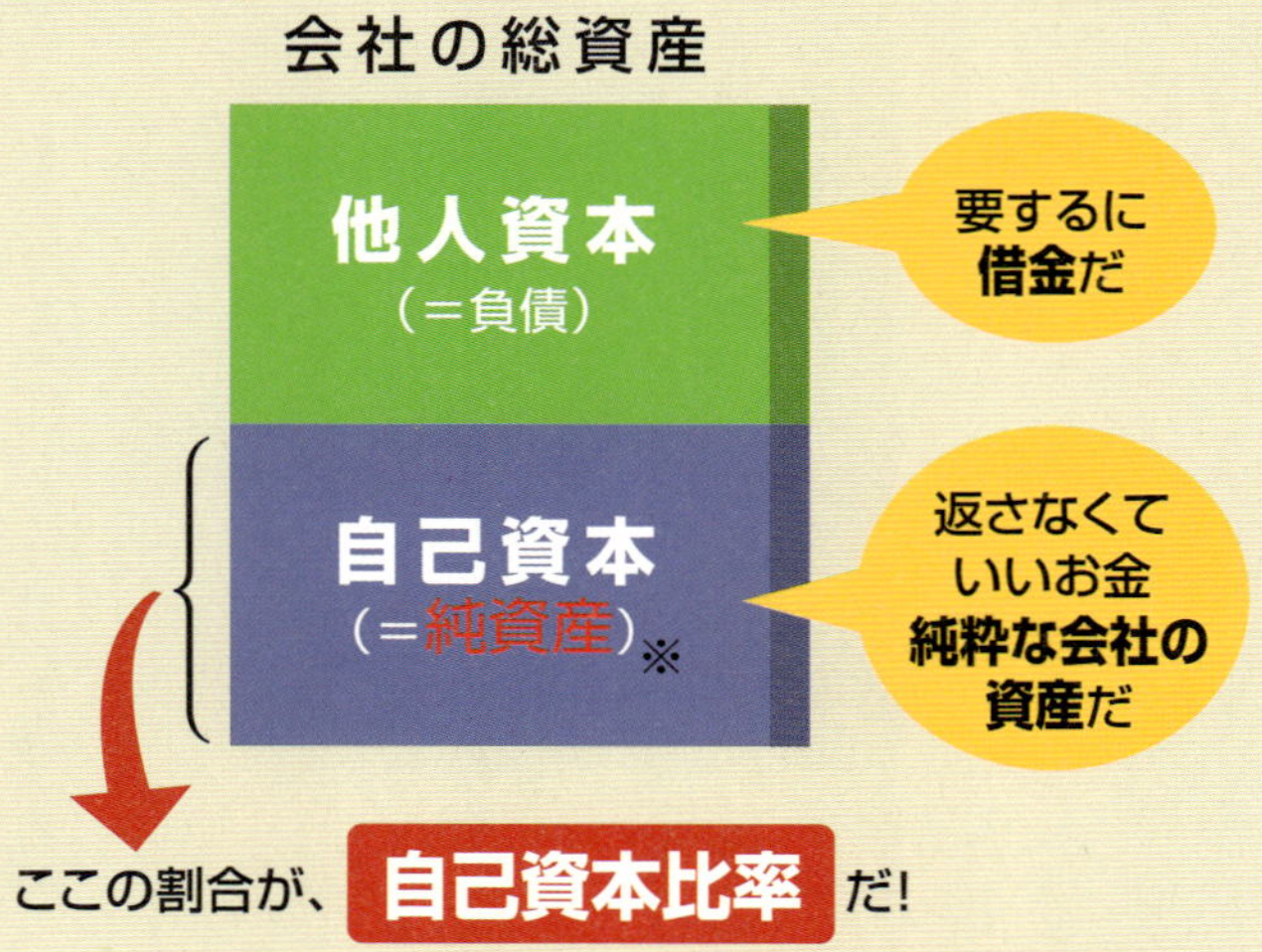
会社の総資産
他人資本
(＝負債)
要するに
借金だ
自己資本
(＝純資産)※
返さなくて
いいお金
純粋な会社の
資産だ
ここの割合が、自己資本比率だ!

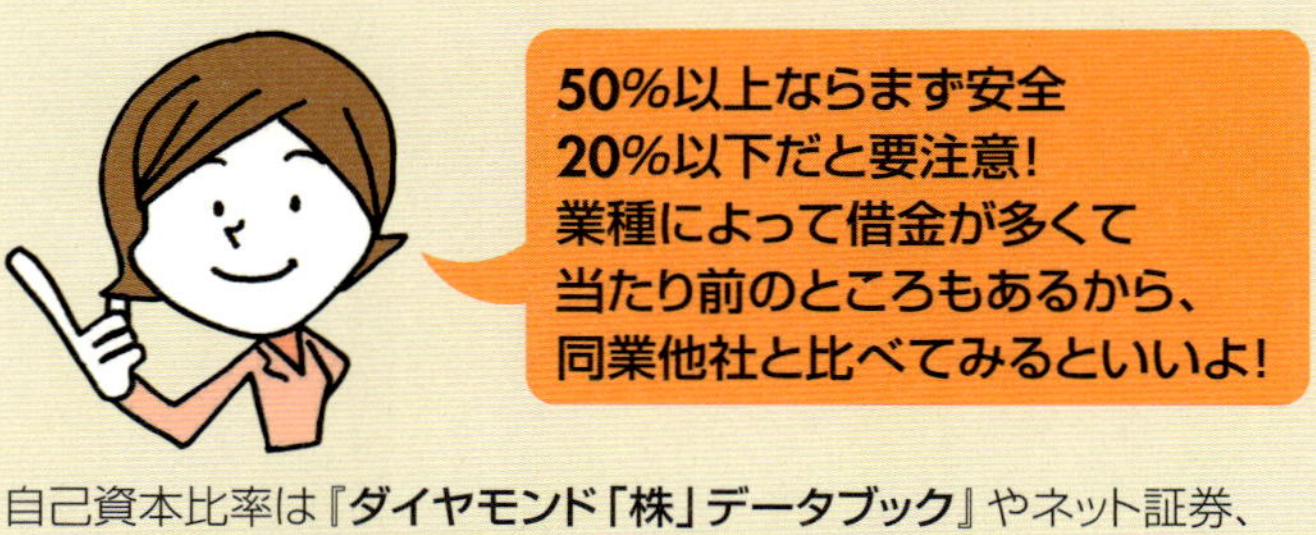
50%以上ならまず安全
20%以下だと要注意!
業種によって借金が多くて
当たり前のところもあるから、
同業他社と比べてみるといいよ!

自己資本比率は『ダイヤモンド「株」データブック』やネット証券、ポータルサイトの銘柄情報ページでも見られるよ。

※厳密に言うと、純資産からいくつかの項目を除いたものが自己資本になります。ただし、ほとんどのケースでほぼ同額になるので、純資産≒自己資本と考えてもいいのです。

ば、景気が大きく悪化した08年には、売れない在庫の山、使われない生産設備の山、それらを買うためにした借金の山を抱えて倒産した企業がたくさん出ました……。

借金が多すぎないかどうかを簡単にチェックするのに役立つのは「自己資本比率」です。これは、会社の資産のうち借金（＝負債）以外の部分がどのくらいの割合あるのか、を見る指標です。

右ページの図を見てください。会社の総資産から負債を引いた部分を純資産といいます。これは返さなくても良くて、自分自身に属している資産であることから自己資本とも呼ばれます。この自己資本が資産のうちどのくらいを占めるのか、その割合を見るのが自己資本比率なのです。

自己資本比率が高いほどその会社の安全性も高いといえます。業種によっても異なりますが、一般的に50％以上ならば安全性が高いと判断できます。

50％未満でもダメだということではありませんが、危険な会社も少し交ざってきます。20％未満になると、危険な会社が随分と交ざってきます。

金融や不動産など特殊な業種では10％前後でも通常の姿といえますが、金融は1ケタ台前半、不動産は1ケタになると危険性が高くなってきます。

いずれにしても、自己資本比率が低すぎる会社にはよく注意をし、原則として投資対象から外すのがいいでしょう。

用語解説

自己資本
じこしほん

会社の資産から負債を差し引いた、その会社の純粋な資産といえる部分のこと。これは、株主が出資した金額と会社内に蓄えた利益を合計したもので、会社が株主から預かっている資本です。会社が解散すると株主に戻されます。

理解できない会社の株には投資するな！

最後に、70ページにも登場した〝株の神様〟ピーター・リンチの言葉を紹介しましょう。それは、「理解できない会社の株には投資するな」というものです。

リンチ自身はハイテクが苦手で、どんなにすごい技術が開発されたと聞いても投資しなかったそうです。

難しい技術とか、複雑で難解なビジネスモデルとか……人はそういうものに対して、なんとなくすごいと思ってしまいます。しかし、そんな、「なんとなくすごそう」という状態ならば、株を買うには慎重になった方がいいと、リンチは言っています。投資において、わからないことほど危険なことはありません。

何事もそうですが、銘柄を選ぶ時も、自分の好きな分野、自分の得意な分野で勝負することが勝つ秘訣です。

column

この言葉が出たら身構えろ！危ない会社のキーワード

①〝継続企業の前提に重要な疑義あり〟

企業をチェックする監査法人が、危ない会社について意見表明する際の決まり文句で、「この会社が存続できるどうか自信が持てない状況」ということです。会社のホームページから「決算短信」などを見ると、この意見表明がされているのかどうか確認できます。

②〝債務超過〟

負債が総資産を超えてしまい、純資産がマイナスになった状態です。資金繰りがかなり心配です。

③〝不渡り〟

銀行決済の際、口座残高が足りなくて決済不能に陥ってしまうことです。

④〝決算発表の遅延〟

予定どおりに決算発表できないのは、社内でゴタゴタともめているケースが多いです。危ない兆候です。

⑤〝取引所からの注意〟〝上場廃止〟

情報開示のルール違反を犯すと、取引所から注意を受けます。重大な違反や、軽い違反を繰り返した場合は上場廃止になる可能性があります。上場廃止になっても会社は潰れるわけではありませんが、株は自由に売れなくなります。

⑥〝監理ポスト〟

上場廃止の可能性が出てきた場合、取引所から「監理ポスト入り」の指定を受けます。上場廃止の可能性が否定されれば、その指定は解除されます。

⑦〝整理ポスト〟

上場廃止が決定した場合、整理ポストに入り、一定期間を経て上場廃止になります。

第4章

PER

稼げる！

株の選び方

割安な株ってどんな株？編

問題です。
A 株価 1000円
B 株価 2000円
割安なのはどっち？
A。
1
ブーー
？
残念。株価だけでは割安度は測れません
売買単位も違う
規模も！
2
そんな時に役立つのが、
PER!
（ピー・イー・アール）
PER
3
このモノサシでいろんな株の割安度を測ってみよう！
COMPANY
4

株の割安度を測るモノサシ「P《ピー》E《イー》R《アール》」を使おう！

1000円のものを500円で買え！

″いい会社（株）″であることを確認したら、次に、その株がお買い得なのかどうか（割安かどうか）を考えることが大切です。

たとえば、どんなに素敵な時計でも、10万円くらいの価値のものを20万円で買う気にはなれないですよね。逆に、すごく気に入った時計が、通常の相場の半値くらいで売られていたら、それはお買い得だ！ということになります。

株も全く同じことで、価値ある株、いい会社を探して、それをすごく割安な株価で買うことが大切なのです。

20世紀に最も成功した投資家に、一代で6兆円近い資産を築いたウォーレン・バフェットという人がいます。彼は、世界の富豪ランキングで、マイクロソフトのビル・ゲイツと並ぶ常連です。

そのバフェットは、株で成功する最も大切なコツについて、「1ドル札を50セントで買うように、株を買うこと」と言っています。日本式に言い換えれば、「１０００円札を５００円で買うように、株を買え」ということです。その心は、「どう考えても１０００円の価値はあると思える株が、５００円くらいになった時に買え」ということです。

要するに、バフェットは、「割安さ」こそ投資で成功するために最も大切なポイントだと言っているのです。

PER《ピーイーアール》を知らない投資家はいない

株の割安度を判断するのに役立つのが、「PER《ピーイーアール》」という指標です。PERは、会社の収益力（利益）から見て、今の株価が割安かどうかを測るもの。株価を1株あたりの利益（1株益）で割って求めます（株価÷1株益）。

要するに、今、株価が1株益の何倍になっているかを見るわけです。

1株あたり年100円稼ぐ会社があって、今の株価が1000円なら、PERは10倍です（1000円÷100円）。同じく、1株あたり年100円稼ぐ会社があって、今の株価が2000円なら、PERは20倍になります。

利益の10倍の値段で買うのと、20倍の値段で買うのなら、10倍の方が割安ですよね。そういうわけで、PERは数字が低いほど割安ということになります。

PERをマスターしよう!

どっちがおトク？

Ⓐ 年100円稼ぐ会社が　株価 1000円
Ⓑ 年100円稼ぐ会社が　株価 1500円

じゃあ、これは？

Ⓐ 年100円稼ぐ会社が　株価 1000円
Ⓒ 年150円稼ぐ会社が　株価 2000円

そこで、PERを計算してみよう！

単位は倍

$$PER = \frac{株価}{1株益}$$

PERは低い方がおトク度が高い

Ⓐの場合 $\frac{1000円}{100円}$ = **10倍**

Ⓒの場合 $\frac{2000円}{150円}$ = **13.3倍**

あ、Ⓐの方がおトクだ!

利益の10倍の値段で買えるということ!

※PERはネット証券の銘柄情報に出ているから、自分で計算しなくてもいいけど、計算式は覚えておこう!

PERの計算に使う1株益は予想の数字を用います。株は常に将来をにらみながら動いているので、それを分析する数字も、新しいものを使うのです。

会社をまるごと買うつもりで考えてみる！

ここで、少し視点を変えてみましょう。会社をまるごと買うのに必要な金額を「時価総額」と言いますが、これは、株価×発行済み株式数で求められます。NTTドコモの場合、約7兆円です。

ドコモの08年の利益予想は約5000億円なので、もしあなたがお金持ちでドコモをまるごと買ったとすると、7兆円で、年5000億円の利益を生み出す会社を買ったことになります。購入にかかった金額は1年の利益の14倍。つまり、購入代金は14年で回収できる計算です。

実は、この「14年」というのがPERなのです。「株の購入代金を何年の利益で回収できるのか」。これを1株あたりに小分けして計算式にすると、「株価＝1株あたりの利益（1株益）×★年」になります（★がPER）。

さて、このように計算してみると、ドコモの親会社であるNTTは12倍、携帯電話事業「au」を展開するKDDIは9倍です。KDDIは9年で投資資金が回収できるわけで、少なくともPERの面では14年かかるドコモよりお買い得かもしれません。

PERの標準はおおむね15倍

では、ズバリ、PERは何倍以下ならばお買い得といえるのでしょうか。

PERは、歴史的にも見ても、世界的に見ても、おおむね15倍というのが標準的なところです。やや結論的なことを言えば、だいたいPER15倍以下ならばお買い得といえるでしょう。1株益の15倍以下の値段で買えるなら、〝お買い得〟だということです。

ただし、ここで考えなければならないのは、会社の業績が今後悪化しないかどうかです。仮に、現在PERが低くても、今後業績が悪化して1株益が減少してしまえば、それによってPERは高くなってしまいます。

あくまでも、1株益が減らないという見通しの株について、「PER15倍以下ならお買い得」といえるわけです。

用語解説

発行済み株式数
はっこうずみかぶしきすう

会社が発行している株の総数のこと。株をすべて買い占めるために必要な金額を「時価総額」といい、株価×発行済み株式数で求められます。時価総額は、その会社の「市場でついたお値段」。つまり大きさを金額で表したものと言えます。

いろんな会社のPERを見てみよう！

業種	銘柄	コード	株価①	1株益②	PER（①÷②）
インターネット	カカクコム	2371	32万2000円	7310.2円	44倍
インターネット	グリー	3632	5300円	156.9円	34倍
インターネット	ミクシィ	2121	42万4000円	1万2415.9円	34倍
インターネット	ぐるなび	2440	23万2500円	8095.6円	29倍
インターネット	ヤフー	4689	2万7560円	1281.8円	22倍
インターネット	ザッパラス	3770	22万6500円	1万2108.4円	19倍
エネルギー	日本風力開発	2766	26万9000円	8680.1円	31倍
ゲーム	任天堂	7974	2万7900円	1623.5円	17倍
小売	ファーストリテイリング	9983	1万480円	471.4円	22倍
小売	しまむら	8227	5420円	574.3円	9倍
小売	マツモトキヨシ	3088	1838円	149.3円	12倍
小売	ヤマダ電機	9831	3800円	410.6円	9倍
小売	セブン&アイ	3382	2320円	151.1円	15倍
金融	セブン銀行	8410	27万8000円	1万3442.6円	21倍
食品	キリンビール	2503	953円	57.9円	16倍
通信	NTTドコモ	9437	15万3500円	1万1031.9円	14倍
通信	NTT	9432	4520円	355.8円	12倍
通信	KDDI	9433	51万2000円	5万5743.6円	9倍
鉄道	JR東日本	9020	5770円	475円	12倍
日用品	資生堂	4911	1445円	73.2円	20倍
日用品	花王	4452	1916円	111.1円	17倍
放送	スカパー	9412	3万8850円	1450.9円	27倍

インターネット関連の有力企業は、成長が期待されている分PERは高くなりがち。（92ページ）

小売の中でも、成長力を取り戻したファーストリテイリング（ユニクロ）はPERが高く、成長の落ち着いてきたヤマダ電機は低くなっている。

成熟した会社のPERはやや低め。成長を取り戻せれば、またPERは高くなる可能性もある。

※株価は09年2月17日時点。

PERを使いこなせば株は上手くなる！

PERとはどんなものかわかりましたか？ PERがわかるということは、すなわち株式投資がわかるということ、と言ってもいいくらい、PERというのは株式投資を上手くやるために役立つものなのです。慣れるまでは少しややこしく感じるかもしれませんが、そんな時は、何度でもこのページに戻って、復習してください。

さて、最後にここで、もう一度PERの式を見てみましょう。

分子が株価、分母が1株益であり、これが低いほどお買い得ということです。ということは、1株益が高くて、株価が安ければ、その株は魅力的ということになります。「業績の良い株を、安く買う」という株の基本を示したものが、PERという指標なのです。

利益をグングン伸ばしている会社のＰＥＲは高くなる！

３年後の１株益がどうなるか考えよう

まずまずの会社内容で、業績が安定している会社の場合、ＰＥＲ15倍以下なら割安と説明しました。では、安定どころか利益をグングン伸ばしている会社の場合はどうでしょう。

たとえば、今期の予想1株益が１００円の会社があって、今後3年くらいは30％程度の成長が続くとします。そうなると1株益は、来年１３０円→2年後１７０円→3年後２２０円……という感じで伸びていきます。

3年後に1株益が１００円から１３０円くらいにしか増えない会社と、２２０円くらいまで増えそうな会社とでは、投資家の投資意欲も変わってきます。1株益をグングン増やしていくだろうと期待される株は、投資家に人気が出て株価は上昇し、ＰＥＲも高くなるのです。

もし、この会社のＰＥＲが20倍だとしても、1株益がグングン増えていきそうなら、「ＰＥＲが標準より高いから、この会社は買わない」と判断するのは必ずしも正解とはいえません。

ＰＥＲが高くなっているのは、多くの投資家が、将来この会社がものすご～く利益を伸ばすだろうと期待していて、ものすご～く利益を伸ばした時点での1株益で計算したら、今の株価はまだまだ安い！と判断しているからかもしれないのです。あなたも他の投資家たちと同じように考えるなら、多少ＰＥＲが高くても買ってもいいかもしれません。

ＰＥＲは15倍程度が標準ですが、成長性の高い株の場合は投資家の期待によって、20倍になったり、30倍、40倍になることもあります。

「成長性が高い」というのはどういう状態かについてはハッキリした定義があるわけではありませんが、だいたいの目安として、「10～20％以上の成長を、今後3年くらい続けられそうな」という見方をすればいいでしょう。

PERは投資家の期待のバロメーター！

次ページのポイントの株価チャートを見てください。ポイントについては8ページでも触れましたが、若い女性に人気の「ローリーズファーム」などのブランドを展開する衣料服チェーン店です。

こうして成長企業のPERは高くなる！
期待でワクワク
株価2000円。PERは20倍
今は1株益100円だけど
2年後には1株益は220円に伸びそうだ！
もし1株益が220円なら…
PER15倍（平均レベル）で考えると
1株益 × PER = 株価
220円 × 15倍 = 3300円
PER20倍（成長期待の大きい会社の標準レベル）で考えると
220円 × 20倍 = 4400円
つまり株価は3300円、4400円レベルでもおかしくない！ということ
なのに今は2000円！激安じゃん！
投資家はこういう考え方をするので、成長性の高い会社はたくさん買われてPERは高くなっていくよ！

株価を見ると、01年前半にはPER7倍前後で推移していました。当時は女性からの人気の高まりを受けて会社は積極的に店舗を増やす方針を示していましたし、会社の規模も売上100億円程度と小さく成長余地が高い状態でした。実際に利益は年20%くらいのペースで成長していました。それにもかかわらずPER7倍はあまりにも安い状態です。当時は景気がすごく悪く、株式市場も低迷している時期でしたから、こういう成長株も安い値段で放置されてしまっていたのです（潜伏期）。

しかし、その後ポイントの成長は加速し、投資家もこの会社の成長に気づき始めます。株価は01年の夏頃から急上昇を開始しました（評価タカマル期）。

投資家の期待感はグングン高まり、PERは06年1月には、なんと60倍まで上昇しました！　いくら順調に成長しているとはいえ、あまりにも高いPERにな

ってしまいました。投資家の期待感も過熱しすぎてしまったといえるのです（バブル期）。

その後、**投資家たちは熱狂から冷めて**、冷静にこの会社の株を評価するようになり、株価はピークの3分の1くらいまで下落してしまいました（バブル崩壊期）。08年には会社の成長率もだいぶ落ちてきて、PERは15倍程度と標準的な水準に落ち着いてきました。

こうしてみると、**成長性の高い株は投資家の期待感やそれによるPERが非常に大きく変動するもの**であることがわかると思います。

そして、どんなに成長期待が高くても、PERが異常に高い場面では買わないほうが無難だとも言えそうです。あくまでも、まだ成長余地が大きく残っていると判断されて、なおかつ、PERから見て「これはずいぶんと割安で、お買い得だなぁ」と判断できる時に買うのです。

PERは投資家の期待のバロメーター

ポイント（2685）
株価
（円）
12000
10000
8000
6000
4000
2000
5000
4000
3000
2000
1000
01/01
02/01
03/01
04/01
05/01
06/01
07/01
08/01
潜伏期
PER7倍
ほとんど値動きがなくPERも7倍程度だが、実は女性からの人気が高まり積極的な店舗拡大により20%近いペースで利益を伸ばしていた。
この会社の良さに、みんながまだ気づいていない時期
評価タカマル期
PER急上昇中
業績は期待以上のペースでグングン伸び、投資家からの人気が高まってPERも30倍を突破!
「この会社良さそう…」とみんなが買いに走る時期
評価爆発!
PER60倍!?
「株価が60年先の利益まで織り込んだ状態」。仮に利益が2倍になってもPER30倍だ。
買いが買いを生んで、実態以上に買われる時期
バブル崩壊期
PER急降下
さすがにPER60倍は高すぎ、これはバブル…と判断した投資家の利益確定売りなどが出て株価下落。
「さすがにPER高すぎ」とみんなの熱が冷め出す時期
妥当な水準期
PER15倍
成長はだいぶ落ち着いてきたが、利益はしっかりと増やし続けている。PERは標準的な15倍前後の水準に。
熱狂が冷めて冷静な判断で売買される時期

column

大切なのは「実績PER」ではなくて、あくまでも「予想PER」!!

PERについて、ここで強調したいことがあります。それは、「PERは、あくまでも予想値を見る」ということです。どうしてこんなことを言うのかというと、新聞やインターネットの情報などを見ていると、単にPERとあって、それが「実績PER」だったり「予想PER」だったりするからです。

投資家は、終わってしまったレース
(=前期の結果)に興味なし!

実績PERは、前期の実績によって計算したPERということ。一方、予想PERは業績予想で計算したPERのことで、一般的には今期予想に基づくPERのことを指します。

このうち、重要なのは今期予想PERです。「今期予想」とは耳慣れないかもしれませんが、「今、進行中の年度の業績がどうなるか」ということ。たとえて言うと、「現在行われているレースの結果がどうなるか」という予想です。みんなの関心があるのは、終わってしまったレースではなくて、今行われているレースの結果の予想なのです。その上で、さらに次のレース（来期）の予想も重要になります。

厄介なことに、新聞などには、単に「この会社のPERは×倍」と書いてあって、それが実績PERであるケースがあります。実績によるPERを見てもあまり意味はありません。ネット証券が提供する情報は予想PERを採用しているかと思いますが、ポータルサイトの情報では実績PERの場合も少なくありませんから、単にPERとある場合は、それが実績なのか予想なのかを必ず確認しましょう。

成長株のＰＥＲは成長率の１倍が標準！

A株とB株、どっちがお買い得？

成長期待が高いほどＰＥＲは高くなるという話をしましたが、その株が割安かどうかを考えるのに、もう少し具体的な基準はないのでしょうか。

ここで、少し例を使って考えてみましょう。今、左ページの囲みのように、Ａ社とＢ社があるとします。今の１株益（09年予想の１株益）はどちらも１００円ですが、株価はＡ社が１０００円でＢ社が２０００円となっています。この２社のＰＥＲは何倍になるでしょうか。

計算すると、Ａ社は１０００円÷１００円＝10倍、Ｂ社は２０００円÷１００円＝20倍となります。標準的なＰＥＲは15倍ですから、単純に比較すればＡ社は割安でＢ社は割高に見えますね。

しかし、Ｂ社は成長性が高くて、３年後に１株益が２倍の２００円くらいになりそうだとします。一方、Ａ社は衰退傾向にあり、３年後に１株益が半分の50円くらいに下がりそうだとします。

ここで、３年後の１株益からＰＥＲを計算してみましょう。すると、Ａ社は１０００円÷50円＝20倍、Ｂ社は２０００円÷２００円＝10倍となります。こう見ると、Ａ社は１０００円でも割高、Ｂ社は２０００円でも、実は割安に見えます。

妥当な株価水準は3年後の1株益の15倍

では、Ａ社とＢ社の妥当な株価水準はどのくらいなのでしょうか。

Ｂ社は１株益が３年後には２００円くらいになりそうだということなので、それに標準的なＰＥＲ15倍を掛けて３０００円くらいでも妥当なのではないか、と考えられます。株価３０００円は、今期１株益（１００円）から見ると、ＰＥＲ30倍の水準です。

一方、Ａ社は１株益が３年後に50円くらいになりそうなので、それに標準的なＰＥＲ15倍を掛けて７５０円くらいでも妥当なのではないか、と考えられます。

株価750円は今期1株益（100円）から見るとPER7・5倍となります。

結局のところ株価というのは、「将来の1株益の15倍の水準を探って動いている」といえます。ここで「将来」というのは、だいたい2～3年くらい先までと考えておけばいいでしょう。つまり、「株価は2～3年先のPER15倍の水準を探って動く」傾向があるのです。

その結果、今の1株益から見たPERはバラバラになるわけです。つまり、1株益が2倍になるなら、今の1株益から見たPERも標準の2倍（PRE30倍）でもいいし、1株益が半分になるなら、今の1株益から見たPERも半分（PER7・5倍）でいいのではないかという話になります。

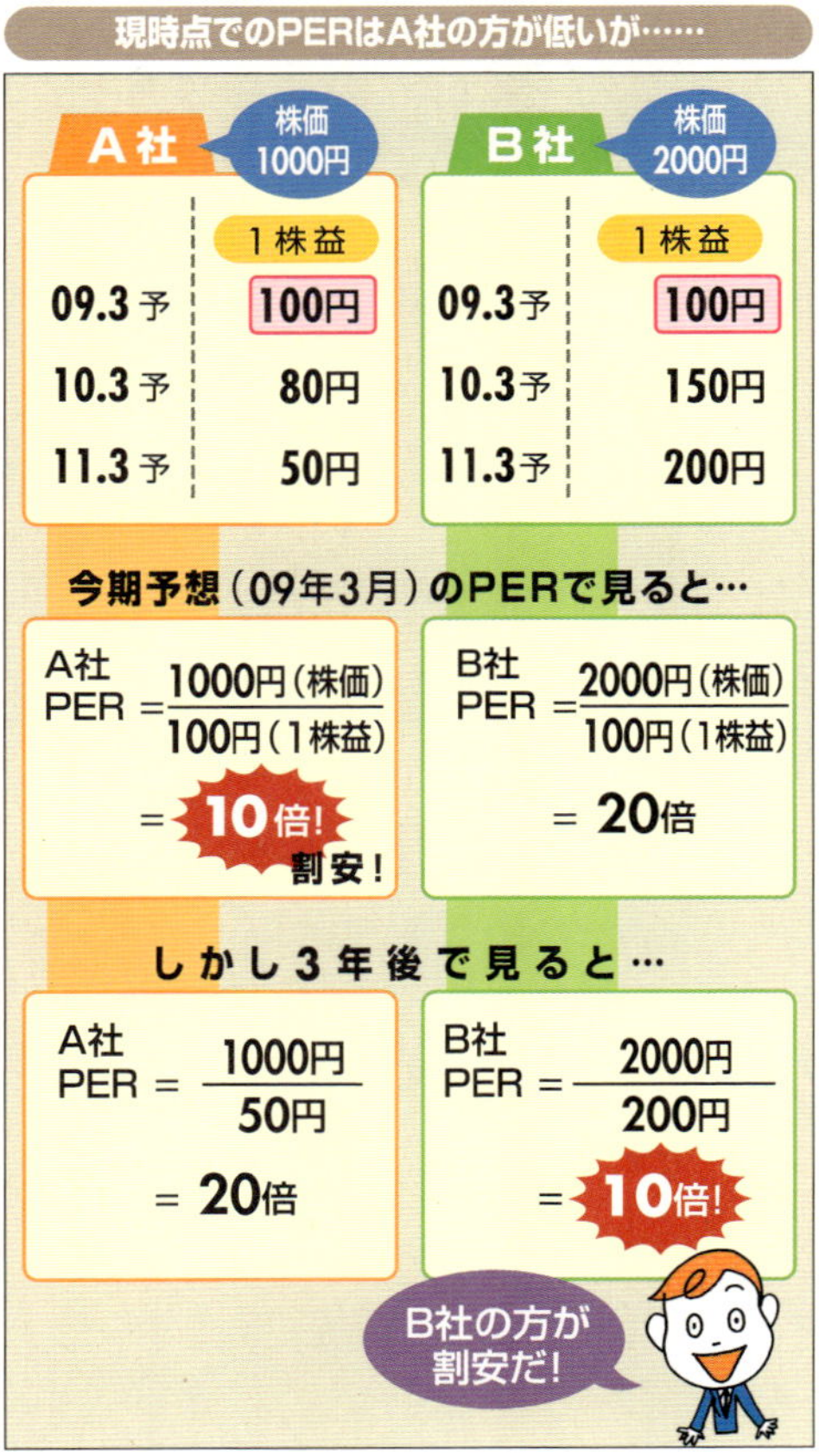

現時点でのPERはA社の方が低いが……
A社
株価 1000円
1株益
09.3予 100円
10.3予 80円
11.3予 50円
B社
株価 2000円
1株益
09.3予 100円
10.3予 150円
11.3予 200円
今期予想（09年3月）のPERで見ると…
A社 PER ＝ 1000円（株価）／100円（1株益） ＝ 10倍！
割安！
B社 PER ＝ 2000円（株価）／100円（1株益） ＝ 20倍
しかし3年後で見ると…
A社 PER ＝ 1000円／50円 ＝ 20倍
B社 PER ＝ 2000円／200円 ＝ 10倍！
B社の方が割安だ！

成長率の1倍のPERなら標準レベル

ここまでの話をさらに進めて、「成長率とPERの関係」を考える簡便法を紹介しましょう。

たとえば、今後3年間10%ペースで利益成長する会社の場合、1株益は3年後に何倍になるでしょうか。1・1を3回掛ければいいですね。電卓で計算してみてください。答えは、1・3倍です。ということは、この会社のPERは「標準的な水準である15倍」の1・3倍、つまり20倍でもいいのではないかということになります。

同じように、成長率20%の場合にはPERはだいたい25倍と計算できます。

さらに、面白いことに、成長率30～100%の場合に同じように計算すると、「成長率の1倍程度のPER水準」という結果がでてきます。つまり、ザックリ

成長株のPERは高くなりがち

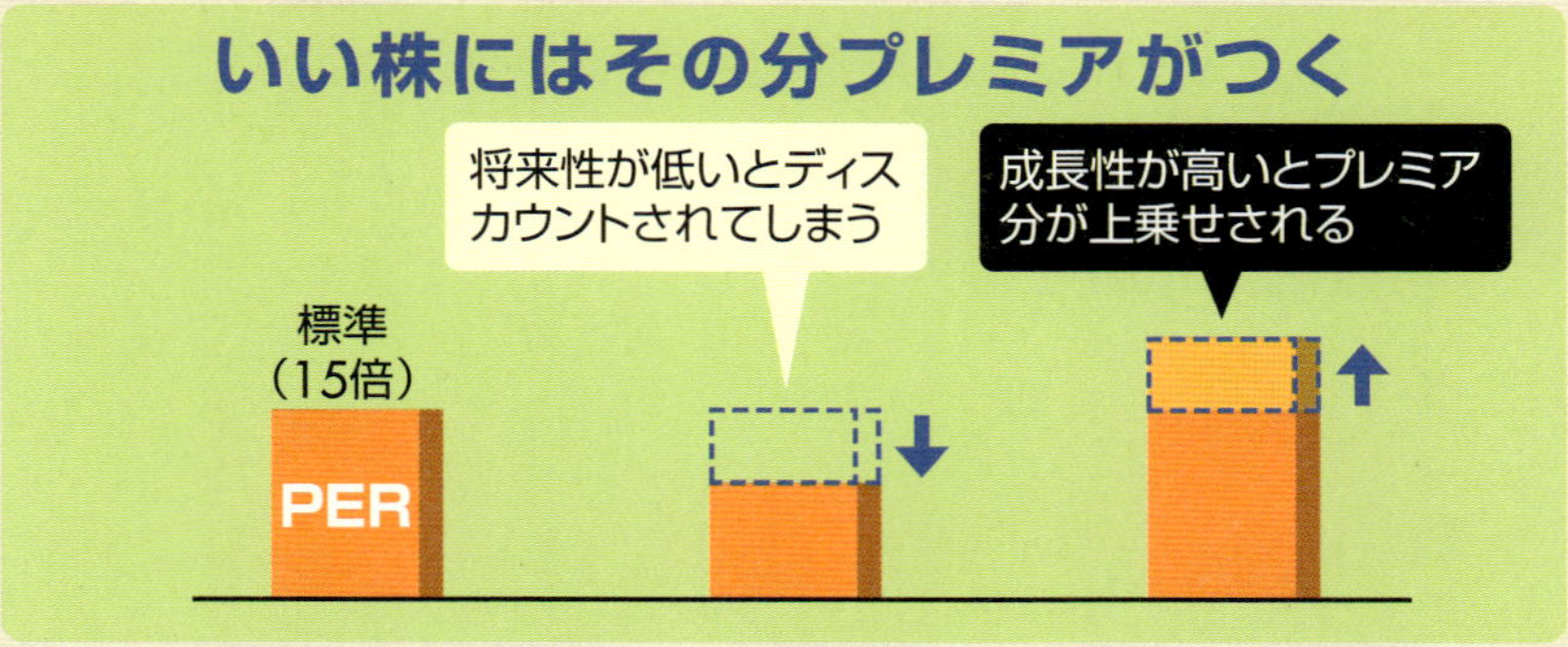
いい株にはその分プレミアがつく
将来性が低いとディスカウントされてしまう
成長性が高いとプレミア分が上乗せされる
標準（15倍）
PER

利益成長率と妥当PERの早見表

利益成長率	PER
利益半減	7.5倍
0%（現状キープ）	15倍
10%	20倍
20%	25倍
30%	30倍
：	：
100%	100倍
150%	100倍
：	：

成長率30〜100%の場合、「成長率＝PER」だ

いくら高成長でもPER100倍以上の株には慎重になろう！

言って、成長率30%ならＰＥＲ30倍、成長率40%ならＰＥＲ40倍、成長率50%ならＰＥＲ50倍…という計算結果になります。これらが、「成長株にとっての標準的なＰＥＲ」ということになります。

　なお、**成長率が１００%を超える場合には、一律にＰＥＲ１００倍くらいを標準的な水準**として、「ＰＥＲ１００倍を大きく下回っていたら割安かも」というように考えるようにしましょう。

　１００倍を超える成長率というのは維持するのがかなり難しいですし、ＰＥＲ１００倍以上の株は乱高下しやすくなります。ですから、「成長率１００倍を超えるから、ＰＥＲ１００倍以上でもいい」と考えて株を買うのは危険性が高くなるのです。

　どんなに成長性が見込めても、**「ＰＥＲ１００倍以上の株には手を出さない」**と考えておくのが無難だと思います。

column

成長率って、どう見積もったらいいの？

「株データブック」や
ネット証券の
銘柄情報ページで
利益予想は調べられるよ

ここまで「成長率とPERの関係」について考えて来ましたが、実際にこのノウハウを使おうとすると、「成長率はどう求めたらいいのか」という問題にぶちあたります。

ここでいう成長率とは利益の成長率のことなのですが、これは営業利益か経常利益の成長率を見ていくといいでしょう。純利益や1株益だと一時的な要因が混ざってしまうことがあるからです（108ページ参照）。営業利益や経常利益こそがその会社の利益成長の様子を映し出しやすいのです。

しかし、営業利益や経常利益を見ていく場合にも、少し問題が出てきます。それは、成長率（前年からの伸び率）は毎年一定ではないからです。その場合には以下のように考えましょう。

たとえば、「成長率が今年が30%、来年が20%、さ来年が25%という感じで少しデコボコに推移し、こういう成長が今後3年くらい続くと考えられる」場合、予想される成長率の中でも低い方をとって「成長率は、少なくとも20%くらいは見ていいだろう」というように考えます。

将来のことは不確定要素が多いですし、このように少しキビシめに見積もっておくほうがいいのです。そして、キビシめに見積もって計算した株価よりも、その会社の実際の株価が大きくディスカウントされた水準ならば、「これはお買い得だ！」と考えられるわけです。

成長株を割安に買おう!

例1

伸び盛りなのに、PERが低い場合

「高成長なのに低PER」は理想的なパターン!

では、実際にPERを使って「成長株を割安に買う」事例を見ていきましょう。

理想的なパターンは、「伸び盛りの企業なのに、PERが低いケース」です。景気が悪い時期や、景気回復の初期には、伸び盛りの企業が出現しても投資家から見逃され、PERが低いまま放置されていることが多いのです。その典型例が02年5月当時のゲオです。

ゲオについては83ページのコラムでも取り上げましたが、02年当時は、成長の初期段階であり、この頃、近所にゲオができて、「便利になったなぁ」と思った人も多いでしょう。

この時点での業績を見ると、売上も経常利益も伸びています。02年3月には経常利益が一時的に減少しましたが、これは店舗を急激に増やしたことに伴って、コストが一時的にかさんだためです。その翌年の経常利益の見通しは、またグンと伸びています。大きな流れとしては、強い成長基調であったといえます。

さらに、83ページでも見たように、「03年3月に８００億円と予想されている利益を、その2年後には１２００億円に伸ばす計画」を社長は示していました。当時はすごく不景気で、店舗や会社が安く手に入れられる状況だったのです。不況期でも元気だったゲオは、その状況を利用して、安いコストで急速に店舗を拡大していったのです。

××円まで上昇してもおかしくない…と考える

では、当時のゲオの株価はお買い得な水準だったのでしょうか。

業績を見ると、売上は30%以上の伸びが続き、今後も20~30%の成長ペースが当面続く見通しでした。経常利益は02年3月期には先行投資にともない一時的に落ち込みましたが、03年3月期は59%成長へと急回復する予想になっています。

20～30%成長の会社なのにPER10倍で放置されていた

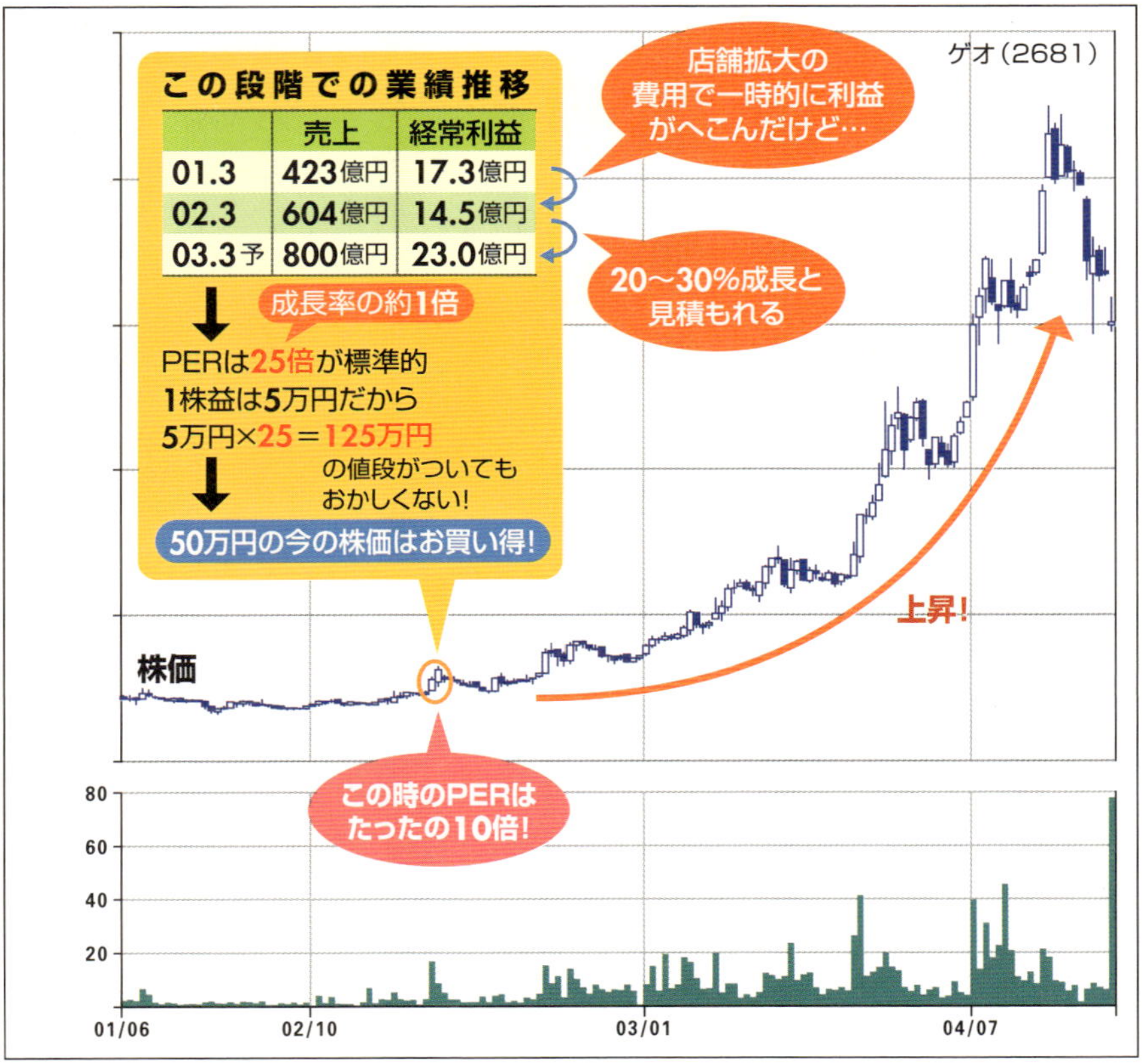

ゲオ（2681）
この段階での業績推移
	売上	経常利益
01.3	423億円	17.3億円
02.3	604億円	14.5億円
03.3予	800億円	23.0億円
店舗拡大の費用で一時的に利益がへこんだけど…
20～30%成長と見積もれる
成長率の約1倍
PERは25倍が標準的
1株益は5万円だから
5万円×25＝125万円
の値段がついてもおかしくない!
50万円の今の株価はお買い得!
株価
上昇!
この時のPERはたったの10倍!
80
60
40
20
01/06
02/10
03/01
04/07

利益成長の見方が少し難しい状況でしたが、売上の伸びや、直近の利益の高い伸びなどから考えると、「少なくとも20％くらいの成長力はある」と考えられたと思います。とすると、この会社に当てはまる標準的なPERは25倍程度となります（98ページ参照）。

当時の「今期予想1株益」は約5万円で、その25倍は125万円です。このように当時ゲオは「株価は125万円くらいでもおかしくない」と計算できたわけですが、実際の株価は50万円前後（PERは10倍）とかなりお買い得でした。その後ゲオは期待以上に業績を伸ばし、株価は2年で7倍になりました。

以上のように、1株益と成長率から、「株価は××円でもおかしくない」と考えるというやり方は、お買い得な株を探すのにとても有効です。こうしたPERの使い方に慣れて、掘り出し物の株をどんどん探してみましょう。

※本文中、および株価チャートの1株益と株価は、分割修正したものです。

例2 成長株を割安に買おう！

「変身を先取り！」の場合

次に、セガトイズの例です。

セガトイズはおもちゃメーカーですが、おもちゃメーカーというのはヒット商品の有無で業績が大きく変動する傾向があります。もし、大ヒットを予見できれば、株で大きな儲けが狙えるでしょう。

セガトイズは、ムシキング関連商品が大ヒット！　それに伴い株価は04年6月に600円前後だったものが、05年4月には3000円を超えるところまで上昇しました。

04年6月の段階での業績の流れは左のようになっています。最新年度は黒字予想になっていたものの、前の年（04年3月期）は利益が前年に比べてマイナスです。2年連続で売上も利益も落ち込んでいて、この段階での業績の流れは決していいとはいえません。

大変身の兆しがあるのにPER10倍台は安い！

普通であれば、こうした業績の流れでは、最新年度の予想についても「本当に達成できるのかな、下方修正しちゃうんじゃないの？」などと疑いたくなるところです。過去の業績はあくまでも過去のものですが、それによって、会社が信頼できるかどうか、ある程度判断できるからです。これまでしっかり業績を伸ばしてきたところは、「今期も業績を伸ばしますよ」という予想を出しても信頼できますが、これまで業績がボロボロの会社が「今年こそ業績を伸ばしますよ」とい

大ヒットの予感があるのにPER9.6倍!

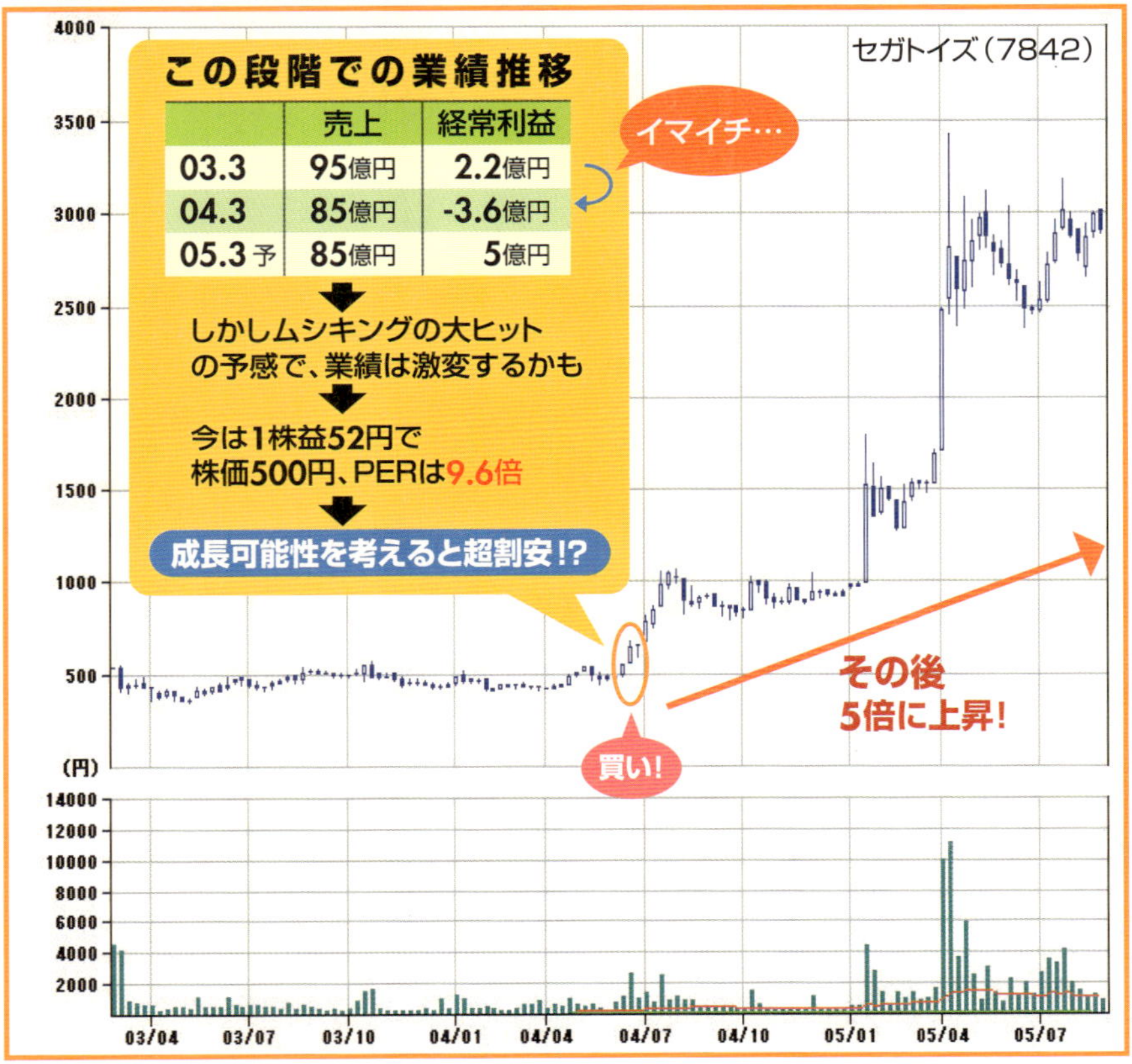
セガトイズ（7842）
この段階での業績推移
| | 売上 | 経常利益 |
03.3 95億円 2.2億円
04.3 85億円 -3.6億円
05.3予 85億円 5億円
イマイチ…

しかしムシキングの大ヒットの予感で、業績は激変するかも
今は1株益52円で株価500円、PERは9.6倍
成長可能性を考えると超割安!?

買い!

その後5倍に上昇!

(円)

03/04 03/07 03/10 04/01 04/04 04/07 04/10 05/01 05/04 05/07

う予想を出しても、「本当かなあ？」と疑いたくなるでしょう？

しかし、この時、ムシキングが子どもたちの間でブームになり始めていたことに気づいて、大ヒットの兆しを感じていたならば、「会社の予想は達成できるだろうし、業績は大きく変貌するのではないか」と予想できたはずです。

この時ＰＥＲは10倍程度です。ここで、ムシキングで業績は変わる！と感じていれば、ＰＥＲ10倍というのは安いと考えられたでしょう。

その後ムシキングのブームは拡大し、セガトイズは業績を急速に伸ばしました。05年7月の段階で、最新年度（06年3月期）の業績予想は売上１２５億円、経常利益10億円。04年5月の段階から比べると、売上は5割、利益は2倍にも増加しています。こうした業績拡大を反映して、株価は３０００円突破まで上昇したのです。

成長株を割安に買おう!

例3

ものすごい急成長企業の場合

高PERだけど、買った方がいい場合も

ゲオやセガトイズの例のように、「有望なのにPERが低い」銘柄を狙うのが、株式投資では最もオーソドックスな作戦です。しかし、**場合によっては、「PERは高いけど、狙ったほうが良いケース」があります**。98年8月当時のドン・キホーテはその典型例です。

ドン・キホーテは、あえてごちゃごちゃと迷路のような陳列にしたディスカウントストアです。日用品からお菓子やおもちゃまで、実にさまざまなものが驚くような安さで売られており、ちょっとしたアミューズメントパークに迷い込んだ感覚になることから人気を博しました。どの店も大人気で、店舗数もガンガン増やしていた時期です。

当時の業績(左ページ)を見ると、この頃のドン・キホーテの勢いがわかります。経常利益は98年6月期に約90%、99年6月期に約60%の伸びとなっています。99年6月期の数字は、この時に出されたばかりの予想でしたが、もっと上方修正されるのではないかと考えられる状況でした。当時のドン・キホーテは勢いがすごくて、業績予想の上方修正を繰り返していたからです。

98年6月期の「経常利益14・6億円」にしても、最初「11億円」だったものから上方修正されたものです。そう考えると、99年6月期の経常利益についても、もっと伸びる可能性があるとこの時には考えられたのです。いずれにしても、この時点で、**ドン・キホーテの成長力は慎重に見ても60%以上**はあると見ることができたと思います。

60%成長の株ならPER30倍は割安

この当時、この会社のPERは約30倍でした。標準的な水準の15倍の2倍もの高水準でしたから、「ちょっと高いかなぁ」と、多くの人は買うのをためらった

PERは29倍と高いけど、買ってもOKだったケース

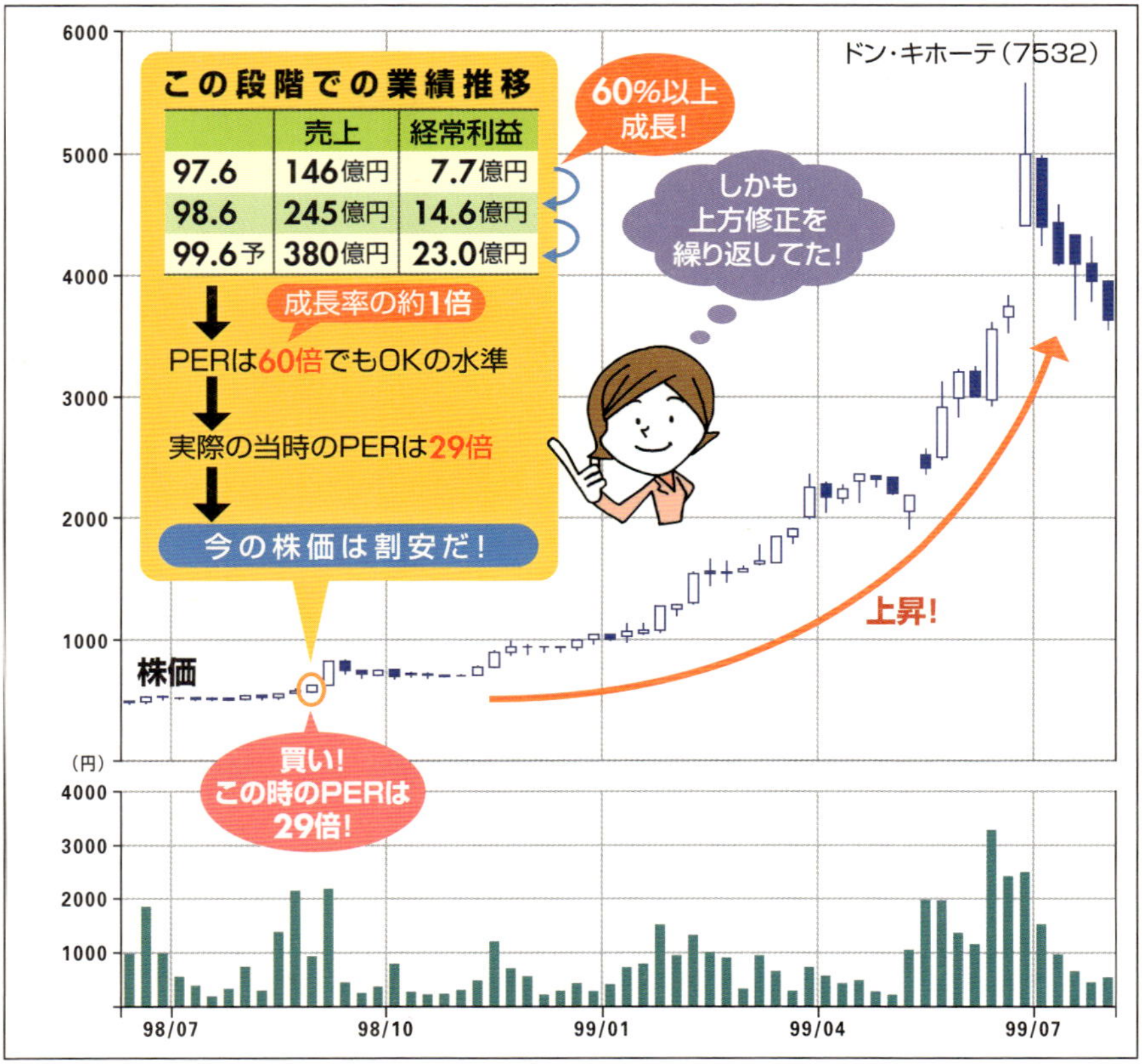

ドン・キホーテ(7532)
この段階での業績推移
	売上	経常利益
97.6	146億円	7.7億円
98.6	245億円	14.6億円
99.6予	380億円	23.0億円
60%以上成長!
しかも上方修正を繰り返してた!
成長率の約1倍
PERは60倍でもOKの水準
実際の当時のPERは29倍
今の株価は割安だ!
株価
買い! この時のPERは29倍!
上昇!
6000
5000
4000
3000
2000
1000
(円)
4000
3000
2000
1000
98/07
98/10
99/01
99/04
99/07

と思います。

しかし、この時のドン・キホーテは慎重に見ても60%程度の成長力があったのです。これまで学んだ「成長株のＰＥＲ」の見方によれば、**成長率が60%以上ならば、ＰＥＲも60倍以上に評価されていい**と考えられます。つまり、ドン・キホーテの株価は「成長率から見るとかなり割安」と判断することができたのです。実際、その後株価は1年で約5倍に上昇するというスゴいパフォーマンスとなりました。業績も上方修正されて1株益も増え、ＰＥＲも１００倍近くの評価にまで上がっていきました。

このドン・キホーテのような爆発的な成長株というのが株式市場では時折出てきますし、こういう株に乗れれば資産を大きく増やす大チャンスになります。そして、そうした動きに乗るためには、この本で述べている**「成長性とＰＥＲの関係」がとても有効な武器になる**のです。

当たると大きい成長株。業績の見方とPERを武器にがんばろう！

この会社は伸びる！というカンも大事

以上、ゲオ（割安成長型）、セガトイズ（変身先取り型）、ドンキホーテ（急成長型）と3つの事例を見ました。

急成長型と高成長型については、既に業績の伸びが数字として表れていますが、成長ペースは毎年一定ではありません。したがって、「どのくらいの成長率か」を判断するのはなかなか難しいと思いますが、「昨年まではこうだった。そこから判断して、最低このくらいは成長力はあるだろう」といった具合に、おおよその成長率を見積もりましょう。

また、セガトイズのように変身先取り型の場合には、その成長性がまだ数字にハッキリとは表れていません。その分、判断が難しいところですが、変化が数字に表れる前に捉えられれば、より大きく儲けることができます。

以上のように、成長性の高い株の場合には、PERを使って割安さの判断をするのにも、ある程度の慣れや裁量、カンが必要です。しかし、「業績見通しの良さ」と「割安さ」という2つのポイントを意識しながら銘柄を選んでいけば、大幅上昇を捉えるのは決して夢ではありません。

あくまでも、日常生活の中での「この会社は伸びる！」というカンを大切にしながら、業績の見方、PERの使い方の技を磨いて、投資の達人を目指しましょう！

column

赤字会社のPERや妥当な株価水準はどう見るべき?

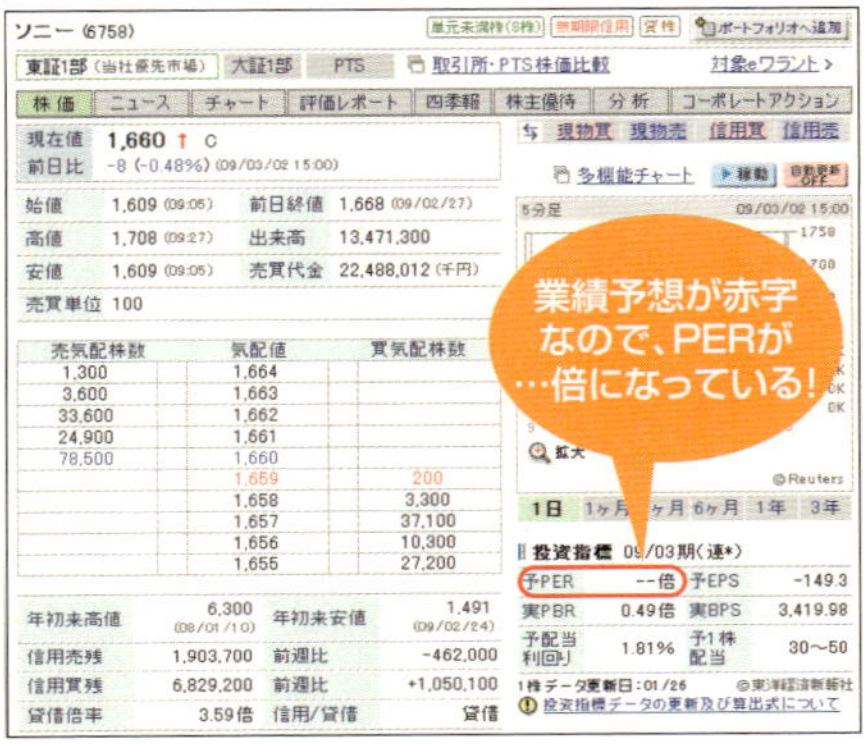

08年は世界経済が深刻な落ち込みを見せる中で、トヨタ自動車やソニーなどの優良企業が軒並み赤字に転落しました。では、赤字に転落した会社のPERはどう考えたらいいのでしょうか。

実は**赤字の場合にはPERは計算できません**。数字的にはマイナスになりますが、「PERがマイナス」というのは意味がないので、赤字会社の場合には「PERは計算できない」ということになるわけです。こういう場合、**各種の銘柄情報においてPERは「0」とか「ー」などと表記**されています。

では、こうした赤字の場合に、その会社の妥当な株価をどう見たらいいのでしょうか。株価はマイナスになることはありませんが、今後黒字化する見通しが立たないならば、株価は10分の1にも100分の1にもなってしまう可能性はあります。

一方、その会社の利益がいずれ回復していく可能性があるならば、110ページで説明する**「PBR1倍水準」が「妥当な株価水準」のひとつのメド**になります。また、「一時的なスランプを抜け出した後、1株益は少なくとも50円くらいにはすぐに戻る」と考えられるのであれば、それに15倍を掛けた750円くらいの株価水準に今後回復するイメージが描けるでしょう。この場合にもし株価が300円に落ち込んでいるのであれば、そこから2倍くらいに回復するイメージが描けるわけですから、これは「お買い得」と考えられます。

ＰＥＲの異常値には気をつけよう！

「経常利益」と「利益」が同額なら注意！

株式投資をする上で、ＰＥＲを使いこなすことは非常に大切なことです。最初のうちは少しややこしく感じるかもしれませんが、慣れてしまえば、これほど便利なものはありません。ぜひ、がんばって慣れるようにしてください。

ところで、ＰＥＲに関しては、これを使っていく上でもうひとつ、とても重要な注意点があります。それは、「1株益が異常値になっているケースに気をつけよ」ということです。

左ページには、04年9月時点の日産ディーゼルの業績を掲げました。05年3月期の予想を見ると、経常利益が165億円に対して、利益が175億円となっています。

75ページでも説明したように、経常利益から特別損益（一時的な損益）を加減して、さらに税金を支払って残ったものが利益です。法人税率は約4割なので、特別損益がない場合には、経常利益の6割程度が利益（税引き後利益）として残ります。

経常利益の何割が税引き後利益として残るかについては、連結決算が絡んでくると、7割程度になったり5割程度になったりと、各企業の事情ごとに異なってきます。これについては、過去の例を見れば、経常利益の何割くらいが税引き後利益になるのかがわかります。

いずれにしても、税引き後利益が経常利益を超える水準になっているというのは異常値といわざるを得ません。こうなると、1株益も異常値となります。

どうして、税引き後利益が異常値になってしまうのかというと、たとえば法人税が免除になっているケースがあるからです。日産ディーゼルの場合には、前年までに大きな赤字を計上していて、これが翌年以降に繰り越されています。その結果、法人税が免除されているのです。

税金を払っていない会社は0.6を掛けて計算する！

こうしたケースでは、1株益はその会社の実力を示すものではなくなっていますので、数字を修正して考える必要があります。日産ディーゼルの例でも、税金

利益が多すぎる会社に注意!

日産ディーゼルの04年9月時点での業績推移

業績（百万円）		売上高	営業利益	経常利益	利益	1株益（円）	1株配（円）
	03.3	381,323	11,457	6,020	-3,347	—	0
	04.3	452,970	28,247	19,118	-40,273	—	0
会社予想 3カ月前	05.3	402,000	—	16,500	17,500	71.67	
会社予想 最新	05.3	402,000	—	16,500	17,500	71.67	3
ダイヤモンド予想	05.3	425,000	30,000	24,000	25,000	102.39	—
コンセンサス予想	05.3	421,000	24,750	18,250	19,250	78.84	—
中間予想 最新	04.9	199,000	—	8,000	7,500	30.72	0

前年の大赤字で05年度は税金免除に

ここに注目!

普通なら、経常利益の5〜7割くらいが利益になるのに、なんかヘンだ

利益が多すぎるぞ

利益がヘンだと1株益もヘンになっちゃう

これで計算したらPERもヘンになっちゃうよ

実態よりも1株益が多く見えちゃってるんだ

だから1株益に0.6を掛けて修正してから

（税額分）

PERの計算をしよう!

経費や税金を引いたものが「利益」

売上 − 経費 ＝ 営業利益

営業利益 ± 本業外の損益 ＝ 経常利益

経常利益 − 税金 ＝ 利益

を払ったと考えて、1株益に0・6を掛けるなど簡単な修正を加えると、実力に近い1株益を計算できます。

少し面倒くさいですが、経常利益と利益を比べて、利益が異常値になっていないかは必ずチェックしてください。そして、異常値になっている場合には、簡単でいいですから修正を加えてから、PERなどを考えてみるようにしましょう。

「1株純資産」は、強力な下値メドになる！ PBR《ピー ビーアール》を活用しよう！

資産面から株の割安さを見る指標

株の割安さを測る方法には、もうひとつ、「PBR《ピービーアール》」という指標があります。PBRは、その会社の資産から見て今の株価が割安かどうかを測る指標です。計算式は、株価÷1株純資産。要するに今、株価が、1株純資産の何倍になっているのかを見るわけです。

純資産については、84ページでも説明しましたが、会社の総資産から負債を引いた金額のことであり、純粋にその会社の資産と言える部分のことです。

また、純資産は株主が最初に出資したお金に、その後会社が稼いだ利益を蓄積したものを加えた金額でもあります。つまり、純資産は株主から預かっている資産と言えるのです。

そして、これを1株あたりに割り振ったものが株主に属する1株あたりの資産

PBRってこういうこと!

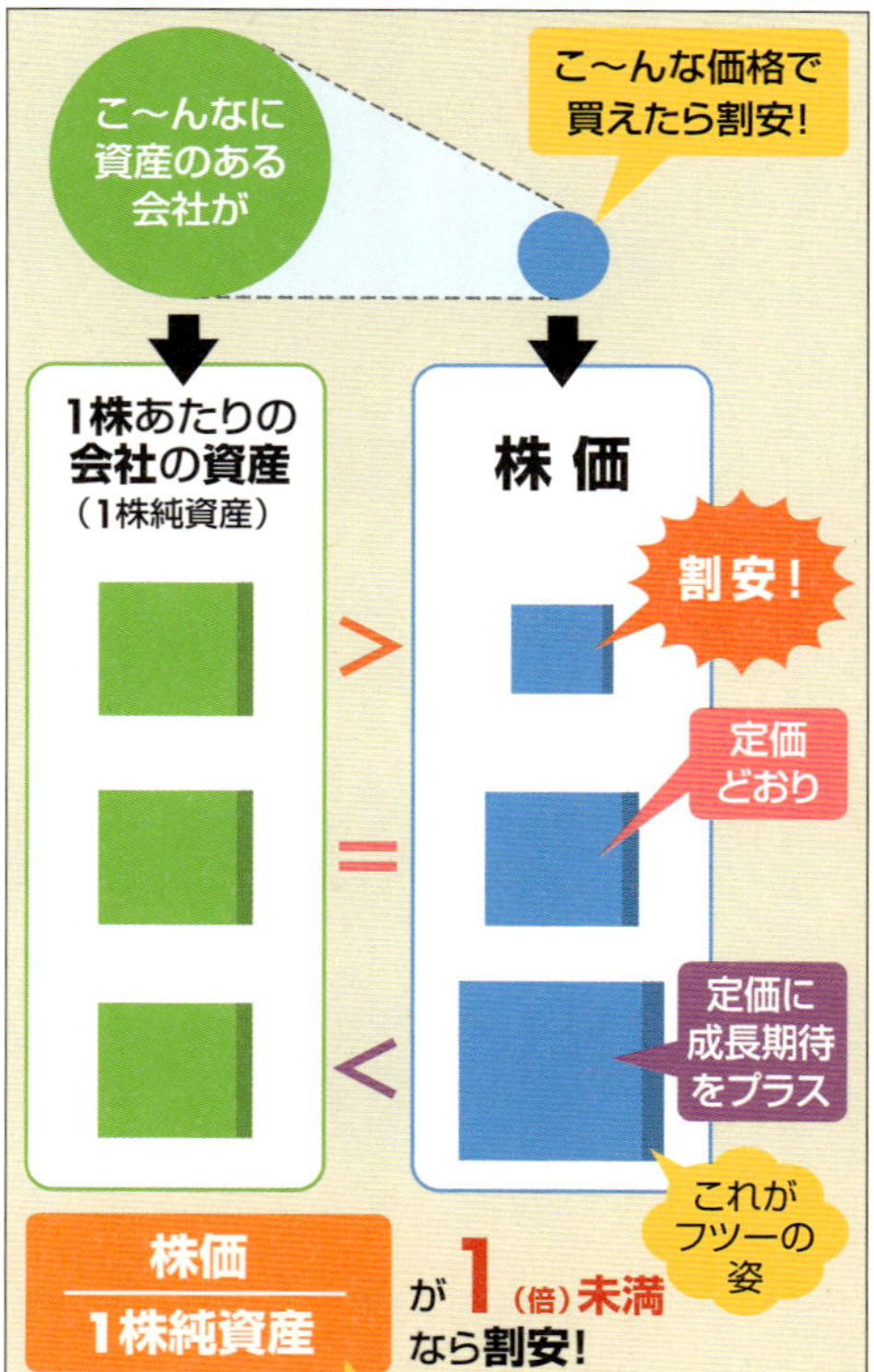
こ〜んなに資産のある会社が
こ〜んな価格で買えたら割安!
1株あたりの会社の資産（1株純資産）
株価
割安!
定価どおり
定価に成長期待をプラス
これがフツーの姿
株価 / 1株純資産
が1（倍）未満なら割安!
これをPBRという

金額ということになり、「1株純資産」と呼ばれます。これは、会社が解散した場合に株主に配分される資産ともなるため「解散価値」とも呼ばれます。

この「1株純資産」は帳簿に載っている現預金や不動産などの資産から計算した金額ですが、きちんと経営されている会社の場合には、それに加えてノウハウや技術やブランド力などといった帳簿に載っていない価値も蓄えられています。ですから、普通ならば、会社の価値は純資産以上になるはずであり、株価は1株純資産以上（PBR1倍以上）の状態であるはずなのです。

まともな会社のPBRが1倍以下ならお買い得！

ところが、実際にはPBR1倍割れの会社は何社もあります。これは、①赤字垂れ流しのダメな会社か、②優良企業だけど何かの理由で一時的に大きく株価が下がっているか、のどちらかです。このうち①の場合にはPBR1倍割れでも買いチャンスとは言えませんが、②の場合には、絶好の買いチャンスとなります。

まず、赤字垂れ流しのダメ会社の場合、もしくは、将来そうなってしまう可能性のある会社の場合には、純資産そのものがどんどん減っていきます。ですから、今の純資産はアテにできず、今の純資産を基に計算したPBRが1倍を割れていても買いチャンスとはいえないのです。

一方、本来は将来見通しの良い優良企業なんだけど、一時的に調子が落ちているとか、株式市場全体の暴落につられて下がったなどの理由でPBR1倍を割れている場合には、買いのチャンスになります。この場合は一時的な理由で激安になっているわけですから、やがて再評価

「PBR1倍」の2つの使い方

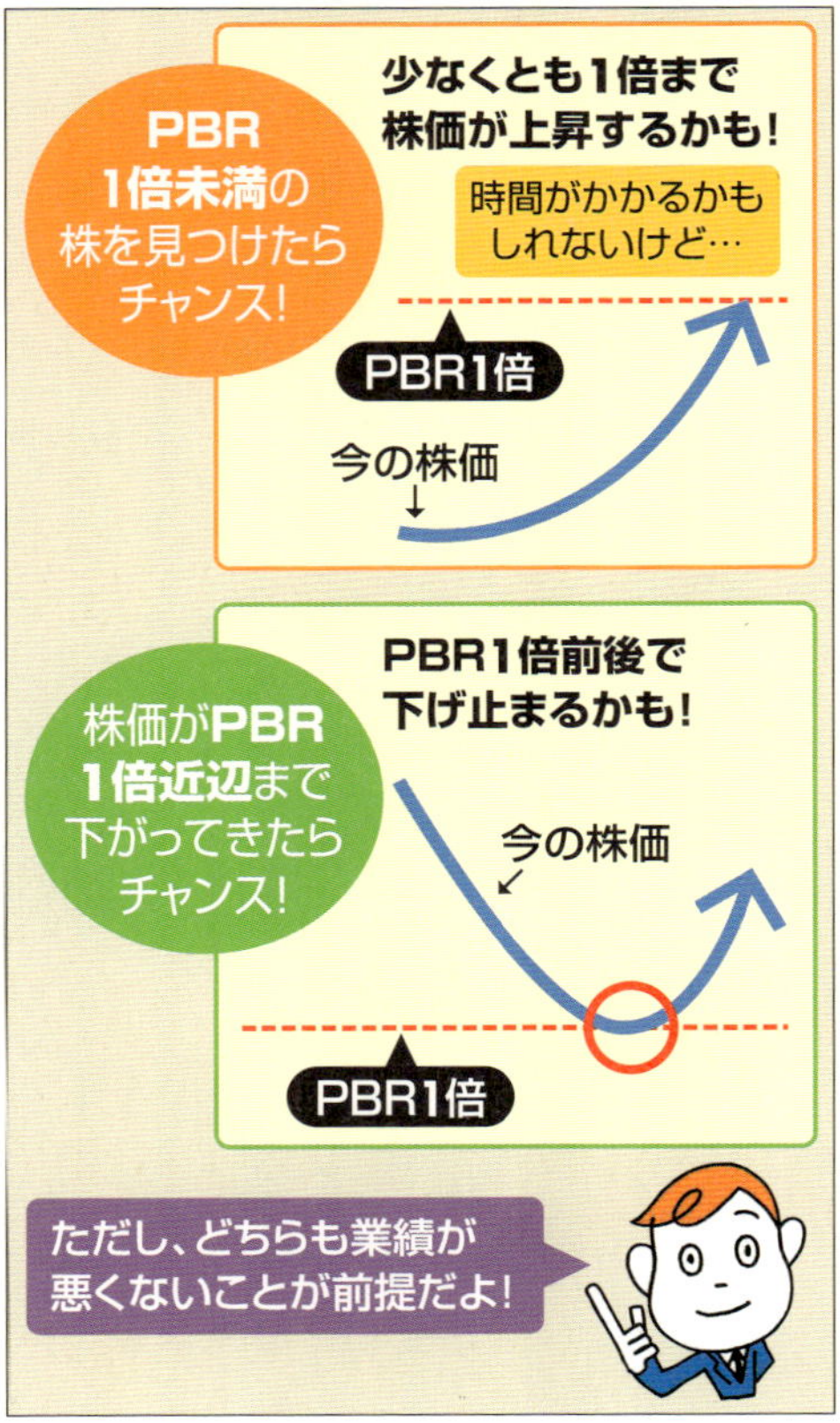

PBR 1倍未満の株を見つけたらチャンス！
少なくとも1倍まで株価が上昇するかも！
時間がかかるかもしれないけど…
PBR1倍
今の株価
株価がPBR 1倍近辺まで下がってきたらチャンス！
PBR1倍前後で下げ止まるかも！
今の株価
PBR1倍
ただし、どちらも業績が悪くないことが前提だよ！

されてPBR1倍の〝まともな価格〟まで戻ることが期待できますし、さらに上昇していく可能性だってあるからです。

PBR1倍は底値のメドにもなる

また、PBR1倍を「底値のメド」として売買に生かす方法もあります。

たとえば、下に掲げたトヨタ自動車のチャートでは、PBR1倍時点の株価が、底打ちメドとして強く投資家から意識されながら動いていることがわかります。トヨタ自動車は92年、95年、03年と景気の悪化や急激な円高で経営が苦しく株価が大きく下落しましたが、いずれの場合もPBR1倍近くのところから株価は反転しています。トヨタ自動車のように日本を代表する優良企業で注目度も高い銘柄の場合、PBR1倍近くまで下がると、「底値」と考えて株を買う投資家が多いためだと考えられます。

PBR1倍付近で株価の下落はストップしやすい!

トヨタ自動車(7203)
PBR0.9倍
株価1260円で
下げ止まった!
PBR1.2倍
株価1590円で
下げ止まった!
PBR1.2倍
株価2455円で
下げ止まった!
PBR1倍の
ライン
(円)
10000
9000
8000
7000
6000
5000
4000
3000
2000
1000
3500000
3000000
2500000
2000000
1500000
1000000
500000
1991 1992 1993 1994 1995 1996 1997 1998 1999 2000 2001 2002 2003 2004 2005 2006 2007 2008

column

トヨタの株価が、PBR1倍を下回ったワケ

PBR1倍ライン（3800円）
3100円ラインで攻防中…
純資産も2割減とすると、3100円がPBR1倍ラインに
下げ止まらず、3000円割れまで下落
3800
3100

右ページでは、トヨタ自動車株が過去に大きく下落した場面では、だいたいPBR1倍の水準で底打ちしている様子を見ましたが、実は、08年にはトヨタ自動車株はPBR1倍の水準（約3800円）で底打ちすることなく、3000円割れまで下落しました。なぜこんな動きになったのでしょうか。

それは、トヨタ自動車の最終利益が数千億円単位の赤字に転落する見通しが出てきたからです。さらに、「次の年には1兆円近い赤字になる」という専門家の見通しなども出てきています。そうすると、場合によっては合計で2兆円近い最終赤字になる懸念も出てきているわけです。トヨタ自動車の純資産は12兆円ですから、そのうち2割程度が吹っ飛んでしまうことになります。1株純資産も2割程度減るとすると、3100円程度になってしまいます。

09年1月の段階では、トヨタ自動車の株価は3000円くらいの水準を中心に上下動している状態です。トヨタ自動車株は、株価が下げ止まるメドとなるはずの1株純資産の水準そのものが揺らいでいて、投資家もその落ち着きどころを探っている状態になっているのだと考えられます。

「赤字の合計額はこのくらいだろう」という予測が投資家の間で固まってくると、トヨタ自動車の株価も底打ちが見えてくるのかもしれません。いずれにしても、1株純資産の水準がトヨタ自動車の底値として投資家や専門家の間で強く意識されているわけです。

SPECIAL COLUMN

日本一の個人投資家

竹田和平さんに聞こう

「世の中のためになる会社、好きな会社を、支えるような気持ちで投資しよう」

自分にとってわかりやすい分野から、良い会社を選んで、安く買う――。このシンプルな投資こそ、成功者の多くに共通した方法です。その代表選手としてウォーレン・バフェットとピーター・リンチを20ページで紹介しましたが、今度は竹田和平さんを紹介します。

竹田さんは、なんと100社近くの会社の大株主リストに名を連ねていて、「日本一の個人投資家」「日本のバフェット」などとも呼ばれています。リーマンショックなど最近の動きをどう見ているか、そして、今後の株式投資のあり方をどう考えるか、竹田さんにお話を聞きました。

“旦那”になったつもりで投資先と付き合おう

竹田さんは「株主になるということは、旦那になるのと同じこと」と言います。昔の商人の世界では、旦那が目をかけている人を番頭にしてお金を出して商売を任せました。旦那は、時には励まし、時には注意しながら、期待をかけて番頭の働きを見守ります。結果として番頭がたくさん稼いでくれれば、旦那も大きなリターンが得られるわけです。

実際に竹田さんが株を買う場合には、「ここは見込みがあるな」という会社を見つけて、その会社の株が大きく売り込

個人投資家
“平成の花咲爺”
竹田和平さん

竹田製菓の経営者にして100社近くの上場企業の大株主。最近は徳を積む「貯徳活動」を展開中。近況はホームページ（http://www.takedawahei.net/）で。

竹田さんってこんな人

あの“タマゴボーロ”の会社の社長さんです

子どもの頃に誰もが食べた「タマゴボーロ」や「麦ふぁ〜」などのヒットを生み出し竹田製菓を大きく成長させた名経営者。株式投資は99年頃から本格化させて、その後100社以上の大株主になった。投資先は「そんな会社あったの？」というような、地味な会社がほとんど。会社四季報を見て業績が底を打ってからやや回復してきた株に目が留まるという。

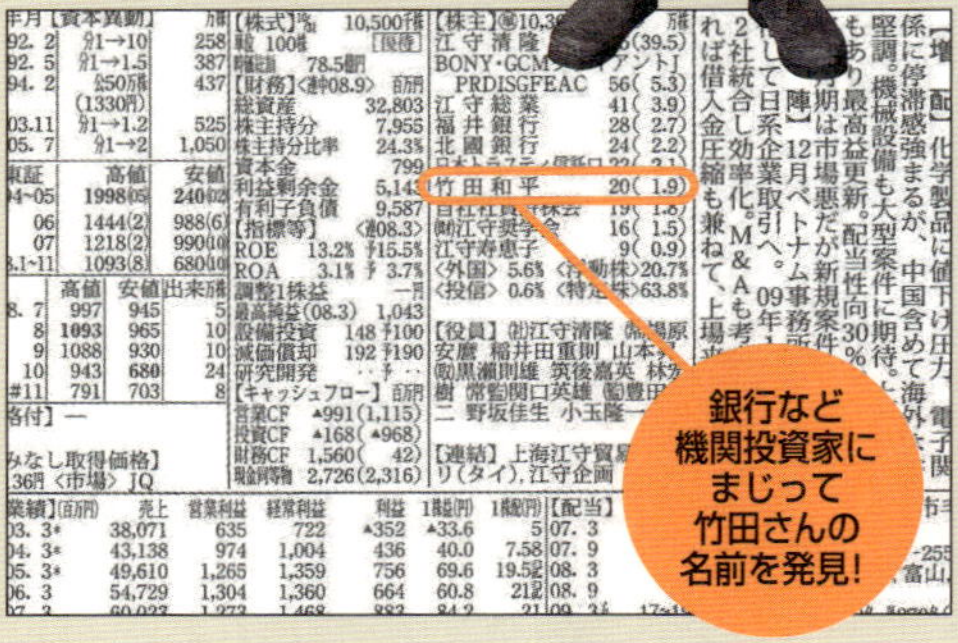
竹田和平 20(1.9)
銀行など機関投資家にまじって竹田さんの名前を発見！

竹田さん年表

1933年	名古屋の小さな菓子業者の一家に生まれる。父親はボーロを焼く菓子職人。
1951年	独立した父親の片腕として働く。商売が順風満帆で、竹田製菓㈱が発足。
1955年	事業拡大を目指し、単身北海道へ渡る。倒産の危機から挽回し大成功する。
1956年	**証券営業マンに勧められ、株を始める。**4勝1敗ながら儲からなかった。
1959年	父親の死去で帰郷。人に任せた北海道の会社は撤退。ボーロ製造を機械化。
1970年	菓子ビジネスの頭打ちを感じ取り、ボウリング場経営を始めて成功する。
1976年	ボウリングブームが去り同業者が続々倒産する中、経営手腕で生き残る。
1997年	**山一証券破綻。**社長は社員に謝ったが、個人筆頭株主の竹田さんには、挨拶ひとつなかった。
2004年	99年頃から株式投資を本格化させて、この頃には100社近くの大株主として有名に。

まれているような時に、その会社を支援するような気持ちで投資します。

銘柄の選び方について竹田さんは、「世の中のためになりそうな会社、そして、何よりも自分が好きなモノやサービスを提供している会社を選ぶといい」と言います。そして、「株主になったら、その会社のモノやサービスを積極的に利用して、良ければ株主として褒め、ダメな点があれば注意してあげるといい」と言います。

また、竹田さんは、99年前半とか、02〜03年のように株価が全体的にものすごく安い時にたくさんの株に投資してきました。このような時は、景気が悪くて、他の投資家たちが皆株を投売りして、結果的にPERが低くなり、配当利回りが高くなっているような時です。08年にも、株価が安くなって「配当利回りが5％で、借金もほとんどないような会社を買った」（竹田さん）とのことです。

リーマン・ショックは時代の転換を示すもの

竹田さんがとくに強調するのは、「自我の時代は終わり、真呂の時代になってきた」ということ。自我とは自分の利益ばかり追求することであり、真呂とは他人や社会を思いやる真心のことです。「自我の時代は終わった」というように、自分の利益を強烈に追求したアメリカの大手金融機関は08年に軒並み苦境に陥りました。「金融は本来、モノやサービスを提供する会社を陰で支えるものなのに、それを忘れ、彼らは金融そのもので利益を上げることに夢中になった。こうした自我経営の当然の報いとして破綻に向かった」（竹田さん）のです。

このことは、個人投資家についても当てはまります。竹田さんは、「目先の利益ばかり追求する短期売買など上手くいくはずがない」と言います。08年のリーマンショックでも、目先の利益を追う投資家ほど壊滅的な損失を受けてしまいました。投資も社会的な活動の一環ですから、その本来の意味を考えて、自我を抑え社会のためという意識を少しもつようにすることが、長い目で見れば自分の利益にもつながるようです。

自我を抑えるために竹田さんが勧めるのは、「ありがとう」をたくさん唱えること、そして、自然と触れ合って心の中で会話してみること。「木に手をあてて、『いつも癒してくれてありがとう』といえば、自我がすーっと消える」と言います。こうしたことも心がけながら、くれぐれも、ガツガツした投資家になることを戒め、本質を押さえてゆったりと投資していきましょう。それが、竹田和平さんやバフェットなどに少しでも近づく道といえそうです。

第5章

売買タイミングがまるわかり！

株価チャートのテクニック

絶好の売買タイミングは「株価チャート」で判断できる！

ここまで「いい株を、安く買う」ための手順やコツを紹介してきましたが、実際にどのようなタイミングで売買するかを決めるには、株価チャートが役立ちます。

株価チャートは株価の動きをグラフにしたもの。それを見ることにより、

「まだ、下落が続いているな」

「この株を買う人が増えてきたぞ」

「上昇基調が崩れ始めた感じ。注意しなきゃ！」

など、その時々の株の状態を見てとることができます。そして、今株を買うべき時なのか、少し待った方がいいのか、ということを判断できるのです。

株価チャートは難しくありません。いくつかの基礎知識とコツを知るだけで、そこからいろいろな情報を読み取ることができます。

この章では、実践で役立つ基礎知識&コツを紹介していきましょう。

「ローソク足」と「出来高」で出来ている

それでは、ヤフーのチャート（08年1月～09年2月）を例に、実際に株価チャートを見てみましょう。

まずは、チャートを見る基礎の基礎を簡単に説明しておきます。株価チャートは、株価の動きを示すグラフと、出来高《できだか》（取引された株数）を示す棒グラフから成り立っています。あとで説明しますが、株価と出来高の動きを一緒に見ることで、その株の状態がよくわかるのです。

さて、株価の動きを示すグラフを見ると、ローソクのような形をした図形から成り立っていることがわかります。この1本ずつをローソク足といいます。

左上に掲げたヤフーの株価チャートの場合は、ローソク1本で1週間の動きを示しています。その他にも、ローソク1本で1日の動きを示すチャートや、ローソク1本で5分の動きを示す5分足《ふんあし》チャートなど、様々な期間のローソク足があります。ローソク1本が1日を表す場合

これが「株価チャート」だ!

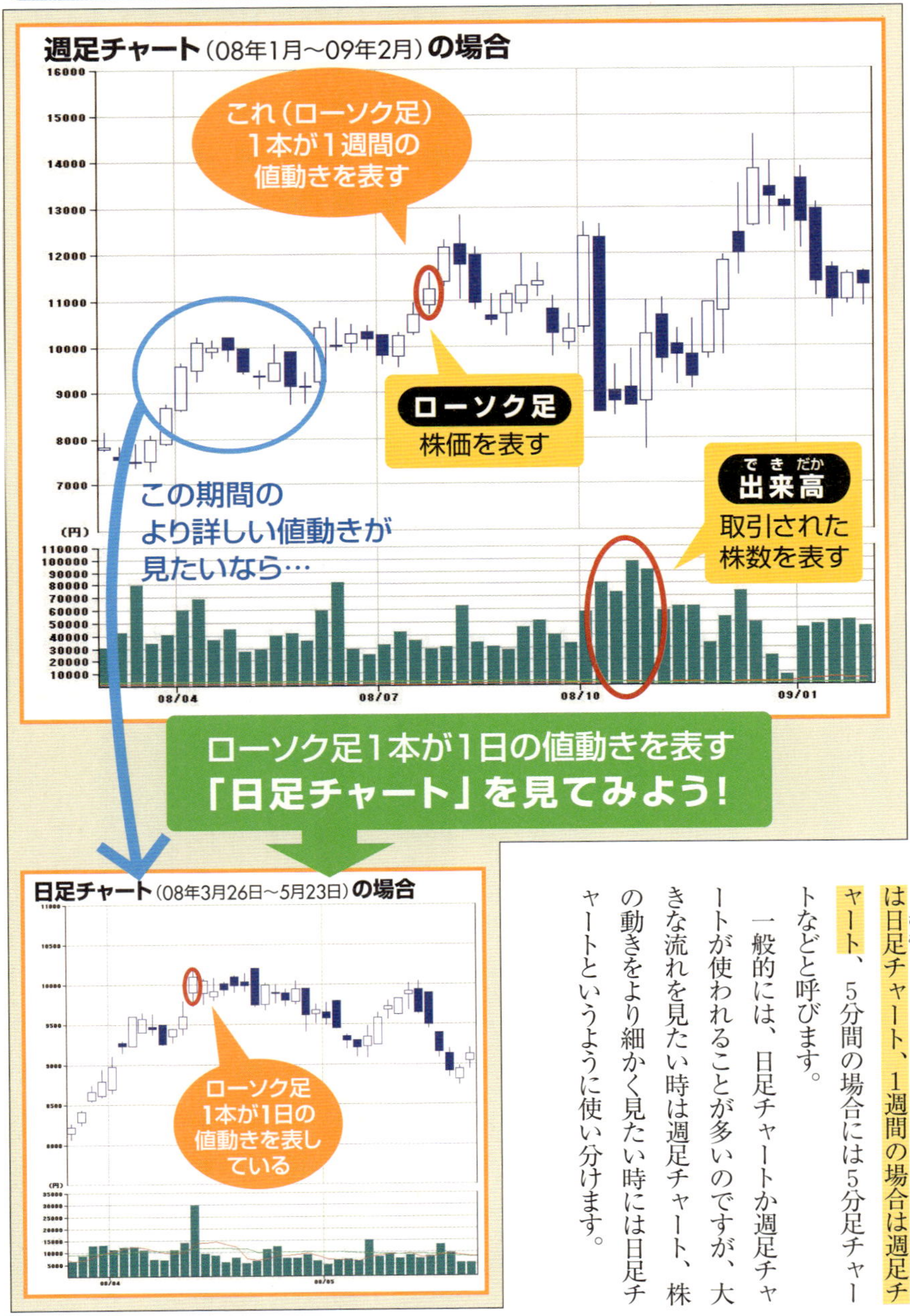
週足チャート（08年1月〜09年2月）の場合
これ（ローソク足）1本が1週間の値動きを表す
ローソク足 株価を表す
出来高《できだか》 取引された株数を表す
この期間のより詳しい値動きが見たいなら…
ローソク足1本が1日の値動きを表す「日足チャート」を見てみよう!
日足チャート（08年3月26日〜5月23日）の場合
ローソク足1本が1日の値動きを表している

は日足《ひあし》チャート、1週間の場合は週足《しゅうあし》チャート、5分間の場合には5分足チャートなどと呼びます。

一般的には、日足チャートか週足チャートが使われることが多いのですが、大きな流れを見たい時は週足チャート、株の動きをより細かく見たい時には日足チャートというように使い分けます。

ローソク足は株の動きをビジュアル化したもの

ローソク足の見方は簡単です。真ん中に太い胴体の部分があり、その上と下に細い線（ヒゲ）がくっついた形になっています。

ヒゲ
胴体
ヒゲ

胴体は白いもの（陽線）と黒いもの（陰線）がありますが、白い陽線の場合には、下辺が始値《はじめね》、上辺が終値《おわりね》を表しています。つまり、陽線の場合には、始値から終値にかけて上昇している動きを表しているわけです。

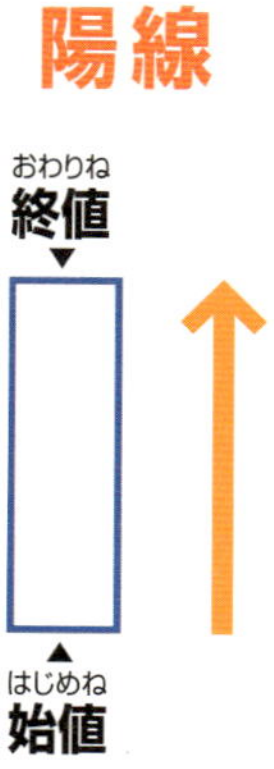

陽線
終値《おわりね》
始値《はじめね》

黒い陰線の場合には、逆に、胴体の上辺が始値で、下辺が終値を表しています。つまり、始値から終値にかけて下落している動きを示しているわけです。

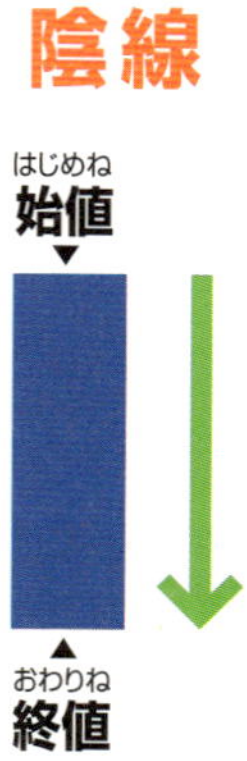

陰線
始値《はじめね》
終値《おわりね》

そして、陽線でも陰線でも、上《うわ》ヒゲの先は高値、下《した》ヒゲの先は安値を示しています。

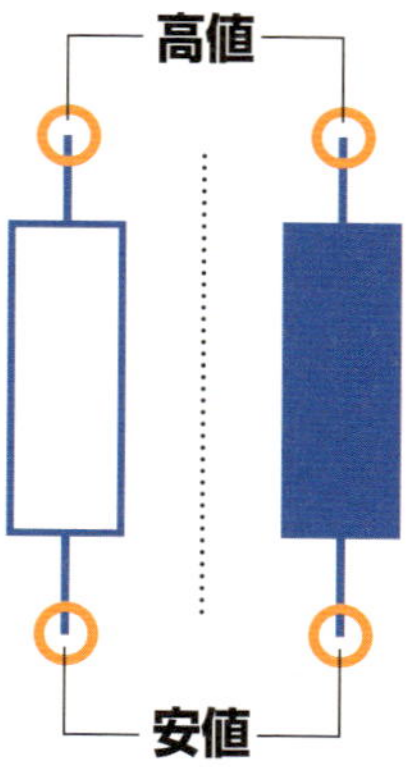

高値
安値

ローソク足はいろんな形になる！

ローソク足（週足）の形は、1週間の株価の動きによって様々に変化します。

たとえば、1週間の始値と終値が同じであれば、左ページのaのように胴体がぺちゃんこな形になります。また、始値と安値が同じであれば、bのように下ヒゲがない形に、終値と高値が同じであればcのように上ヒゲがない形になります。

それから、始値から終値にかけて大幅に上昇すれば、dのように長い陽線になります。このように長い陽線のことを大《だい》陽線《ようせん》と呼びます。逆に、始値から終値にかけて大幅に下落すれば、eのように長い陰線になります。これを大陰線《だいいんせん》といいます。いずれにしても、株価が大きく動いたことを示します。

また、株価が大きく上昇したものの、その後急落した場合には、fのような上ヒゲが長い形になり、逆に、株価が大きく下落したものの、その後急上昇した場合には、gのような下ヒゲが長い形になります。

値動きがこうなら、ローソク足はこうなる！

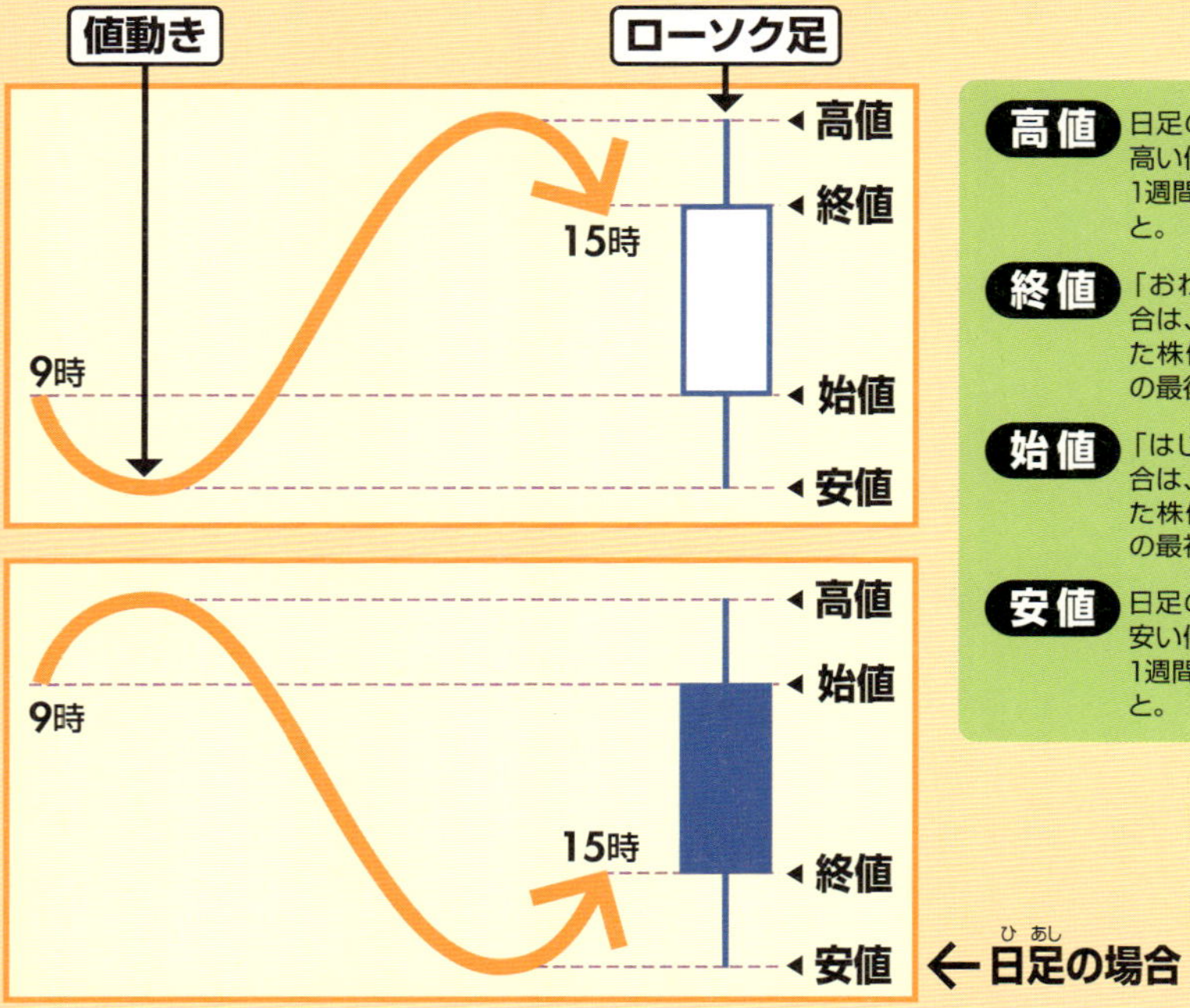

値動き
ローソク足
高値
終値
15時
9時
始値
安値
高値
始値
9時
15時
終値
安値
←日《ひ》足《あし》の場合

高値 日足の場合は、1日の中で一番高い値段のこと。週足の場合は、1週間の中で一番高い値段のこと。

終値 「おわりね」と読む。日足の場合は、その日の一番最後についた株価。週足の場合は、1週間の最後の株価。

始値 「はじめね」と読む。日足の場合は、その日の一番最初についた株価。週足の場合は、1週間の最初の株価。

安値 日足の場合は、1日の中で一番安い値段のこと。週足の場合は、1週間の中で一番安い値段のこと。

ローソク足からだいたいの値動きがわかる！

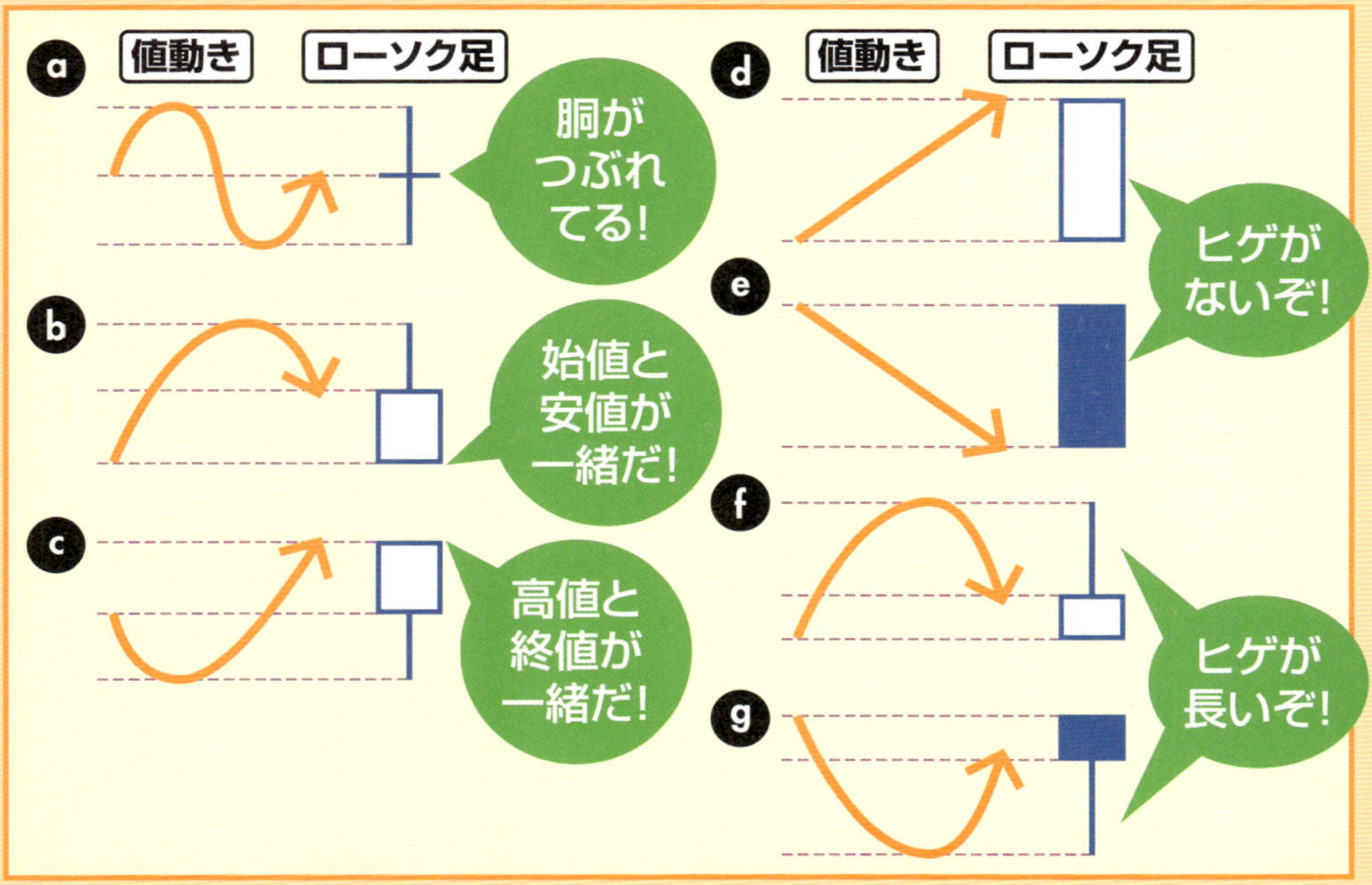

a
値動き
ローソク足
胴がつぶれてる！
b
始値と安値が一緒だ！
c
高値と終値が一緒だ！
d
値動き
ローソク足
e
ヒゲがないぞ！
f
g
ヒゲが長いぞ！

なにより大切なのは、「3つのトレンド」を意識すること！

上昇か、横ばいか、下降か それを考えよう！

株価チャートを見る上で大切なことは、株価のトレンド（流れ）を意識するということです。

左に掲げたスターバックスコーヒージャパンの週足チャートを見てください。期間Ⅰ～Ⅲの株価の動きを見ると、トレンドがはっきりと異なっていることがわかります。つまり、期間Ⅰでは下降が続き、期間Ⅱでは横ばいの動きが続き、期間Ⅲでは上昇の動きが続いています。

もちろん、Ⅰ～Ⅲの各期間の中では、細かく上下動を繰り返していますが、期間Ⅰでは「上下動しながらも、大きな流れとしては下落」、期間Ⅱでは「上下動しながらも、大きな流れとしては横ばい」になっています。とくに期間Ⅲでは、上昇したり、横ばいになったり、下落したりという動きが細かく繰り返されていますが、大きな流れとしては上昇しています。

このような、上下動しながらも下落していく動きを「下降トレンド」、上下動しながらも横ばう動きを「もみ合い」、上下動しながらも上昇していく動きを「上昇トレンド」と呼びます。また、AやBのように、トレンドが変わるポイントを「転換点」といいます。

ここで注意したいことは、下降トレンドが続いている時には、株を買っても下がる可能性が高いということです。

株の動きというのは非常にダイナミックなものであり、一度トレンドが生まれると（一方向に動き出すと）、かなり大

用語解説

トレンド

株価の大まかな方向性のこと。株価は短期間で見ると細かく上下動していますが、長い目で見ると上昇に向かっているとか、下落しているというような傾向が見えてきます。そうした株価の大まかな傾向がトレンドです。

パッと見ただけでもトレンドはわかる!

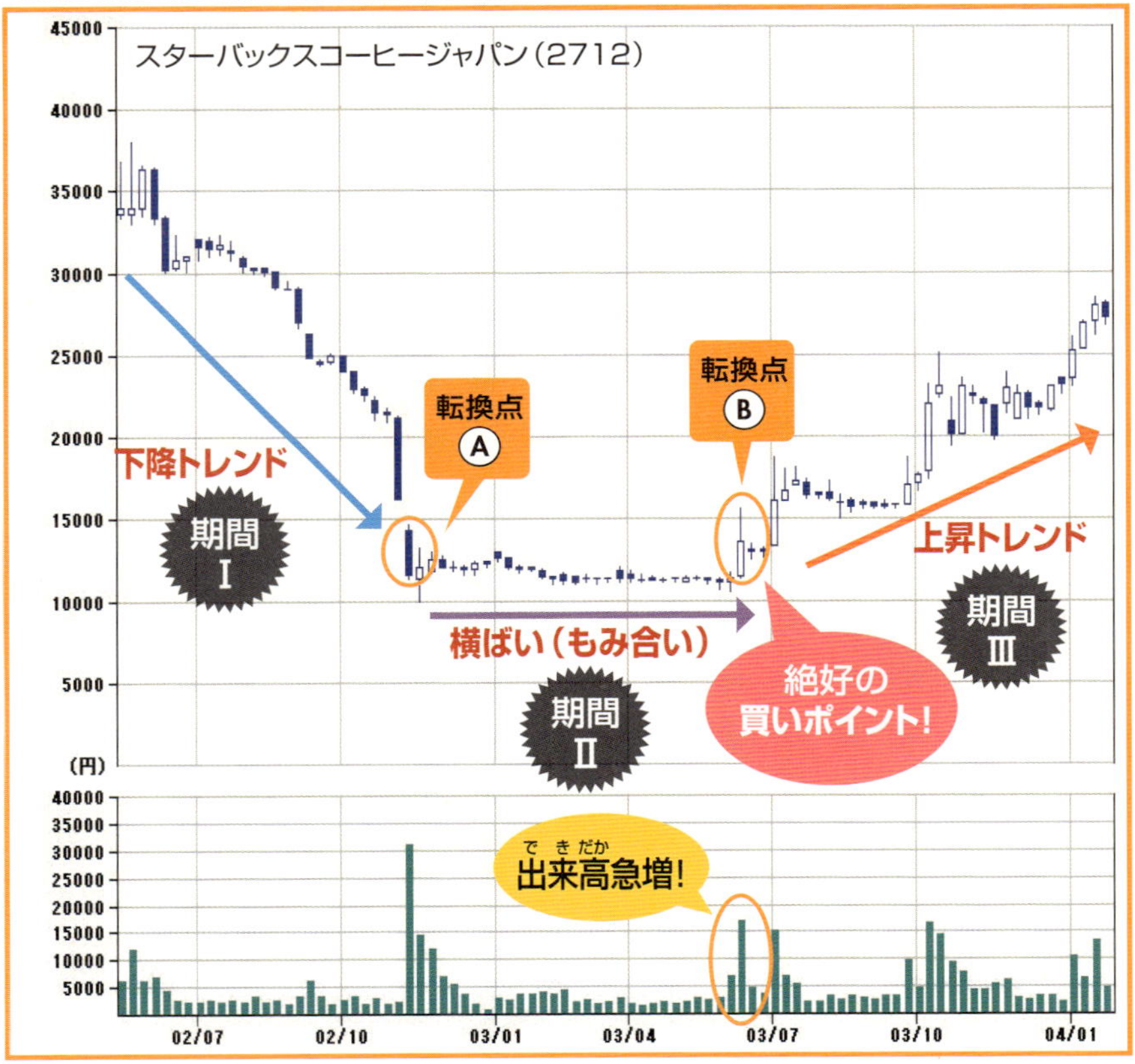

きく変動することが多々あります。このスターバックスコーヒージャパンの場合には、チャートでは前の期間が途切れてしまっていますが、実は8万円台から下落し続けています。この頃のスターバックスコーヒーは一時のブームが終わり、タリーズなど類似のコーヒーショップもたくさん出てきて競争が激化したこともあって、業績が落ち込んでいました。そうしたことを反映して株価も下がり続けていたのです。

上昇トレンド開始は絶好の買いポイント

しかし、1万円を割り込んだところ(A地点)でやっと下げ止まっています。その後は、値動きも小さく、横ばいの動きが続くようになりました。出来高《できだか》(取引量)も少なくて、ほとんどの投資家が関心をもたない「不人気」な状態になっていたのです。

ところが、B地点になって、**ぐずぐずしていたのが上に抜け出す動き**になりました。出来高も急激に増えています。

「出来高が急増して上昇した」ということは、この株を買う人が急増してきたということを示します。この頃は、スターバックスコーヒーはフード類を導入するなど、業績回復の努力が実り始めてきたところでした。「業績回復の芽が見えてきた」と考える投資家が増えてきたことが、「出来高が急増して上昇」という動きとして現れてきたわけです。この後、株価は上昇トレンドに入っていきました。

こう見ると、**転換点のB地点が株を買うタイミングとしてベスト**でした。また、その後も、「株を買えば上昇する」という状態が続いています。このように、株は、**上昇トレンドに転換している時、あるいは上昇トレンドが継続している株に目をつけて買う**のが儲けるためのコツとなります。

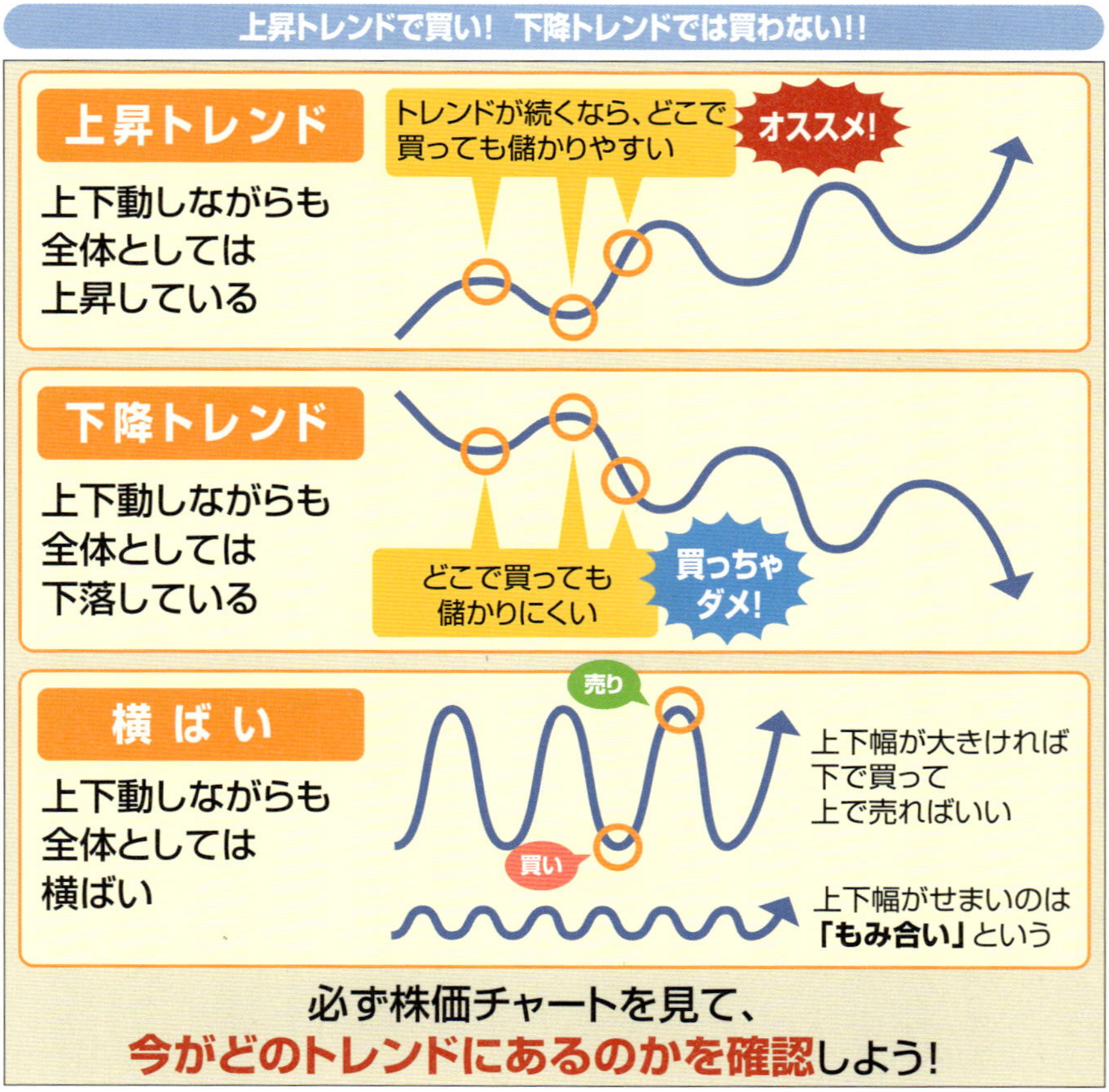
上昇トレンドで買い！ 下降トレンドでは買わない!!
上昇トレンド
上下動しながらも
全体としては
上昇している
トレンドが続くなら、どこで
買っても儲かりやすい
オススメ！
下降トレンド
上下動しながらも
全体としては
下落している
どこで買っても
儲かりにくい
買っちゃ
ダメ！
横ばい
上下動しながらも
全体としては
横ばい
売り
買い
上下幅が大きければ
下で買って
上で売ればいい
上下幅がせまいのは
「もみ合い」という
必ず株価チャートを見て、
今がどのトレンドにあるのかを確認しよう！

column

流行りのデイトレードより中・長期投資をオススメ！

ネット取引により株が手軽になったことから、最近はデイトレードが増えています。デイトレードとは、今日買った株を今日中に売ってしまう取引をいいます。株を買って、数分後にわずかに値上りしたところで売却して、利益を得るわけです。

一般的には、買った株を数週間程度で売却することを「短期売買」といいますが、その中でも超短期売買がデイトレードです。それに対して、本書でお話しているのは、ある程度の期間、株を保有する「中・長期投資」です。ハッキリした定義はありませんが、数カ月程度で売買を完了するなら中期投資、1年以上なら長期投資という感じです。

中・長期投資では、本書で言っているように、会社の成長性や割安さなどに目をつけて投資するのが有効です。いい銘柄を選べば、1回の取引で大きな利益を狙えます。一方、短期売買の場合には、会社内容などよりも、リアルタイム株価情報で値動きのクセや勢いに目をつけて売買することになります。1回の取引での利益は小さくても、それを何度も繰り返すことで、大きな利益を狙うのです。

ゲーム感覚でできることから、ゲーム世代の若者の中には、才能を発揮してデイトレードで1億円作ったというツワモノもいますが、このような成功例はほんの一部。「カンタンに儲けることができる」と勘違いしてのめりこみすぎると、場合によっては大事な資産を失う結果になりかねません。

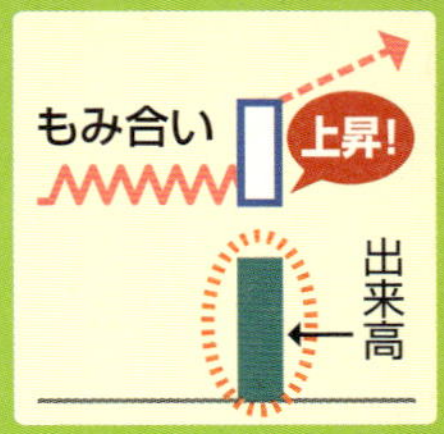

出来高と株価のパターン 1

もみ合い後の「出来高《できだか》急増を伴う上昇」で上昇トレンド開始!

「出来高《できだか》」と株価の動きから、トレンド転換を読む!

　株価と出来高には、よく表れるパターンというのがいくつかあります。それらを覚えれば、株の動きがかなり読めるようになりますが、ここでは、とくに役立つ4つのパターンを紹介していきたいと思います。まずは、「もみ合い後に、出《で》来高《きだか》急増を伴って上昇したら、上昇トレンド開始のサイン」というパターンです。

　このパターンは、123ページのスターバックスコーヒーの例でも少し触れました。

　株価の動きも乏しくて出来高も少ないという、投資家から相手にされていない状態がしばらく続いた後、ピョンと上昇している点に注目してください。出来高もピョンと跳ね上がっています。これは、「その株を買いたい」という人がたくさん出てきたことを示します。

「会社は最悪期を乗り越えた」「今後は成長が続きそうだ」など、その株に対する強気な見方が増えると、その株を買いたいという人も増えてきます。

　スターバックスコーヒーの場合には、「フード類の強化などで最悪期を脱しそう」という見方が増え、スターバックスの株を買いたいという人が増えたことが、「出来高急増を伴う上昇」という動きに表れたのでした。

　左には、もうひとつ、セガトイズのチャートを掲げました。この頃のセガトイズについては102ページでも見ましたね。業績は今ひとつの状態が続いていたわけですが、ムシキングに大ヒットの兆しが見え始め、「セガトイズは業績が大きく伸びるのでは」と見る投資家が増え始めたところです。

　そうしたことが、A地点の「出来高急増を伴う上昇」という動きとして表れました。この後、株価はもみ合いの動きを脱し、上昇トレンドに入っていったのです。このA地点はまさに絶好の買いタイミングだったといえます。

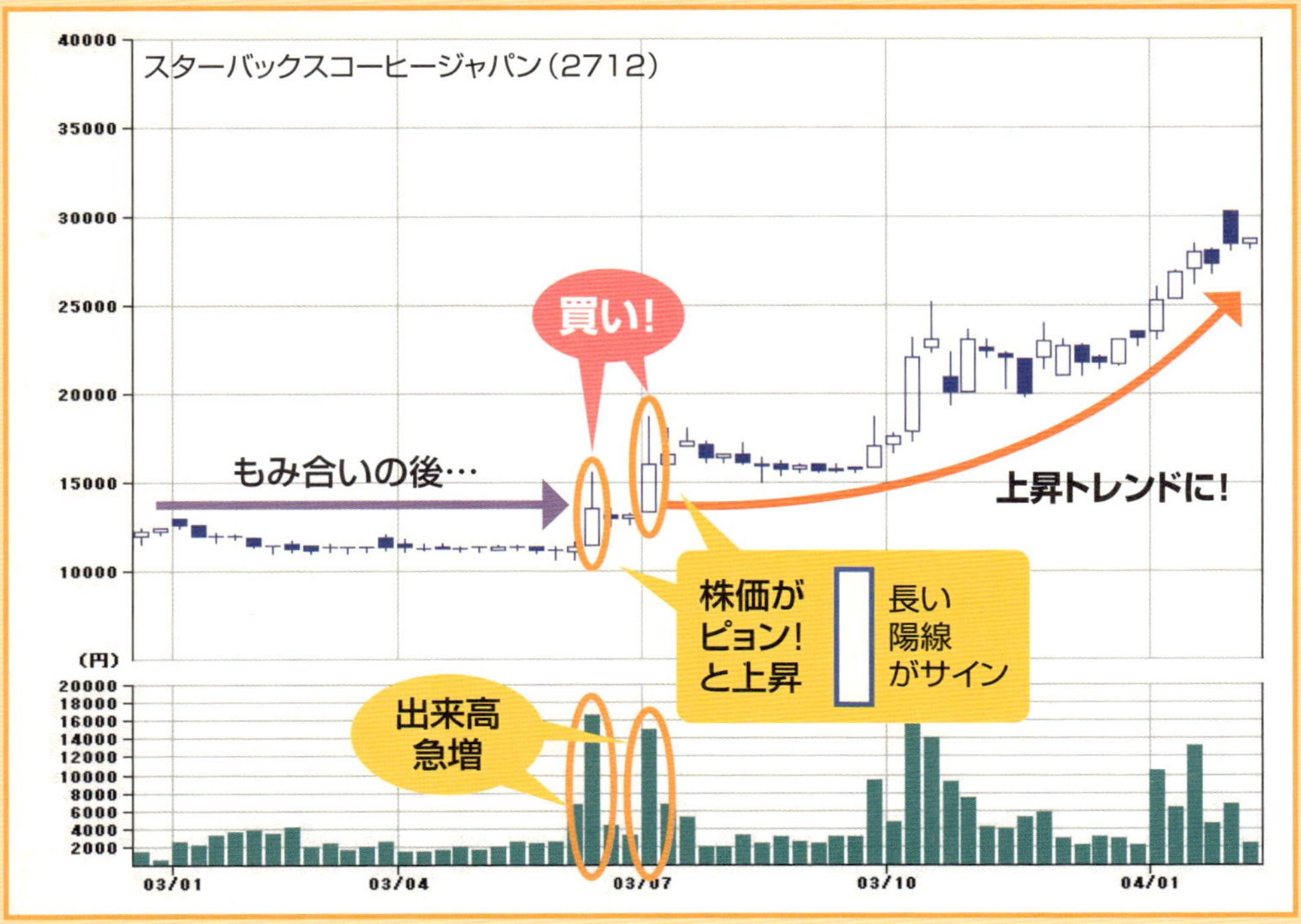
スターバックスコーヒージャパン（2712）
40000
35000
30000
25000
20000
15000
10000
(円)
買い!
もみ合いの後…
上昇トレンドに!
株価がピョン!と上昇
長い陽線がサイン
出来高急増
20000
18000
16000
14000
12000
10000
8000
6000
4000
2000
03/01
03/04
03/07
03/10
04/01

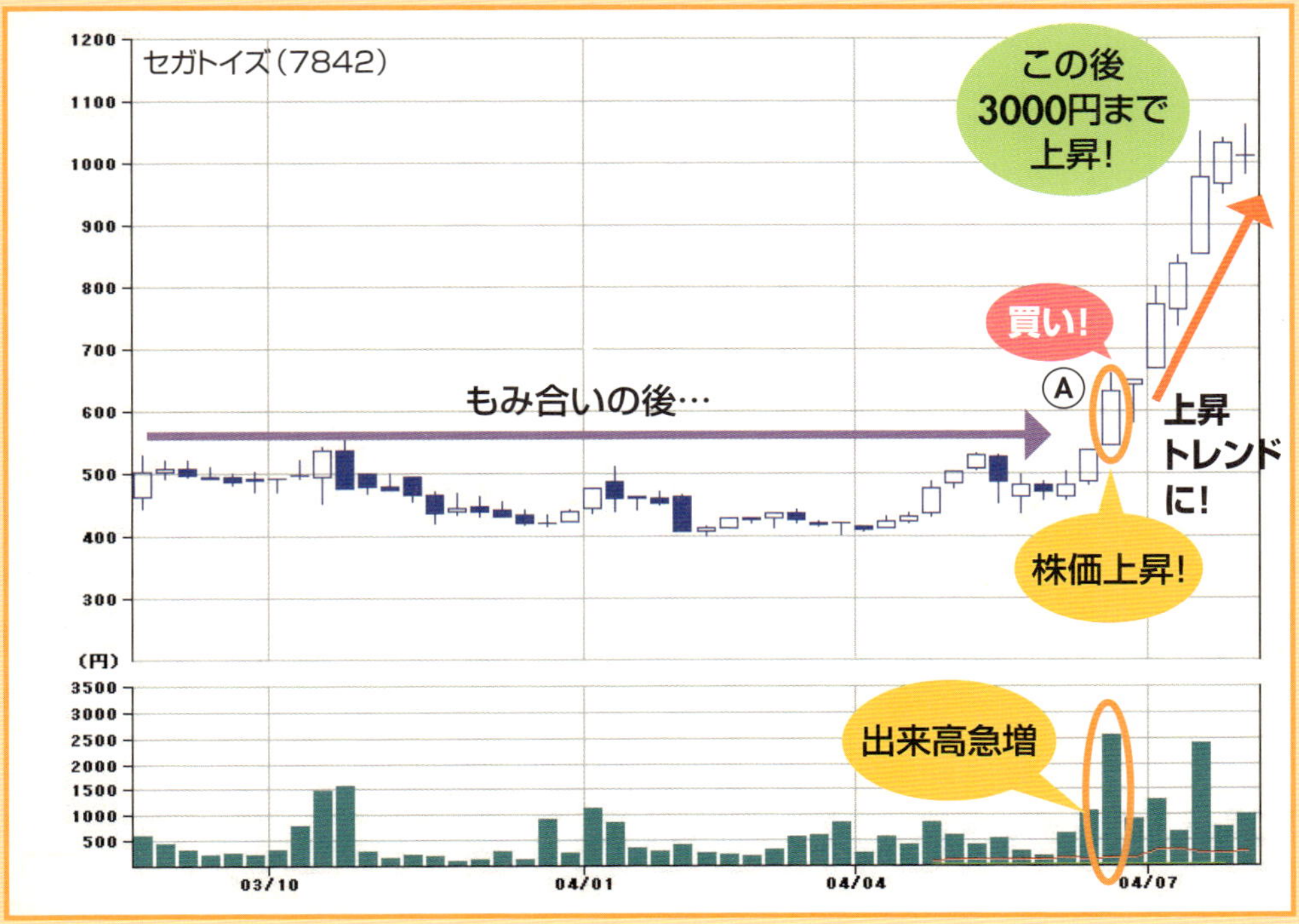
セガトイズ（7842）
1200
1100
1000
900
800
700
600
500
400
300
(円)
この後3000円まで上昇!
買い!
Ⓐ
もみ合いの後…
上昇トレンドに!
株価上昇!
出来高急増
3500
3000
2500
2000
1500
1000
500
03/10
04/01
04/04
04/07

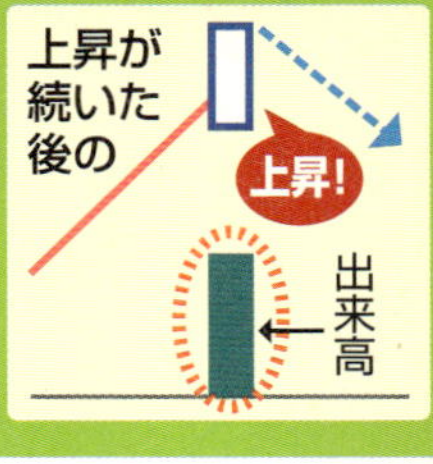

出来高と株価のパターン 2

上昇が続いた後の「出来高急増を伴う上昇」で株価は下落！

“買い”のクライマックスが来て、その後は下落

「出来高急増を伴う上昇」というのは、多くの人がその株をどんどん買い、上昇エネルギーを発揮している状態です。この動きがもみ合いの後に出ると、上昇トレンドがスタートした可能性が大きいということで、これがパターン①でした。

しかし、同じ「出来高急増を伴う上昇」という動きでも、上昇が続いた後の高値で出現すると、それは天井のサインとなるケースが多いのです。

なぜかというと、まず、上昇が続いた後というのは、その株を買いたいと考えていた人は既に買い込んでしまった状態だと考えられるからです。

また、一方で、その株を買わないまま上昇を見続けていた人もいます。そういう人たちは、「この株は上がると思ったら、やはり上がり続けている。もう我慢できない。この株はどこまで上がるかわからないから、買ってしまえ！」という心理状態になります。そして、そういう人たちの「早く買わなきゃ」という心理状況がピークに達し、買いが殺到する局面が訪れます。それが、左のチャートの大陽線（白くて長いローソク足）の動きです。これはいわば、買いのピークともいえる局面なのです。

このように、上昇が続いた後の「出来高急増を伴う上昇」は、最後まで株を買わなかった人たちが一気に買いに走る動きと考えられます。しかし、そうなると、その後はもう、その株を買いたいという人たちがほとんどいなくなり、上昇エネ

用語解説

上昇エネルギー
じょうしょうえねるぎー

「その株を買いたい」という投資家たちの意欲の大きさや、そのために投入される可能性のある資金量などのこと。「多少高い値段でも、その株をたくさん買いたい」という投資家が多ければ、上昇エネルギーが大きいといえます。

クライマックスの後は力つきて下落…

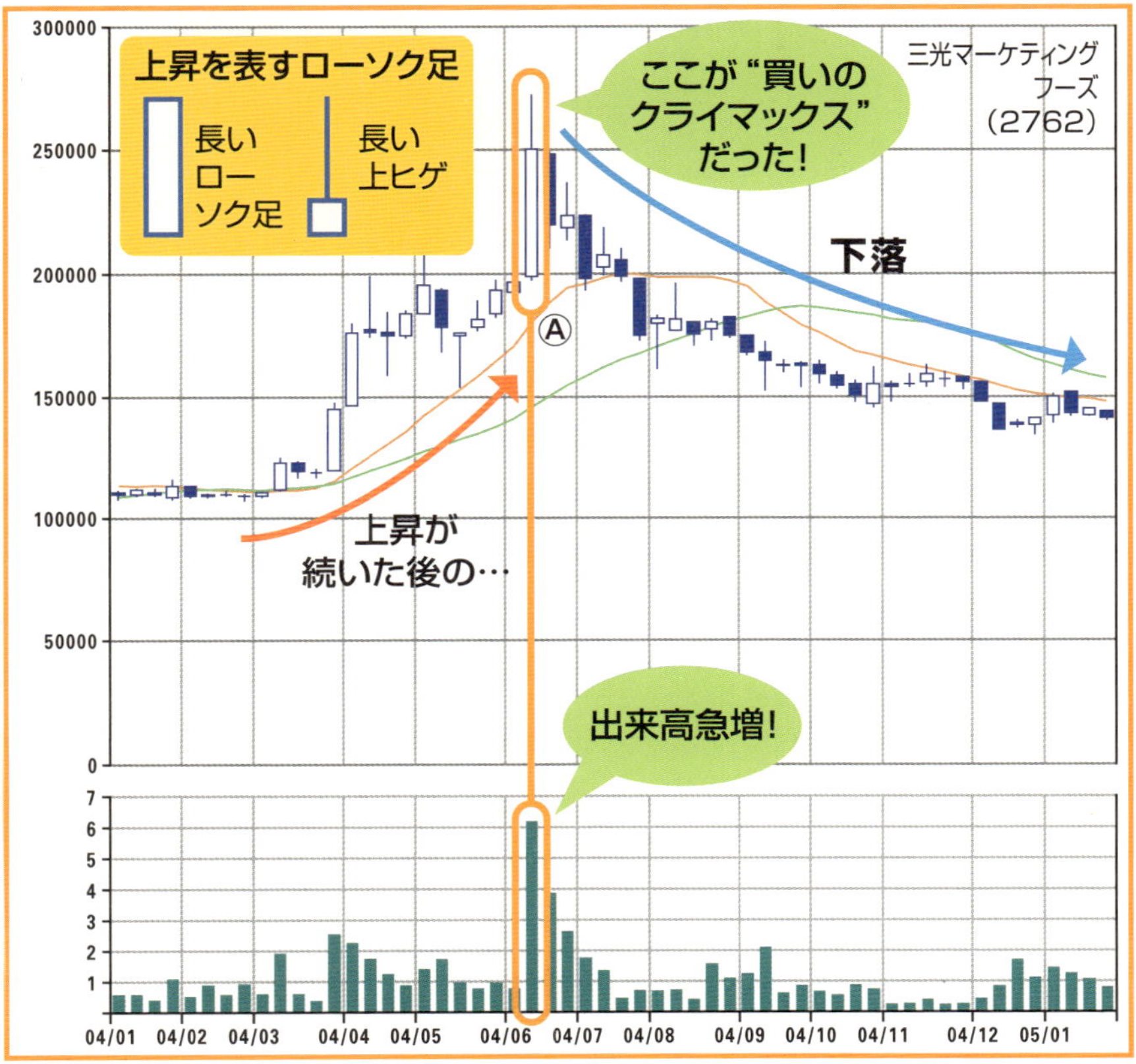
上昇を表すローソク足
長い
ローソク足
長い
上ヒゲ
ここが“買いのクライマックス”だった!
三光マーケティングフーズ（2762）
下落
Ⓐ
上昇が続いた後の…
出来高急増!
300000
250000
200000
150000
100000
50000
0
7
6
5
4
3
2
1
04/01
04/02
04/03
04/04
04/05
04/06
04/07
04/08
04/09
04/10
04/11
04/12
05/01

ルギーが出尽くした状態になってしまうわけです。そうなると当然、株価はその後下落しやすくなります。

上の三光マーケティングフーズの例を見てください。この会社は、「月の雫」や「東方見聞録」など、人気の居酒屋を運営している会社です。04年頃までは急速に業績を伸ばしていて、それを反映して株価も上昇トレンドをたどっていました。しかし、A地点で「出来高急増を伴う上昇」が表れており、〝買いのクライマックス〟が訪れたことが見てとれます。これは非常に力強い上昇の動きでしたが、結果的には、これで上昇エネルギーは出尽くしました。

その後、この会社が業績拡大の勢いを増すことがあれば、株価も再度、上昇エネルギーが生まれたのかもしれません。しかし、実際には、同社は業績が失速し、株価も下がり続けることになり、ピークの半値以下までいってしまいました。

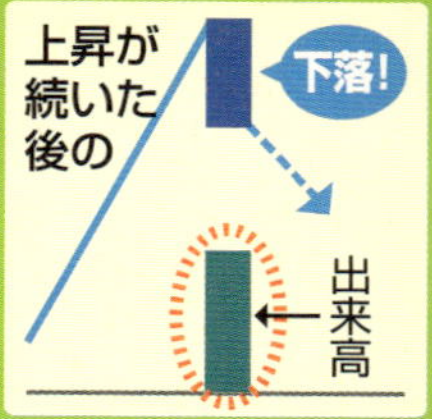

出来高と株価のパターン ３

上昇が続いた後の「出来高急増を伴う下落」で下降トレンドに…

パターン①と②では「出来高急増を伴う上昇」の動きに注目しましたが、今度は「出来高急増を伴う下落」に注目してみましょう。

「出来高急増を伴う下落」は、売りが殺到して株価が急落するという動きです。この動きが、上昇した後の高値で出現すれば、それは「下降エネルギーが発生」した可能性が高いといえます。

「下降エネルギー」というのは、「その株を売りたい」と思う人がたくさんいる状態のことであり、「下降エネルギーが発生する」とは、そういう人たちが実際に売り始めることです。

なにしろ、それまで株価は上昇が続いていたわけですから、「そろそろ、この株を売って利益を得よう」という人が増えてきます。また、いったん株価が下がり始めると、「どこでこの株を売ろうか」と考えていた人たちも、「早く売らなきゃ」というふうに考えるようになってきます。

出来高と株価を見ていれば24万円儲けられた!

左ページのセガトイズのA地点は、まさにそのようなポイントです。この後、株価は短期間でピークから１０００円以上も下落しました。

セガトイズについては、１２７ページで見たように、６００円前後の水準でパターン①の形となり、上昇トレンドがスタートしました。そこが絶好の買いポイントになったわけです。そして、３０００円前後の水準でパターン③の形となり、売りポイントと判断できたのです（１２５ページのチャート参考。Ⓐの地点）。

ここで紹介した出来高と株価のパターン①と③によって、セガトイズは「６００円前後で買い、３０００円前後で売る」ということが可能だったのです。

急上昇して急落するパターンもある

さて、パターン②と③はともに「株価

上昇後の長い陰線や長い上ヒゲが目印!

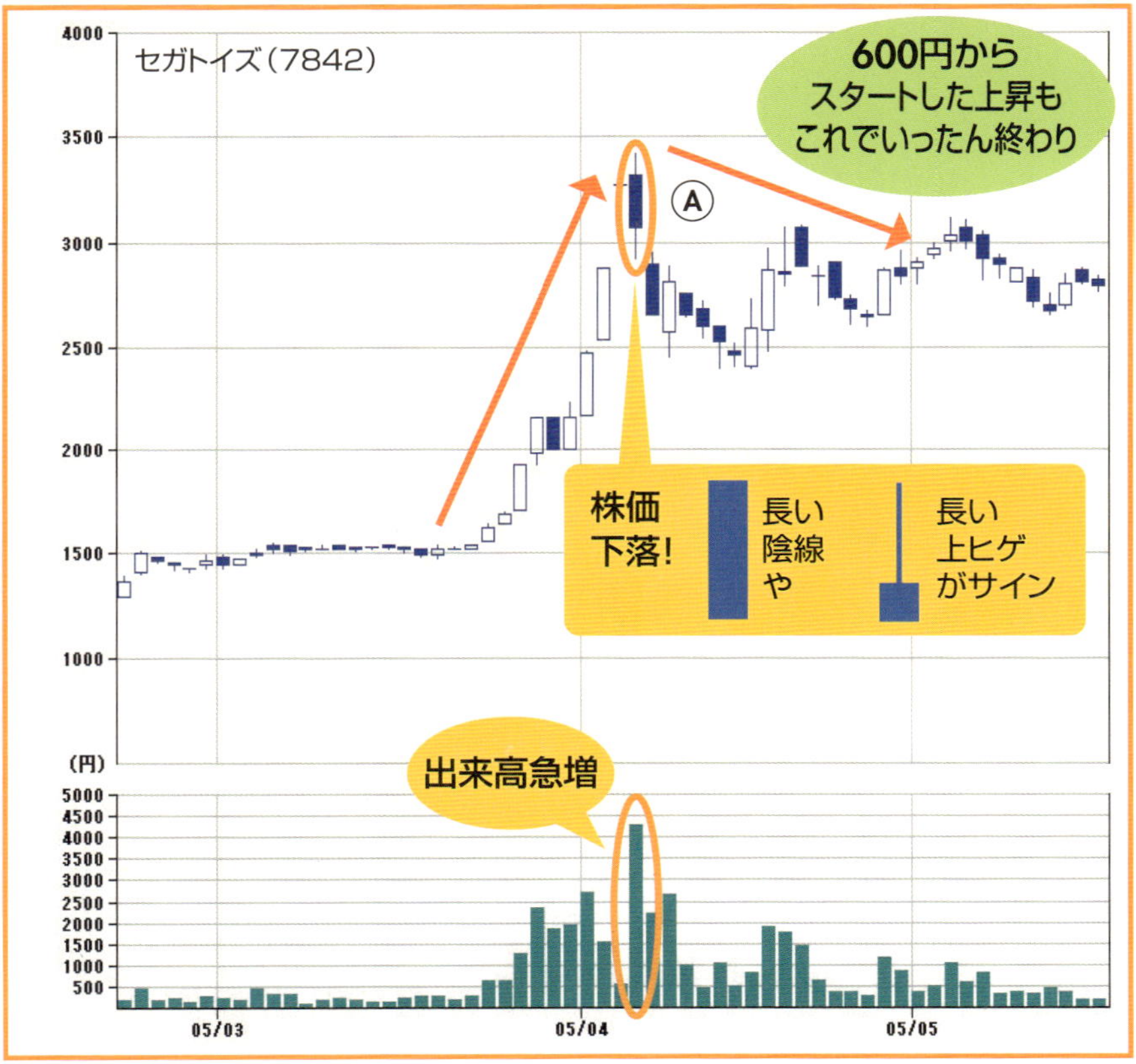
セガトイズ（7842）
600円から
スタートした上昇も
これでいったん終わり
Ⓐ
株価
下落!
長い
陰線
や
長い
上ヒゲ
がサイン
出来高急増
4000
3500
3000
2500
2000
1500
1000
(円)
5000
4500
4000
3500
3000
2500
2000
1500
1000
500
05/03
05/04
05/05

出来高と株価のパターンを覚えよう!

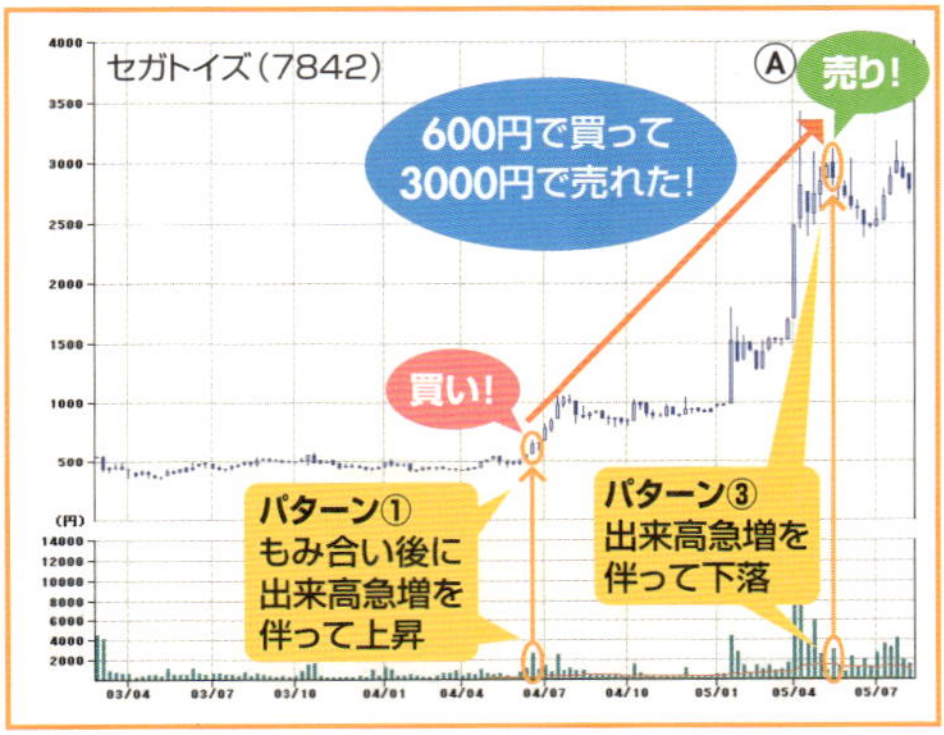
セガトイズ（7842）
Ⓐ
売り!
600円で買って
3000円で売れた!
買い!
パターン①
もみ合い後に
出来高急増を
伴って上昇
パターン③
出来高急増を
伴って下落

が上昇した後」に出ると、株価が天井をつけるというものでした。②と③が組み合わさった場合、それはかなり強力な天井パターンとなります。

つまり、株価が上昇した後に「急上昇して急落する」という形です。

これは、言い換えると、「上昇エネルギーが出尽くして、下降エネルギーが発生する」という形といえます。

また、長い上ヒゲのローソク足も、1本で「急上昇して急落する」という動きを表しており、天井のサインとなります。

下の宝ホールディングスの例を見てください。A地点で「急上昇して急落する」という形が出現しています。これを週足で見ると、長い上ヒゲの形となっています。実際にその後株価は下降しました。

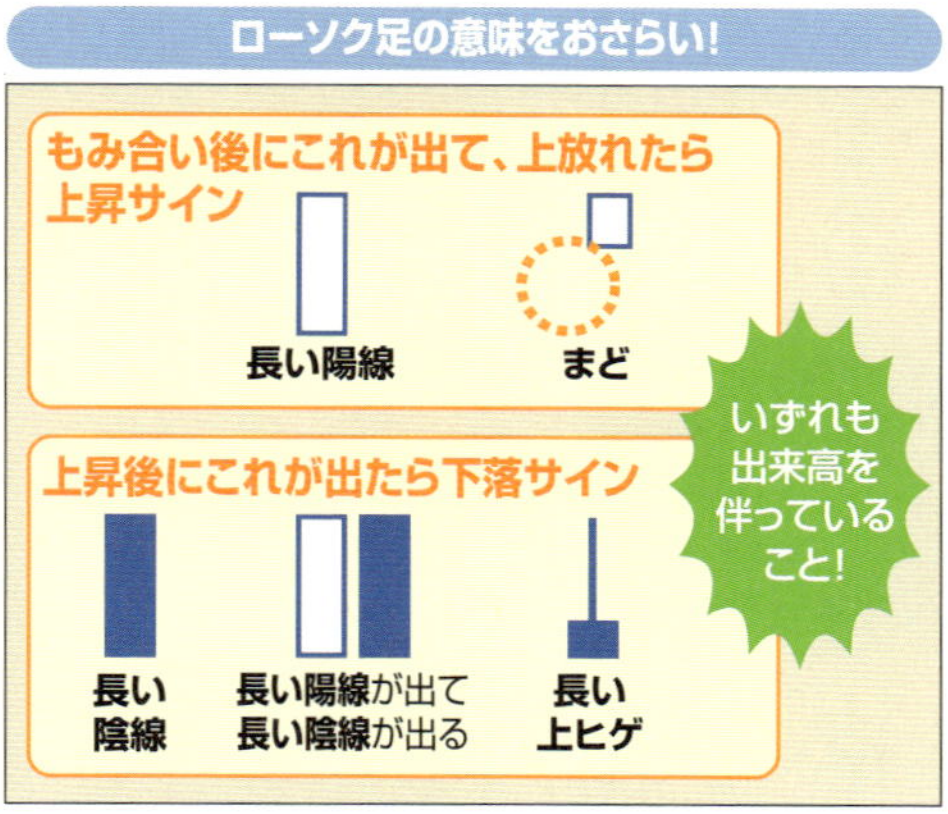
ローソク足の意味をおさらい!
もみ合い後にこれが出て、上放れたら上昇サイン
長い陽線
まど
上昇後にこれが出たら下落サイン
長い陰線
長い陽線が出て長い陰線が出る
長い上ヒゲ
いずれも出来高を伴っていること!

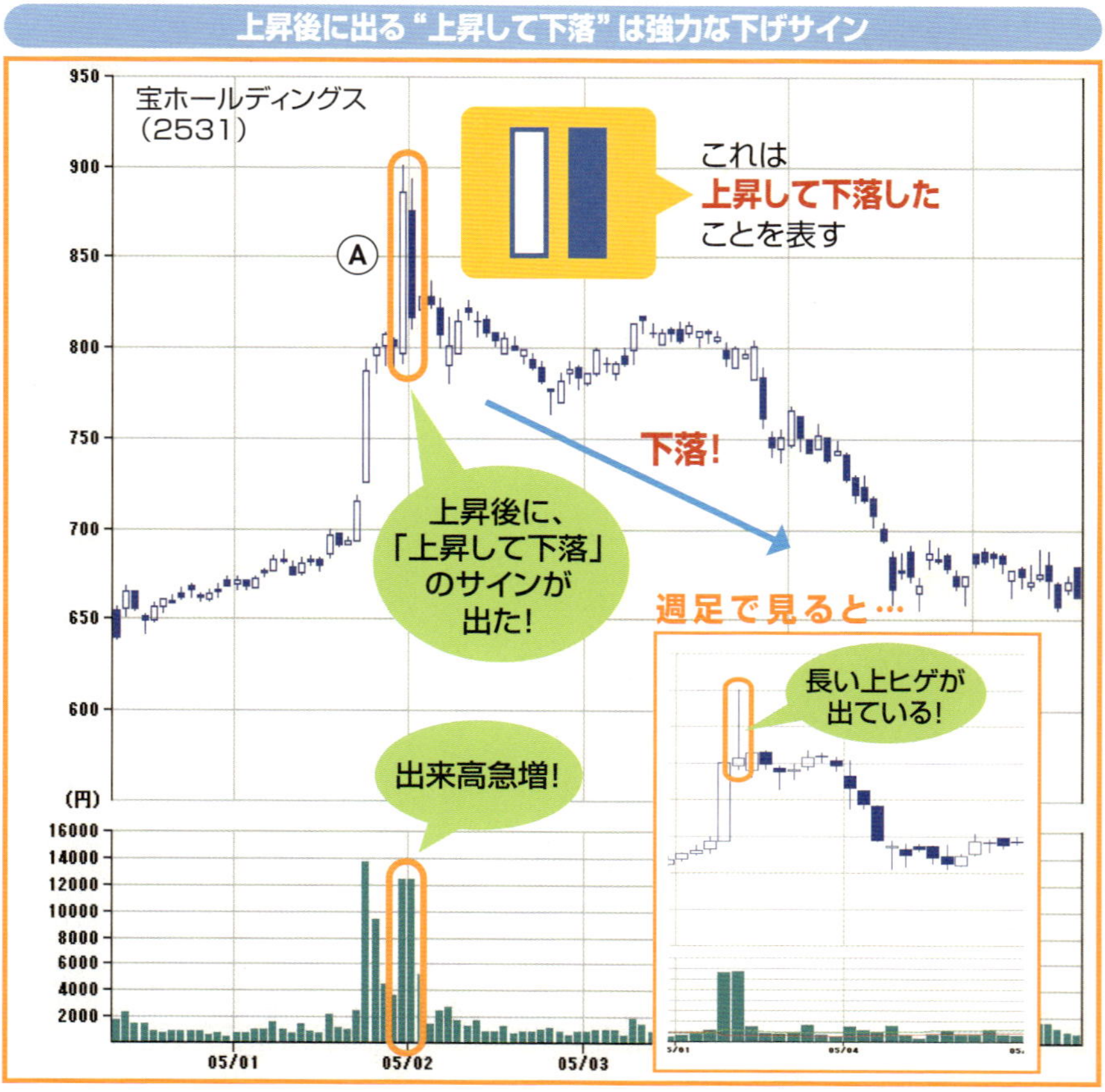
上昇後に出る"上昇して下落"は強力な下げサイン
宝ホールディングス(2531)
これは上昇して下落したことを表す
A
下落!
上昇後に、「上昇して下落」のサインが出た!
出来高急増!
週足で見ると…
長い上ヒゲが出ている!
950
900
850
800
750
700
650
600
(円)
16000
14000
12000
10000
8000
6000
4000
2000
05/01
05/02
05/03
05/04

株価の空白地帯「まど」は陽線や陰線よりも〝強い〟サインだ！

ローソク足チャートでは「まど」という形がときどき現れます。左のチャートにある「空白」の部分がそれです。

どうして「まど」が発生するのかというと、買いや売りのどちらか一方が、一方的に殺到して、売買が成立しないまま上昇や下落をしてしまうからです。

つまり、**まどが出現したら、上昇するにしても下落するにしても、非常に強い動き**なのです。

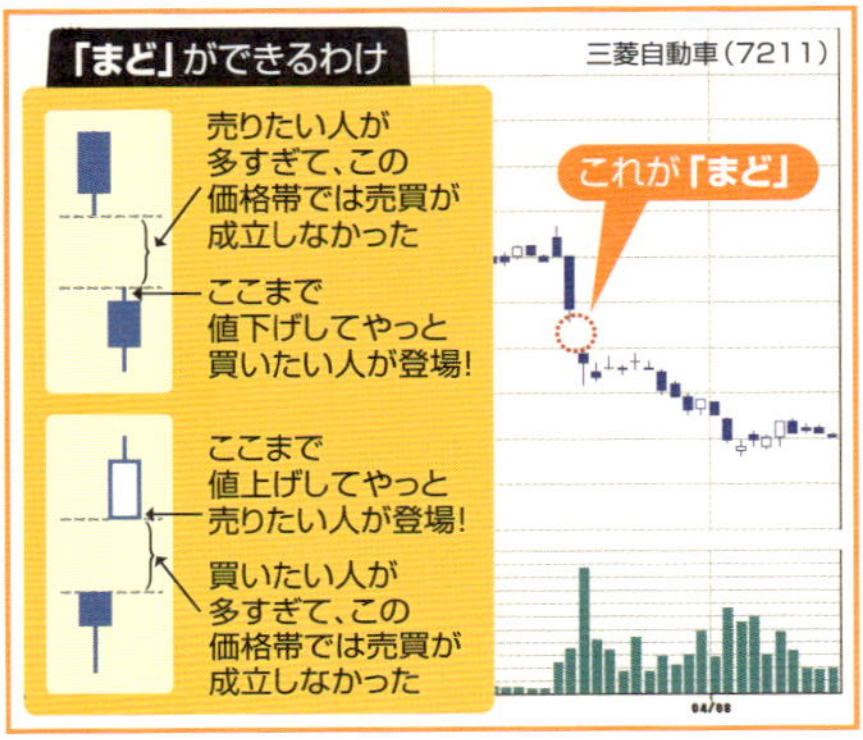
「まど」ができるわけ
三菱自動車（7211）
売りたい人が多すぎて、この価格帯では売買が成立しなかった
ここまで値下げしてやっと買いたい人が登場！
ここまで値上げしてやっと売りたい人が登場！
買いたい人が多すぎて、この価格帯では売買が成立しなかった
これが「まど」

そういうわけで、今までお話してきた4つのパターンは、「まどを空けて上昇」や「まどを空けて下落」の動きであっても、パターンの意味は同じとなります。

たとえば、**もみ合いの後に「出来高急増を伴って、まどを空けて上昇」**の形が出れば、上昇トレンド開始のサインですし、**上昇が続いた後に「出来高急増を伴う、まどを空けた下落」**の形が出れば、その後下げに向かう可能性が高いと判断できるのです。

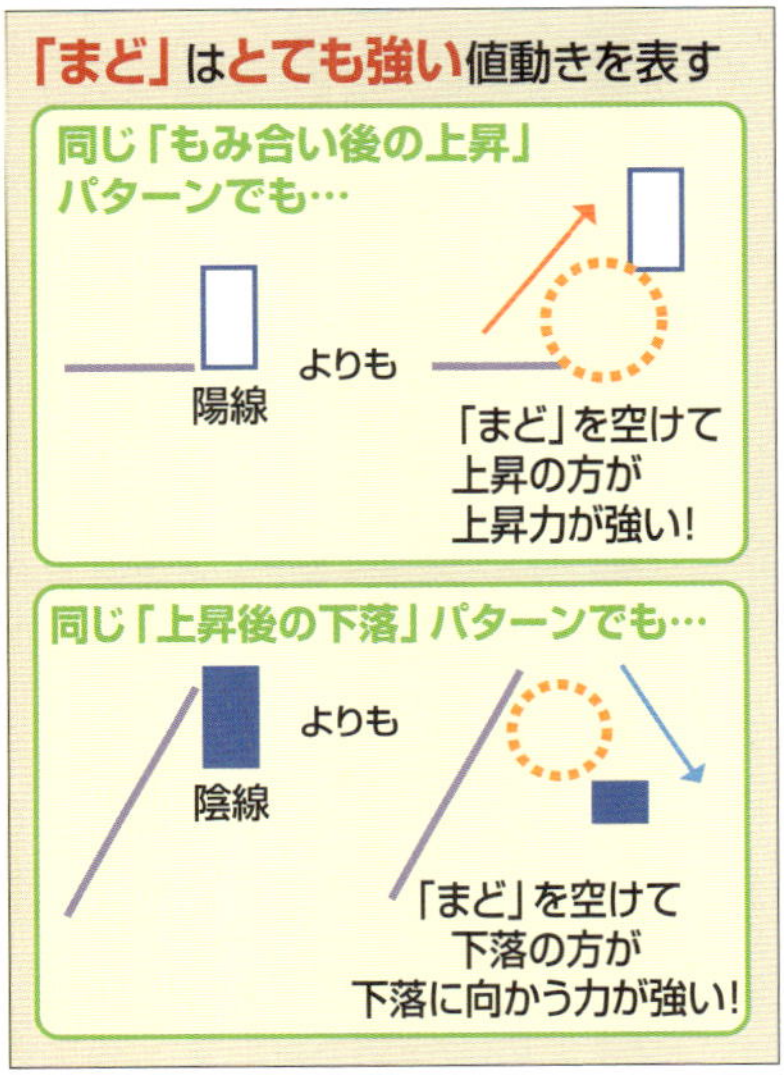
「まど」はとても強い値動きを表す
同じ「もみ合い後の上昇」パターンでも…
陽線
よりも
「まど」を空けて上昇の方が上昇力が強い！
同じ「上昇後の下落」パターンでも…
陰線
よりも
「まど」を空けて下落の方が下落に向かう力が強い！

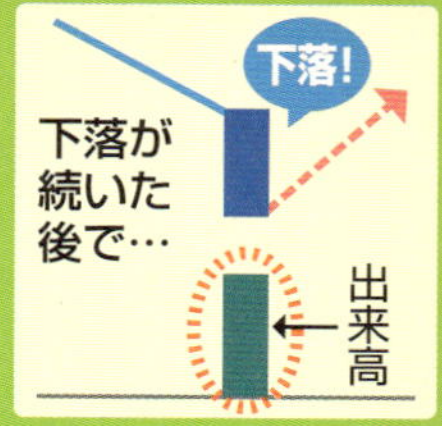

出来高と株価のパターン 4

下落が続いた後の「出来高急増を伴う下落」で株価は上昇に！

売りのクライマックスが起こって、その後は上昇

パターン③と同じように、「出来高急増を伴う下落」ですが、今度は、下落が続いた後に出現する形です。「出来高急増を伴う下落」が高値で起こると下降エネルギー発生を意味しますが、下落が続いた後の安値で起こると下降エネルギー出尽くしを意味し、その後株価は反転に向かう可能性が高くなります。

というのも、下落が続いた後に起こる「出来高急増を伴う下落」というのは、それまで株を売れないまま「どうしようどうしよう」と思っていた人が、最後に「もうダメだ〜！」とばかりに、一斉に投げ売りした状態と考えられるからです。こうした状態を「売りのクライマックス」あるいは「セリングクライマックス」と呼びます。こうした動きによって、売るべき人はもう株を売ってしまったので、下降エネルギーが出尽くしたといえる状態になるわけです。

左に掲げた、03年当時のソニーのチャートを見てください。ソニーは08年にも業績が大幅に悪化して投資家にショックを与えましたが、03年にも同じように業績悪化で急落したことがありました。

その当時のソニー株は、年初から「業績が悪化しているのではないか」と懸念されて下がり続けていたわけですが、4月末になると、実際に業績見通しを大幅に下方修正する発表をしたのです。

この発表が予想以上に悪いものだったため、ショックを受けた投資家たちの投げ売りにより株価は「出来高を伴う下落」となりましたが、それによって下降トレンドのエネルギーは出尽くし、その後株価は回復トレンドに入りました。

悪材料が深刻な場合は下落が続くことも

ただし、このパターンには少し注意すべき点があります。というのは、「非常に大きな悪材料」によって急落している

出来高急増と急落が、投げ売りのサイン

ソニー（6758）
下落がずっと続いていた
ガーン！
投資家、大ショック!!
下方修正を発表！
投げ売りが殺到！
急落!!
Ⓐ
上昇！
売りたい人みんなが売ってしまったので、買いたい人だけが残って株価上昇！
出来高急増！
(円)
02/07
02/10
03/01
03/04
03/07
03/10
04/01

問題の根が深いと、下げ止まらない…

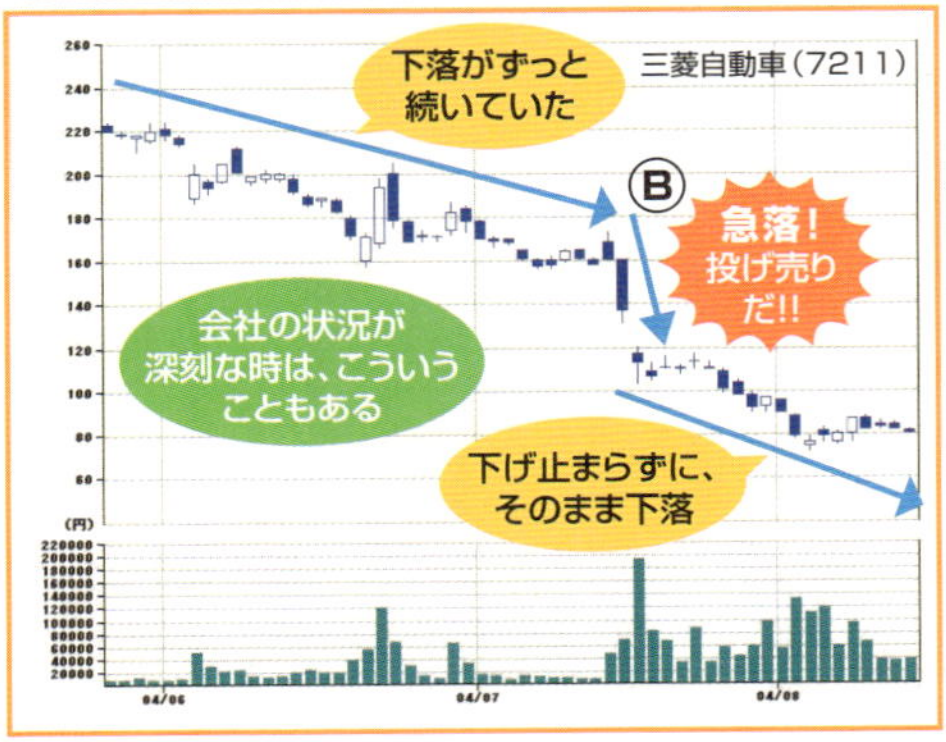
三菱自動車（7211）
下落がずっと続いていた
Ⓑ
急落！投げ売りだ!!
会社の状況が深刻な時は、こういうこともある
下げ止まらずに、そのまま下落

場合には、「出来高急増を伴う下落」の動きでも下降エネルギーが出尽くさず、ずるずる下げが続くことがあるからです。

左の三菱自動車のB地点では、「脱輪事故やリコール問題隠しに伴う経営混乱」という状況の中での急落でしたが、問題があまりにも深刻だったために、「出来高を伴う下落」の動きが出ても下げ止まらず、さらに大幅に下落しました。

株の買いのタイミング 1

もみ合いを"上放《うわばな》れ"たら買い!

株を買うタイミングはたった2つだけ!?

出来高と株価の動きを見ることで、値動きをかなり上手に捉えることができることを説明しましたが、次には、株を買うタイミングを考えてみたいと思います。

ここまでの話と重なる部分もありますが、株を買う主なタイミングは、「上放《うわばな》れ」と「押し目《おめ》」の2つなのです。

上放れというのは、もみ合いの状態から上に放れる動きのこと。「もみ合いを上放れしたら買い」ということは既に何度か出てきましたね。

ここでひとつ覚えてほしいのは、「もみ合い」には、一定の範囲で上下動しながら横ばう動きだけでなく、もみ合いながら値動きがだんだん小さくなっていくというパターンもあるということです。

値動きがだんだん小さくなる「もみ合い」のパターンを「三角もち合い」といいます。「もち合い」というのは「もみ合い」と同じ意味であり、その形が三角形のようになることから「三角もち合い」と呼ばれます。

さて、セガトイズの04年10月から05年4月までの日足チャートを見てみましょう。

既に見たように、セガトイズは04年6月の600円前後から上昇トレンドがスタートし、05年4月の3000円超えまでそれが続きました（131ページ）。そして、出来高と値動きのパターンから、600円前後での買い、3000円前後での売りのポイントを捉えることが可能でした。

もみ合い→上放れ→上昇→もみ合い…を繰り返している

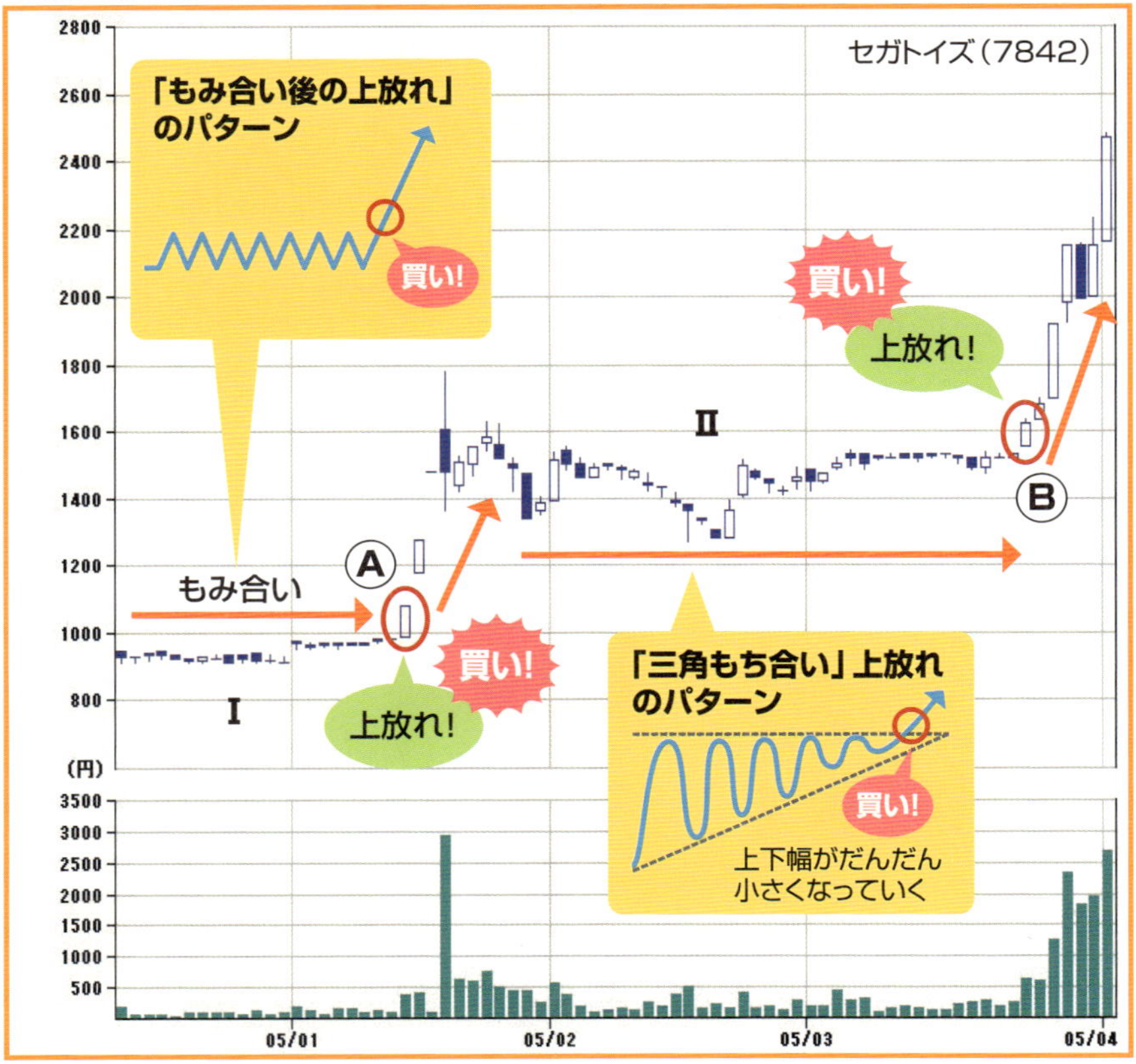

セガトイズ（7842）
「もみ合い後の上放れ」のパターン
買い！
もみ合い
Ⓐ
上放れ！
買い！
Ⅰ
Ⅱ
買い！
上放れ！
Ⓑ
「三角もち合い」上放れのパターン
買い！
上下幅がだんだん小さくなっていく
2800
2600
2400
2200
2000
1800
1600
1400
1200
1000
800
(円)
3500
3000
2500
2000
1500
1000
500
05/01
05/02
05/03
05/04

しかし、600円前後から3000円超えまで株価が上昇する過程でも、何度も「上昇→もみ合い→上昇→もみ合い」というリズムを繰り返しています。上に掲げた日足チャートは、大きな上昇トレンドの中での「上昇→もみ合い」の動きを示したものです。

まず、Ⅰの期間では900〜1000円くらいの範囲でもみ合いが続いています。それをA地点で上放れて1780円まで上昇し、その後は三角もち合いの動き（Ⅱ）に入ります。そして、B地点で上放れして、3000円超えに至る上昇の動きに入ります。

このように、「600円前後で買い、3000円前後で売る」というように大きな値幅を取る戦略以外にも、その途中で繰り返された「上昇→もみ合い→上昇」という動きを読み取り、細かく売買していく戦略も考えられたのです。

押し目
買い!
買い!
押し目
押し目
買い!
上昇トレンド

株の買いのタイミング 2

上昇トレンドの"押《お》し目《め》"で買い!

もうひとつ、**ぜひ覚えておきたい買いタイミングは「上昇トレンドの押し目《おめ》」です。押し目というのは「一時的に下がる場面」のことを言います。**

上昇トレンド株もときどき下落する

株が下がってくると、「そろそろ買いチャンスかな」と考えがちですが、下降トレンドが続いている場合には、株価が下がってきたところで買っても、そこからさらに下がってしまう可能性が高くなります。ですから、「株が下がったから買い時かも」と安易に考えてはいけません。

焦らずに「押し目」を待て!

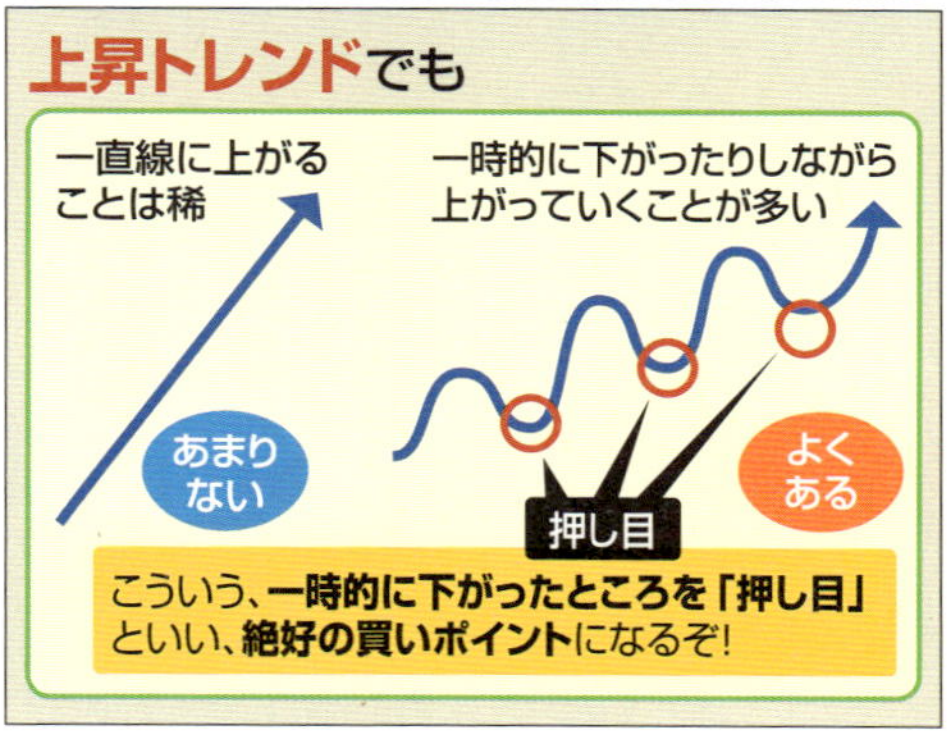
上昇トレンドでも
一直線に上がることは稀
一時的に下がったりしながら上がっていくことが多い
あまりない
よくある
押し目
こういう、一時的に下がったところを「押し目」といい、絶好の買いポイントになるぞ!

しかし、上昇トレンドの株の場合には、「この銘柄はいいんだけど、ちょっと高いな。下がったら買おう」と考えている投資家が多いために、株が下がってくると買いが入って、株価が反発しやすい傾向があります。

イメージ的には、この動きはバネのような感じです。つまり、**上昇トレンドというのは、基本的に上昇エネルギーがあり、上に向かう力が働いている状態なので、下がってくると、ピョンッと反発する力が働く傾向がある**のです。

ここでヴィレッジヴァンガードの株価チャートを見てみましょう。これは、05年2月から06年1月までの日足《ひあし》チャートです。

ヴィレッジヴァンガードは、「遊べる本屋」という全く新しいコンセプトで、

「上放れ」と「押し目」の両方が見てとれる!

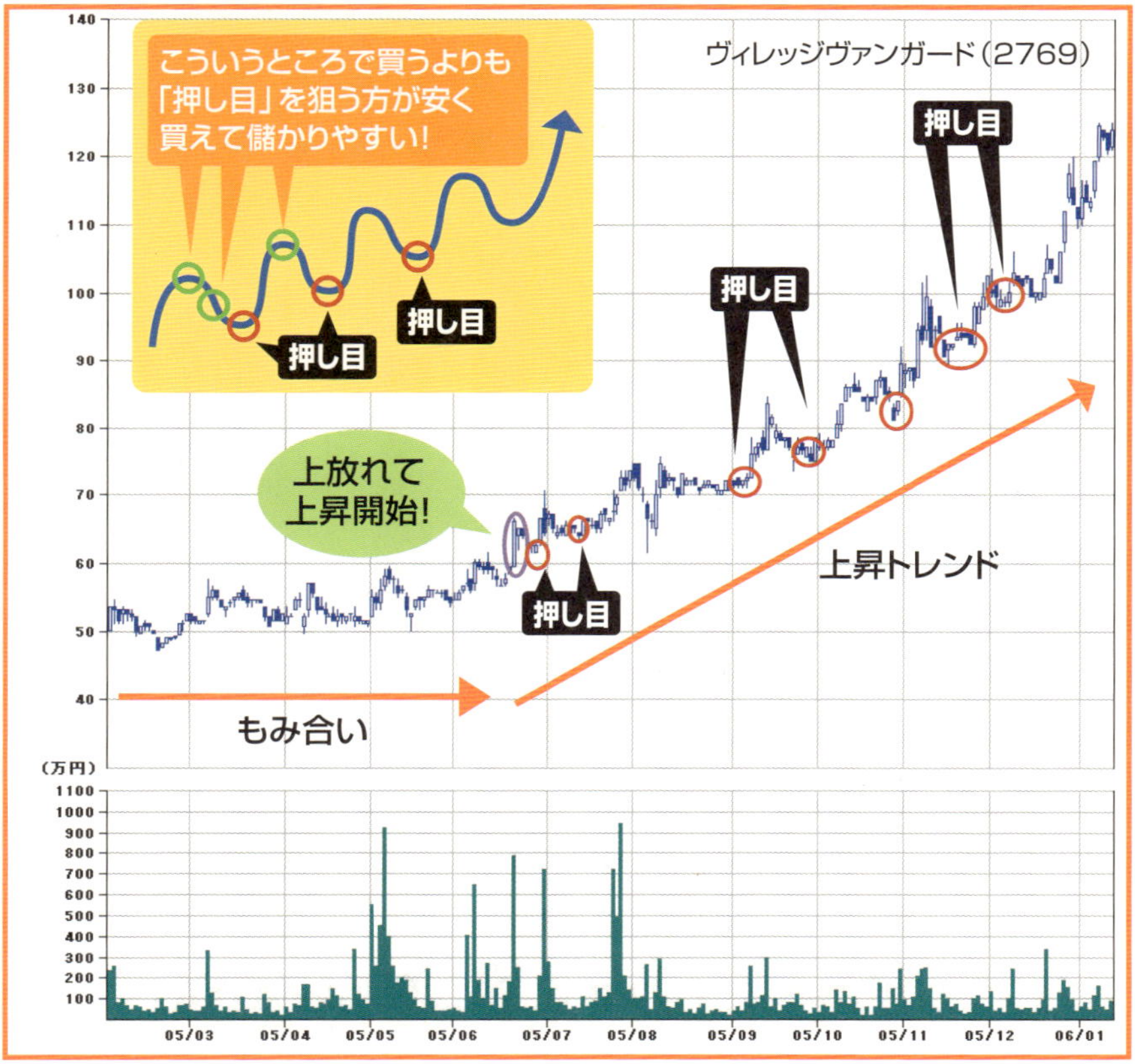
ヴィレッジヴァンガード(2769)
こういうところで買うよりも
「押し目」を狙う方が安く
買えて儲かりやすい!
押し目
押し目
上放れて
上昇開始!
押し目
押し目
押し目
上昇トレンド
もみ合い
(万円)
05/03
05/04
05/05
05/06
05/07
05/08
05/09
05/10
05/11
05/12
06/01

本とともに雑貨、CD、DVDなどをテーマに沿って複合的に陳列する店作りをしています。これが消費者に大受けして、03年に上場して以降急速に業績を伸ばしました。そして、株価を3年で約10倍増させました。

このチャートを見てもわかりますが、上昇トレンド中のヴィレッジヴァンガードは、たまに下落してもすぐに反発して高値を更新するという動きを繰り返しています。このたまに下落した地点が「押し目」です。

このチャートを見れば、上昇トレンドを描いている銘柄を探して、押し目で買う戦略がいかに有効であるかがわかります。

また、このチャートでは、〝もみ合いを上放れ〟の動きも何カ所か見てとれます。このように、上昇トレンドの株では、上放れ、押し目と、たくさんの買いポイントを見つけることができるのです。

〝上昇トレンドの押し目買い〟は「移動平均線」が目安になる！

左ページのチャートを見てください。これは、１３９ページと全く同じ期間のヴィレッジヴァンガードのものですが、25日移動平均線と75日移動平均線という2本の補助線が書き込まれています。ちなみに、ネット証券やＹＡＨＯＯ！ファイナンスなどのサイトで提供されている株価チャートでは、たいがいの場合、こういった移動平均線があらかじめ描かれています。

ヴィレッジヴァンガードの株価は、この描かれている2本の移動平均線のうち25日移動平均線に支えられるような形で上昇し、25日移動平均線が「押し目買い」のメドになっていることがわかります。

上昇を下支えする移動平均線を探そう！

移動平均線というのは、一定の期間の株価を平均化して描いた補助線です。たとえば、25日移動平均というのは、その日を含めて過去25日間の終値の平均値であり、25日移動平均を結んだ線が25日移動平均線です。

移動平均線は一定期間の平均株価を結んだ線ですから、毎日の株価の上下動をならして動きが滑らかになります。そして、大まかな株価の方向性、つまり、トレンドをわかりやすく示すものなのです。

また、移動平均は一定期間（たとえば25日間など）に売買されたおおよその平均価格（株価）を示しますから、投資家たちが「この値段になったら買おう（売ろう）」などと意識する水準になります。上昇トレンドの場合であれば、「この値段まで下がったら買おう」と意識される水準となり、株価が反転するポイントになりやすいのです。

移動平均線は様々な期間のものを描くことができますが、短期のもの、中長期のものなど2~3本がよく使われます。期間が短いほど短いトレンドを、期間が長いほど長いトレンドを示します。

上昇トレンドの株の場合には、いずれかの移動平均線が下支えする形になって

「移動平均線」まで下がると株価は反発！

ヴィレッジヴァンガード（2769）
140
130
120
110
100
90
80
70
60
50
40
（万円）
1100
1000
900
800
700
600
500
400
300
200
100
05/03
05/04
05/05
05/07
05/08
05/09
05/10
05/11
05/12
06/01
これが移動平均線だ！
25日
移動平均線
75日
移動平均線

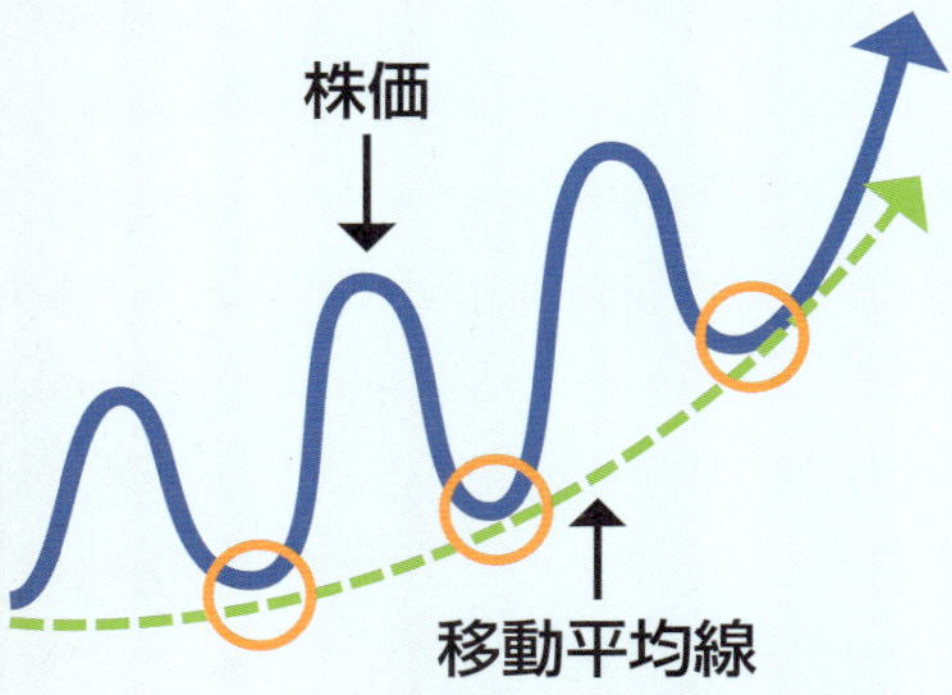

株価
移動平均線

株価が
25日移動平均線近くまで下げると反発して上昇するパターンを繰り返している
のがわかる

25日移動平均線上で指値注文をしよう！
株価が25日移動平均線まで下がってきたところが「押し目買い」のチャンス！

その株が、どの（何日）の移動平均線に下支えられるかを見極めることが大事！

上昇していくケースが多いのですが、その株がどの移動平均線に支えられているかを探して、それをメドに押し目買いをするというのが株の基本的な売買法なのです。

複数の移動平均線で押し目メドを探そう！

パーク24の株価チャートを見てください。これは、かなり長い期間、98年5月から04年5月までの週足チャートです。

パーク24は駐車場の開発・運営で伸びている会社ですが、2000年頃には株価が高く上昇しすぎてしまい、その反動で2000年半ばから02年11月にかけて株価が下降トレンドをたどりました。しかし、その後は下げ止まる動きとなり、03年8月頃から上昇トレンドに転じるという動きになっています。

大雑把にいうと、左のチャートでは上昇トレンド→下降トレンド→上昇トレンドという動きが示されているわけです。

このチャートでは、13週移動平均線と26週移動平均線が描かれていますが、上昇トレンドの時にはこの2本の線に下支えされて株価が上昇しています。上昇トレンドの間、普通の押し目は13週移動平均線でとどまり、それを割り込んでも下落が止まらない時は、26週移動平均線が押し目になって、そこで反発するという動きになっています。

移動平均線で、トレンドがわかる

さらに、ここで注目したいのは、移動平均線がトレンドを表しているという点です。上昇トレンドの時には13週移動平均線、26週移動平均線ともに上昇していますし、下降トレンドの時には両線ともに下落しています。

また、上昇から下降へ転換するポイントでは、A地点のように両線ともに下向きに転じていますし、逆に下降から上昇に転換するポイントでは、両線ともに上昇に転じています。

さらに、上昇トレンドの時には、期間の短い線（13週移動平均線）が上で、期間の長い線（26週移動平均線）が下になり、逆に、下降トレンドでは期間の短い線が下で、期間の長い線が上になります。

トレンドの転換点においては、期間の短い線が期間の長い線を下回ったり、上回ったりというようなクロスが起きます。期間の短い線が期間の長い線を上回ることをゴールデンクロス、逆の場合をデッドクロスといいます。

“上昇転換の初押し”は絶好のチャンス！

最後にこのチャートのB地点に注目してください。このB地点は、トレンドが上昇に転じた後の初めての押し目です。これを、「上昇転換後の初押し」といい

上昇トレンド中は移動平均線上で買い注文！

パーク24（4666）
上昇トレンド
下降トレンド
A
B
上昇トレンド
26週移動平均線
13週移動平均線
買いポイント
上昇トレンド中は移動平均線に支えられるように上昇！
ここまで来ると株価は反落する
下降トレンド中は移動平均線に頭を押さえられるように下落
上昇トレンドに転換して、初めての押し目
買いの大チャンス！
(円)
98/10 99/04 99/10 00/04 00/10 01/04 01/10 02/04 02/10 03/04 03/10 04/04

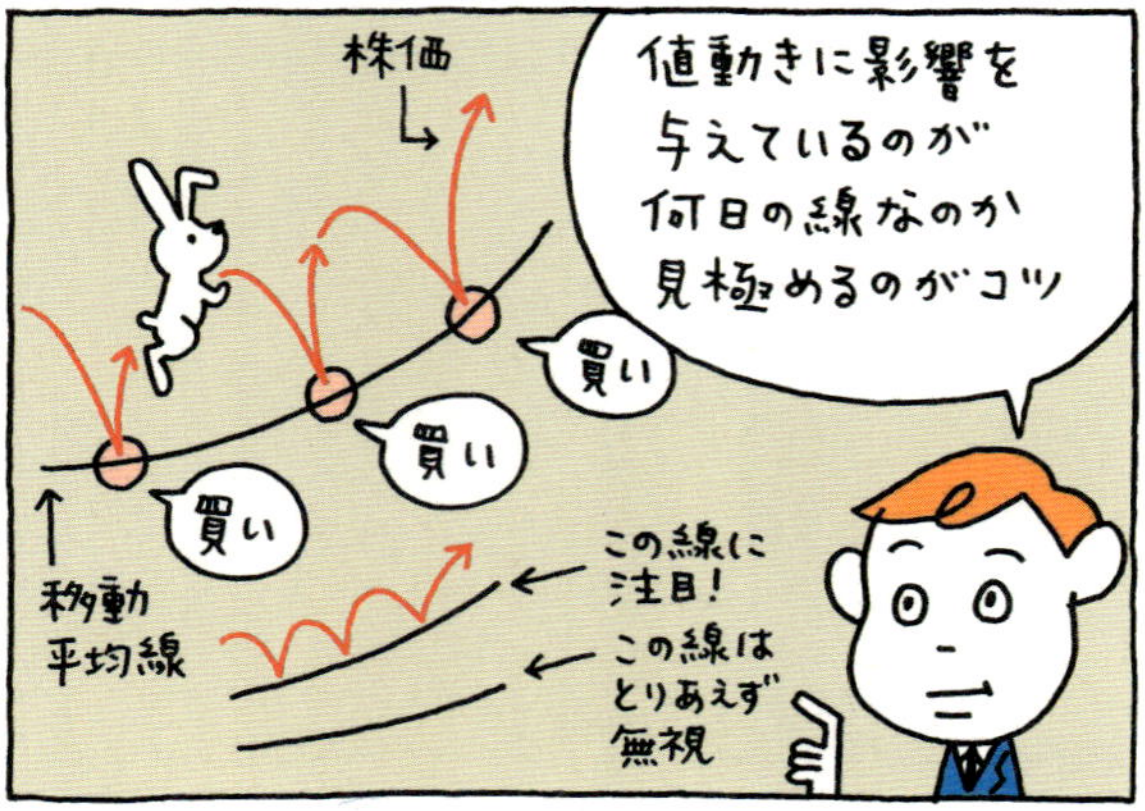

株価
値動きに影響を与えているのが何日の線なのか見極めるのがコツ
買い
買い
買い
移動平均線
この線に注目！
この線はとりあえず無視

ますが、このポイントこそ絶好の買いタイミングといえます。

というのも、上昇トレンドがスタートして間もないので、この段階では上昇エネルギーが大きく残されていて、ここから株価が大きく上昇する余地があると考えられるからです。

「だまし」と「崩れ」に注意！

チャートを見る上では、「だまし」と「崩れ」に注意しましょう。ここまでお話してきたパターンは、いずれも「経験上、そうなる可能性が高い」というものであり、**「100%そうなる」というものではありません**。場合によっては型破りなケースが出てくることもあります。

たとえば、もみ合いから出来高急増を伴って上昇する動きを見て、「上昇トレンドスタートか」と思ったのに、その後株価の動きは冴えなくなり、結局、もとのもみ合い地点の株価に戻ったり、それを下回る動きになることがあります。この場合には、上昇スタートのサインだと判断したことは誤りだった可能性が高くなります。こうした動きのことを「だまし」といいます。

株価上昇の背景に「業績の良さ」や「割安さ」などの裏付けがない場合や、既に株価が大きく上昇して高値にある場合などは、とくに「だまし」が発生する可能性が高いので注意しなければなりません。

トレンドやリズムは崩れていないか？

また、移動平均線などに沿って順調なリズムで上昇していたのに、急落して移動平均線を大幅に下回った場合などは、**「上昇リズムが崩れたのではないか」**と考えて、慎重に対処するのがいいでしょう。保有株を売るとか、株数・金額を減らして様子を見るという形にするのがいいと思います。

株価チャートにおいては、トレンド、リズム、パターン、転換などを見ることも大切ですが、「だまし」「崩れ」など変調の兆しを見つけたら、すぐに対処することも大切なのです。

チャートには「だまし」もある!

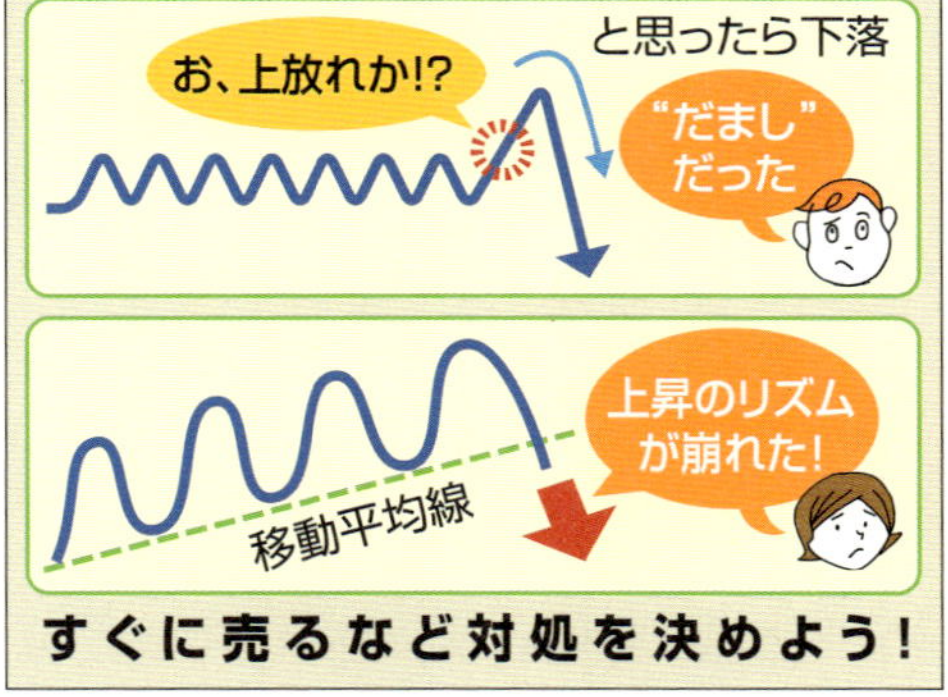
お、上放れか!?
と思ったら下落
"だまし"だった
上昇のリズムが崩れた!
移動平均線
すぐに売るなど対処を決めよう！

column

"10倍株"を3つ見つければ10万円は1億円になる！

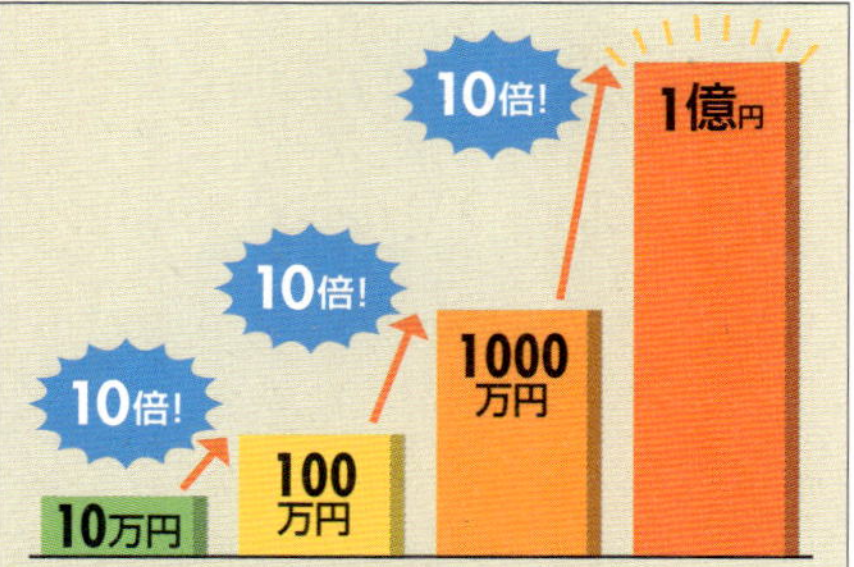

3年間で1つ10倍株を見つけられれば、9年で1億円に!!

70ページで紹介したピーター・リンチは、個人投資家に対して「10倍増銘柄を探せ！」というスローガンを掲げています。「そうした銘柄は、日常生活を注意深く観察していれば意外とよく見つかるものだし、素直な考え方をもった素人投資家ほど、そうした10倍増銘柄を見つけやすい」というのがリンチの主張です。

もし、10倍増銘柄を3つ見つけることができたら、資産はどのくらいに増えるでしょうか。

たとえば、最初に10万円を用意して、ものすごく自信のある銘柄を見つけた時に全額投入したとします。そして、その株が本当に10倍になったとすると、資金は100万円に増えますね。そして、また「本当に自信がもてる株」が出てくるまで待って、今度は100万円投入、それが10倍になると1000万円になります。さらに、それをもう一度繰り返すことができれば1億円ということになります！

「そんなマンガのような話があるか！」と思うかもしれませんが、本書をここまで読んできた方なら、たくさんの事例から、「ありえるかも!?」とも感じられるでしょう?

3年に一度でいいので、10倍株を見つけられれば、9年で1億円が達成できます。宝くじよりはるかにリアリティのある話ですし、ワクワクできる知的ゲームとしても楽しめるのではないでしょうか。

10万円からでもOK。10倍株探しゲームを始めてみませんか?

株価チャートの基本をおさらいしよう!

ローソク足の形を覚えよう

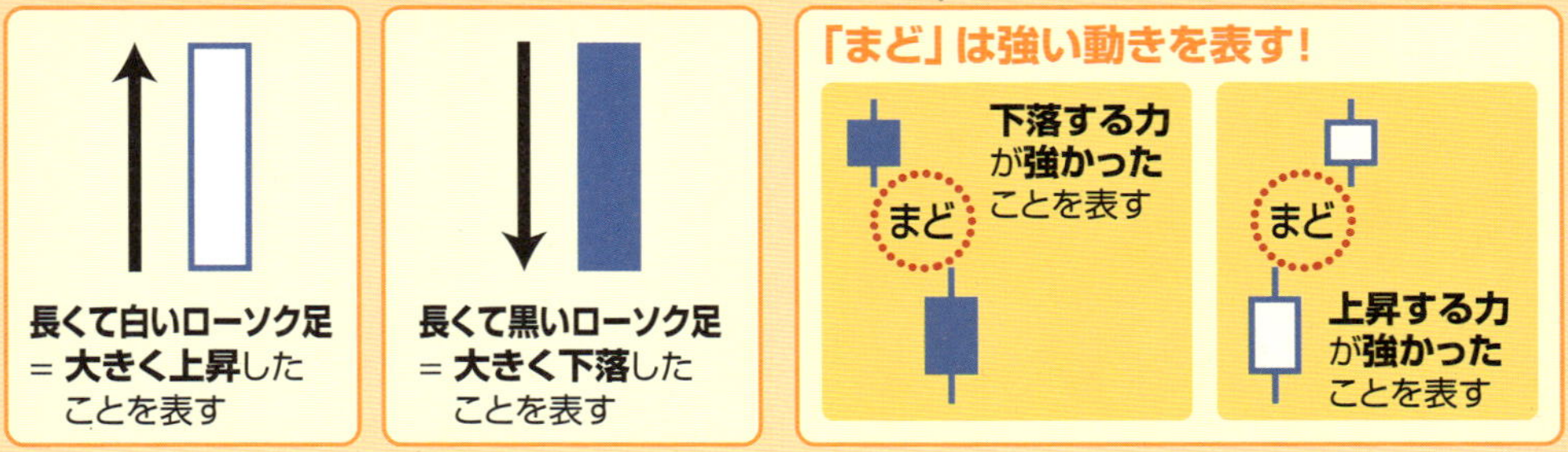

長くて白いローソク足
= 大きく上昇したことを表す
長くて黒いローソク足
= 大きく下落したことを表す
「まど」は強い動きを表す!
まど
下落する力が強かったことを表す
まど
上昇する力が強かったことを表す

値動きの流れが変わるサインはこの4つ!

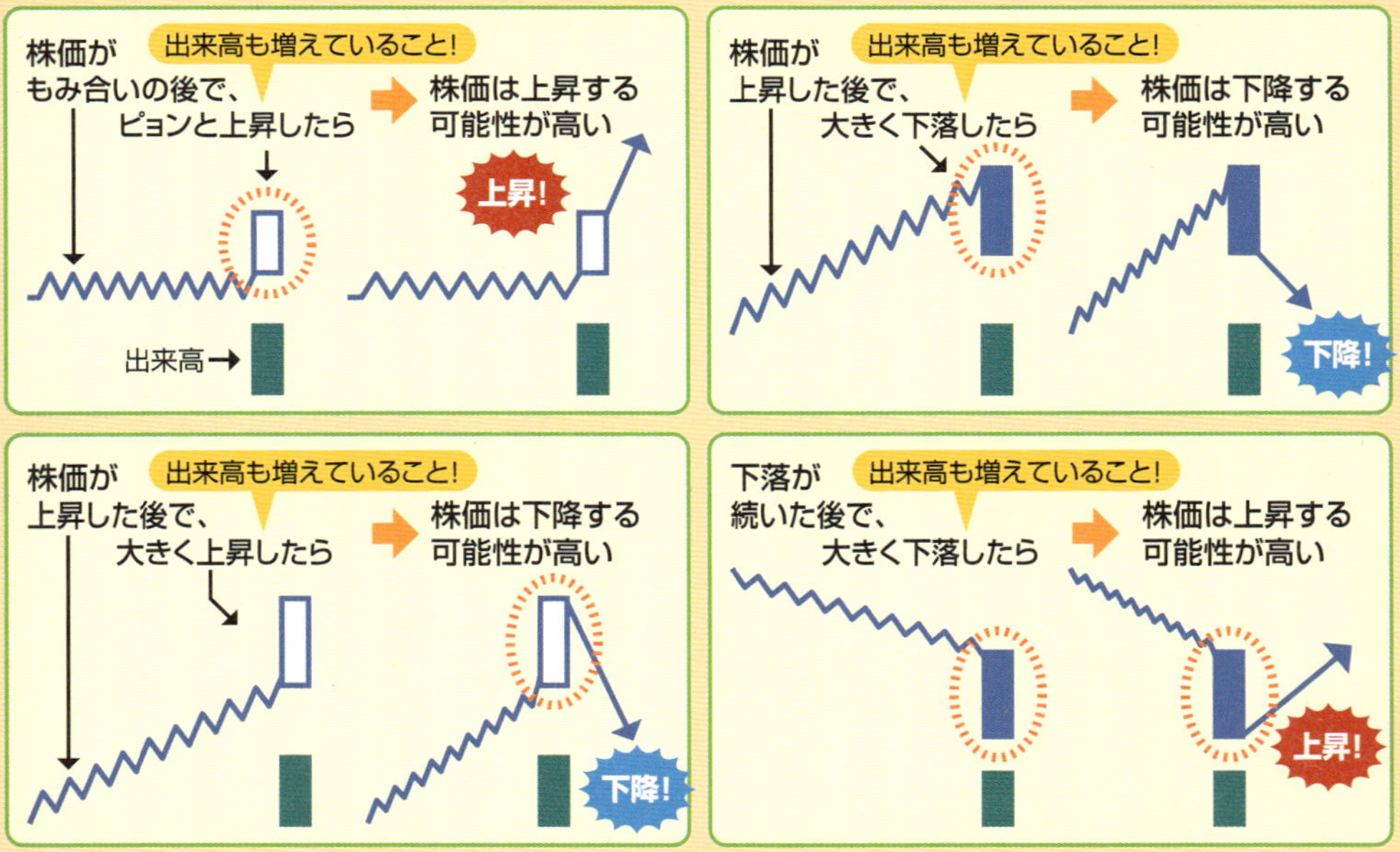

株価がもみ合いの後で、ピョンと上昇したら
出来高も増えていること!
株価は上昇する可能性が高い
上昇!
出来高
株価が上昇した後で、大きく下落したら
出来高も増えていること!
株価は下降する可能性が高い
下降!
株価が上昇した後で、大きく上昇したら
出来高も増えていること!
株価は下降する可能性が高い
下降!
下落が続いた後で、大きく下落したら
出来高も増えていること!
株価は上昇する可能性が高い
上昇!

株を買うチャンスはこの2つ!

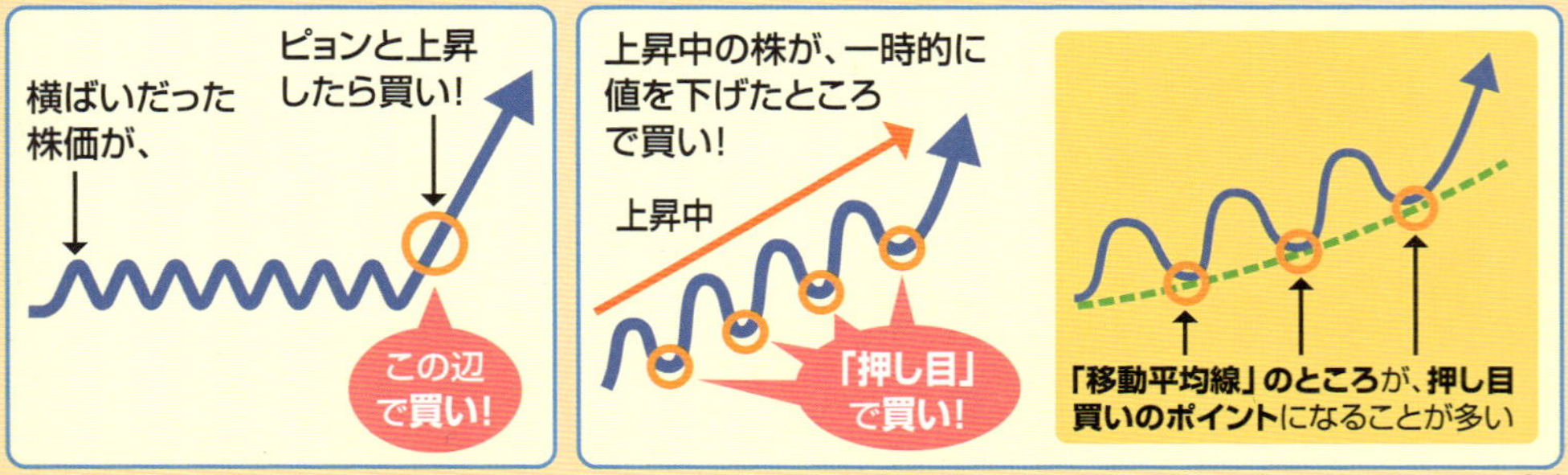

横ばいだった株価が、
ピョンと上昇したら買い!
この辺で買い!
上昇中の株が、一時的に値を下げたところで買い!
上昇中
「押し目」で買い!
「移動平均線」のところが、押し目買いのポイントになることが多い

第6章

実践で役立つ!
儲けるための8の知恵

株価は変化を〝先取り〟して動く!

ここまで、良い株の探し方、割安さの判断法、売買タイミングの計り方など、株の売買で成功するための基本を紹介してきました。

しかし、実際に株を売買してみると、様々な疑問も出てきますし、コツのようなものも必要になってくることがわかります。そこで、「これを知っていれば役立つ! スムーズに儲けることができる!」という知恵やコツを集めて紹介したいと思います。

目ざとい投資家は変化の兆しで動く!

実際に株の売買をしてみるとわかりますが、「会社の業績は悪いのに、株価が上がりだしてきた」とか、「景気が悪いのに、株価が上がりだしてきた」ということがしばしば起こります。景気が悪いのに株価が上がるという現象は、昔から「不景気の株高」として知られています。逆に、会社の業績や景気が好調なのに、株が下がり始めてしまうという現象もしばしば起こります。

既に説明したように、株価は会社の業績によって左右されるので、本来なら景気や会社の業績が良くなる中で上昇していくはずですし、景気や会社の業績が悪くなる中で下落していくはずです。それなのに、なぜ、「不景気の株高」や、「業績好調の中での株価下落」という現象が起きるのでしょうか——。

それは、投資家が状況を先読みしながら動くからです。

たとえば、ある人が、「この会社の新製品はものすごい勢いで売上を伸ばし始めている。これは、業績が大きく変化するかもしれない!」と気づいたら、その人はその会社の株をすぐに買い始めるでしょう。逆に、「この会社は業績を勢いよく伸ばしてきたけど、商品の動きが少し鈍くなってきている」と気づいたら、その会社の株を手放し始めます。

このように、投資家は〝変化の兆し〟を読み取りながら行動します。**情報をいち早くキャッチした人から先に動き始めるために、業績や景気にハッキリと変化が表れないうちに、株価が動いてしまうことが多い**のです。株価が実態に先行して動く性質のことを〝**株の先見性**〟といいます。

ちなみに、株式市場全体の動きを示す指標である日経平均の動きは、実際の景気の動きよりも平均して半年程度先行して動いていることが過去の経験から知られています。

株価のことは株価に聞け！

こうしたことから、株の世界では昔から「株価のことは株価に聞け」ということが言われます。これは、株の先行きを占うには、今の株価の動きを見ることが大きなヒントになるということです。なにしろ、目ざとい人たちや情報通の人たちの動きが株価には反映されているわけですから。

したがって、景気や業績が悪いのに株が上がり始めたり、景気や業績が好調なのに株が下がり始めた場合には、〝変化の兆し〟に気づいて目ざとい投資家たちが動き始めているのではないか、と考えてみるといいでしょう。

このように、株価の動きをウォッチすることは、個別の銘柄や市場全体のトレンド変化を先取りするのにも役立ちますが、加えて、企業動向や経済全体の動きを先取りするためにも、大変役立つものなのです。

用語解説

日経平均株価
にっけいへいきんかぶか

日本経済新聞社が、東証１部の銘柄の中から日本を代表する225銘柄を選び算出している平均株価。日本株の動きといえば、日経平均のことを指すことが多い。ちなみに、ＴＯＰＩＸとは東証１部全銘柄の株価を指数化したもの。

株価は「実態」よりも先に動く！

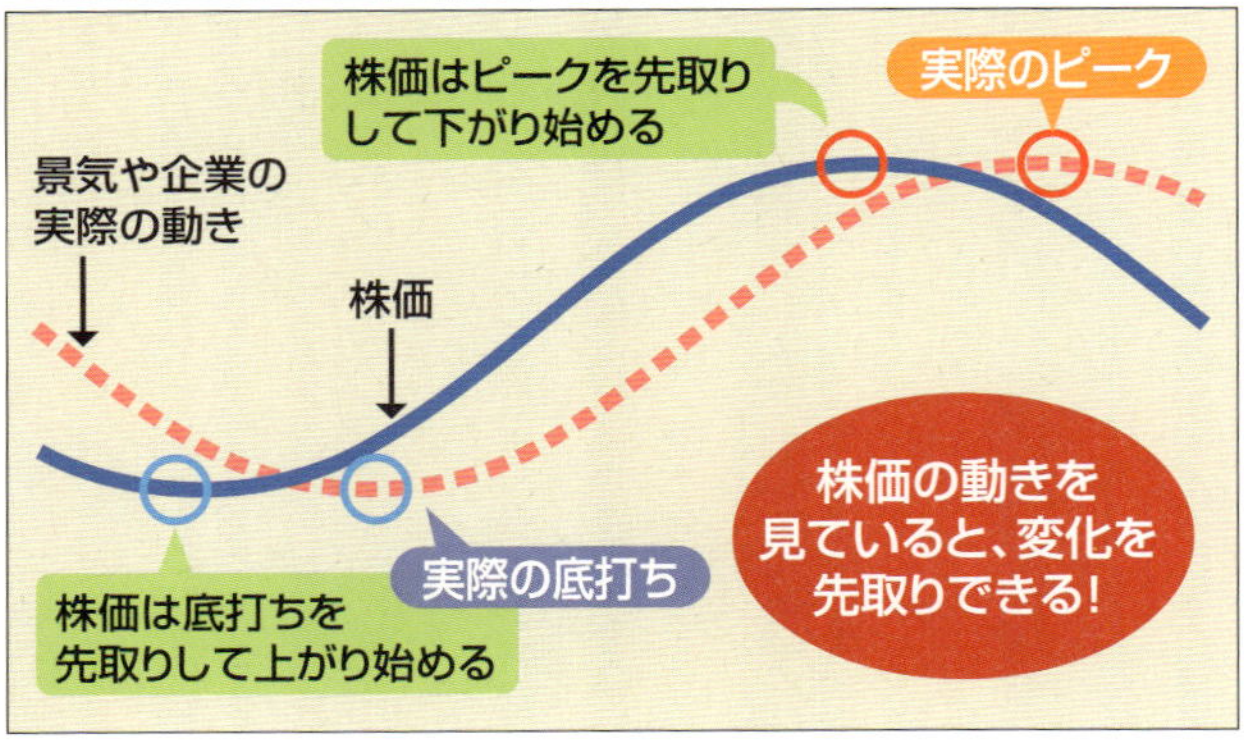
株価はピークを先取りして下がり始める
実際のピーク
景気や企業の実際の動き
株価
株価の動きを見ていると、変化を先取りできる!
実際の底打ち
株価は底打ちを先取りして上がり始める

株価は実態よりも半年程度先行しているといわれるよ

「儲けやすい時期」と「儲けづらい時期」は繰り返しやって来る！

ダメな時期はムキにならずに休むことも

株には「儲けやすい時期」と「儲けづらい時期」があります。

たとえば、03～06年は儲けやすい時期でした。ほとんどの銘柄が値上がりし、成長企業もたくさん出ました。実際に資産を大きく増やした人もたくさんいました。そうなると、「もっと資産を増やしてやるっ！」と投資家たちの鼻息がだんだん荒くなっていくものです。

しかし、良い時期は永遠に続くわけでありません。投資家のやる気とは裏腹に、現実にはだんだんと儲かりづらくなり、成長株も出なくなってきます。日経平均も下がり始め、やがて景気も目に見えて悪くなっていきます…。こうした時期にムキになって株式投資をしても、資産は減るばかりです。

最近では07年の夏頃以降に「儲けづらい時期」に入り、それが08年いっぱい続きました。08年にも値上がりする株はありましたが、それは少数派で、大半の銘柄は下落してしまいました。そうなると投資家もどんどん意欲をなくし、やがて、ほとんどの人が「株式投資なんて儲からない」と思うようになります。

しかし、悪い時期も永遠には続きません。真っ暗な状況から徐々に明かりが見え始めてきます。新しい製品や新しいサービスが生まれ、新たな成長株がだんだん出るようになってきます。そうした新しい動きにより経済は活気づき、株価と景気がまた上昇トレンドに入ります。

儲けの大チャンスは5年ごとにやってくる

儲けやすい時期か儲けづらい時期かを考えるためには、日経平均株価など株価指数に注目しましょう。また、成長中の若い銘柄は新興市場に上場していることが多いので、そういう株を狙う人は日経ジャスダック平均や東証マザーズ指数なども見ましょう。株価指数が上昇トレンドの時は儲けやすい時期ですし、株価指数が下降トレンドの時は儲けづらい時期です。とくに、株価指数が底値をつけて上昇トレンドに入り始めたところが「チャンスの時期」、株価指数が天井をつけて崩れ始めたところは「警戒の時期」となります。

過去を振り返ると、儲けやすい時期が2〜3年、次に儲けづらい時期が2〜3年あり、5年くらいでサイクルが一巡することが多いようです。チャンスの時期はだいたい5年ごとに来ています。ごくおおざっぱな目安ですが、こうしたことも少し頭に入れておきましょう。

そして、くれぐれも、「儲けやすい時期がいつまでも続く」とか、「もう株なんて儲からない」という考えに陥らないようにしましょう。良い相場が続き、皆が強気になり、自分の儲けも膨らんできたら、「そろそろ相場の転換が近づいているかも」と気を引き締めるのです。逆に、悪い時期が続いて、皆が株を見放したような時期には、「そろそろ成長株が出始めるのではないか」とチャンスを探しましょう。そのように、常に先を見据えて考えていくことが投資家として成功するコツです。

儲けやすい時、にくい時を知ろう

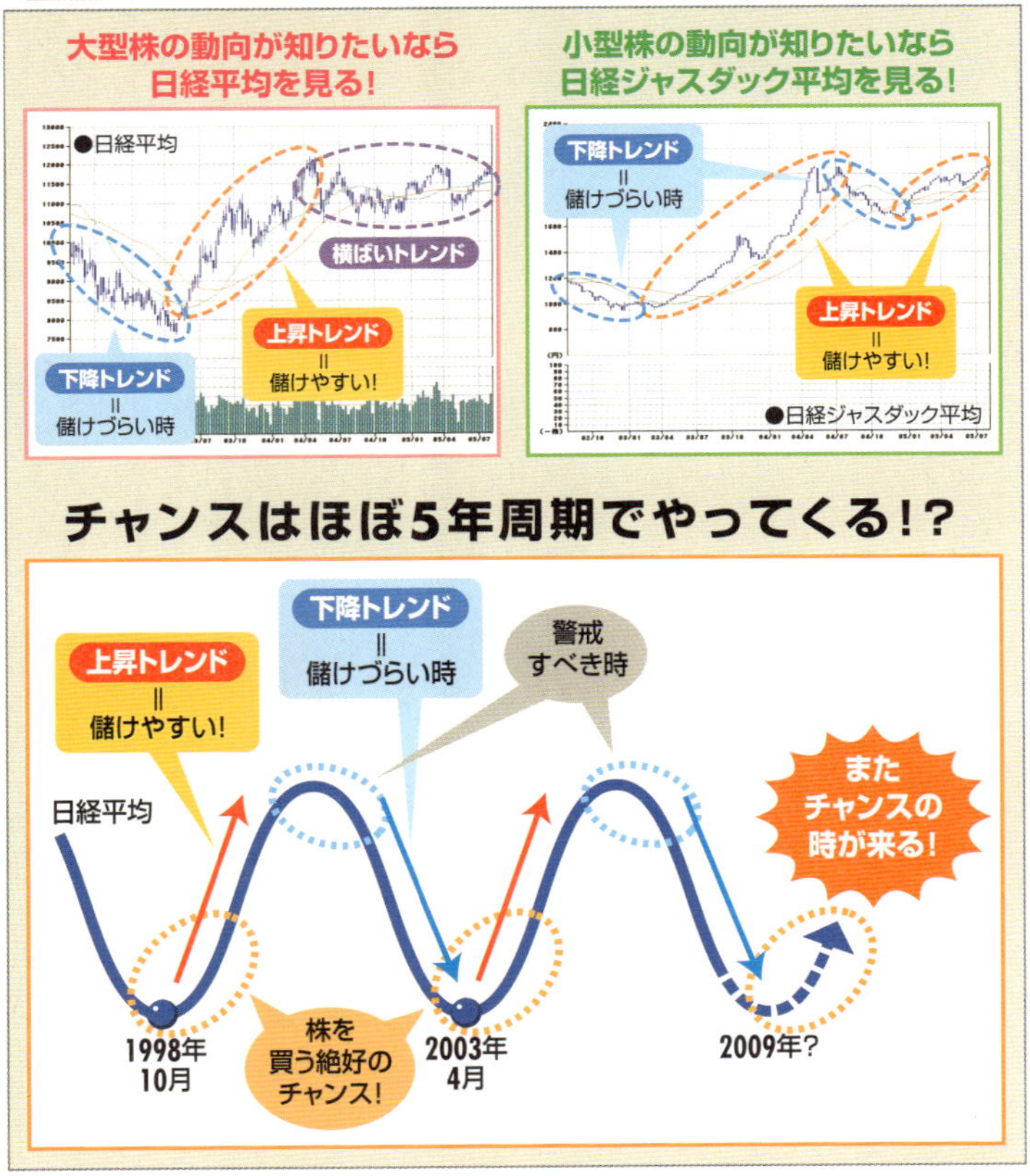

大型株の動向が知りたいなら日経平均を見る!
●日経平均
横ばいトレンド
上昇トレンド
儲けやすい!
下降トレンド
儲けづらい時
小型株の動向が知りたいなら日経ジャスダック平均を見る!
下降トレンド
儲けづらい時
上昇トレンド
儲けやすい!
●日経ジャスダック平均
チャンスはほぼ5年周期でやってくる!?
上昇トレンド
儲けやすい!
下降トレンド
儲けづらい時
警戒すべき時
日経平均
またチャンスの時が来る!
1998年10月
株を買う絶好のチャンス!
2003年4月
2009年?

不人気株にこそチャンスがある！

人気株の動きは速く、不人気株の動きは遅い

「株は実態に先行して動いてしまう」と言いましたが、こうした株の先見性が株式投資を難しくしているといえます。「その株（会社）の良さがハッキリ確認できる頃には、既に株価がずいぶんと上昇してしまっている」ということになるわけですから。

できれば、株価がまだあまり上昇していない段階で、その株の良さをしっかり確認できるといいのですが……。

実は、「株の先見性」と一口にいっても、銘柄によって、先見性が強いものと弱いものがあります。具体的には、株の先見性は人気株になるほど強くなります。

> **用語解説**
>
> **新興市場**
> しんこうしじょう
>
> ベンチャー企業など、比較的規模が小さくて若い企業が多く取引されている株式市場のこと。ジャスダック市場、東証マザーズ市場、大証ヘラクレス市場の3つが主な新興市場で、これらを新興3市場などと呼びます。

人気株というのは、多くの投資家が注目していて、盛んに取引されている株です。日本を代表する企業、時価総額の大きな企業の株などは典型的な人気株です。また、新興市場の株でも、盛んに取引されて出来高の多い株は人気株です。

こうした人気株は、注目度が高いわけですから、多くの投資家がその会社の動向を注視しています。とくに、アナリストたちは会社訪問をしたり、業界内の動きを徹底的に調べて、その企業の先行きを調査しています。注目されている企業というのは、情報が豊富に出回っている企業ともいえるのです。株価には、当然そうした情報が反映されて、会社の動きを先取りして動こうとするわけです。

プロや個人投資家が注目していない株を狙う

一方で、不人気株というのは、投資家たちからの注目度が低く、出来高があまりなくて、値動きが長い間停滞しているような株のことです。いわば、多くの投資家から見放された存在、忘れられた存在になっている株です。そうした不人気株の中には、「利益もきちんと稼いでいて、資産もあるのに、株価が割安」という株がたくさんあります。そうした株のことを万年割安株などと呼びます。

東証2部や、新興市場の小さな会社、東証1部でも地味な業種の会社、比較的小さな会社などについては、アナリストや機関投資家などが注目することは少なく、不人気株として放置されることが多くなります。また、その株の業績の良さ、割安さなどがしっかり確認できる状態になっても、株価がそれを反映して上昇していく速度は、ゆるやかになる傾向があります。その株の良さに気づく人が、少しずつ増えていくからです。

つまり、人気株と不人気株とを比べると、ゆったり投資したい人には、不人気株こそ儲けやすいのです。人気株というのは、ついつい目がそちらに行ってしまうものですが、安易に投資してしまうと、「業績がいいと思って買ったのに、高値で買ってしまい、下落してしまった」ということになりかねません。

なお、株価が上昇していくと、だんだんとその株に注目する人が多くなり、不人気株だったものが人気株へと変化していきます。そうなると、期待感が膨らみ株価は上昇、やがて実態からかけ離れた株価になってしまいます。そして、多くの場合、実態がピークを迎える前に株価がピークをつけて下落してしまいます。

このように、最初は不人気だった株も、上昇すれば人気株となり、株価が実態を超えて上昇する状態になることが多いことには注意をしておきましょう。

不人気株なら業績の良さがハッキリした後でも間に合う！

ひとつ例を見てみましょう。次ページには、自動車部品メーカーのミクニの04年10月〜05年7月の株価チャートを掲げました。

用語解説

機関投資家
きかんとうしか

年金、投資信託、銀行、生命保険などの大きな資金を運用するプロの投資家のこと。銘柄の選択や投資期間などに制約があり、投資対象は東証１部の銘柄などが中心で、新興市場の銘柄は、あまり買うことができないようです。

"目ざとさ"に自信がないなら、不人気株狙い!?

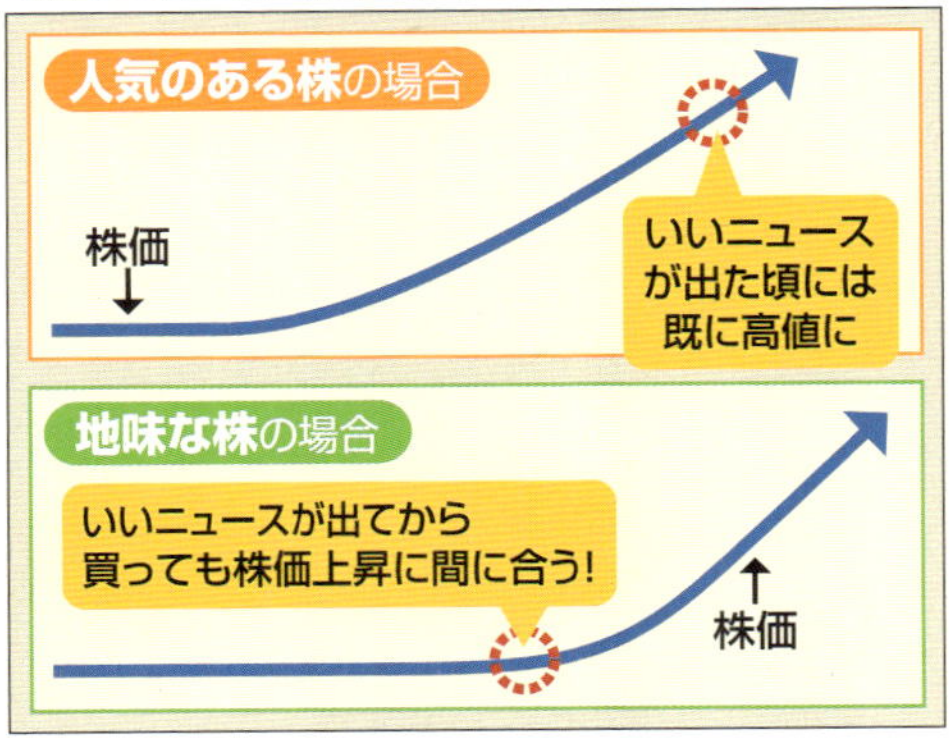

人気のある株の場合
株価
いいニュースが出た頃には既に高値に
地味な株の場合
いいニュースが出てから買っても株価上昇に間に合う！
株価

この会社は自動車部品という地味な業種で、東証２部の目立たない不人気株でした。とくに04年12月までの時期は、出来高が１万株を割り込むこともしばしば。この株は売買単位が１０００株なので、出来高１万株ということは、たったの10単位分ということです。株価も３００円前後、ＰＥＲは6倍、ＰＢＲは０・５倍という状況でした。

しかし、この間、10月29日、11月25日と2回業績を上方修正し、業績の好調さは確認されていました。こうした業績の良さと割安さが投資家に認識されてきたのは、05年に入ってから。その頃から徐々に株価が上昇し、4月にはさらに業績を上方修正、7月には株価が５００円を超えるという動きになりました。

この例に見られるように、不人気株の場合には、業績の好調さや割安さをしっかり確認してからでも安く株を買うことができるのです。

2回も上方修正したのに投資家たちはまるでムシ……

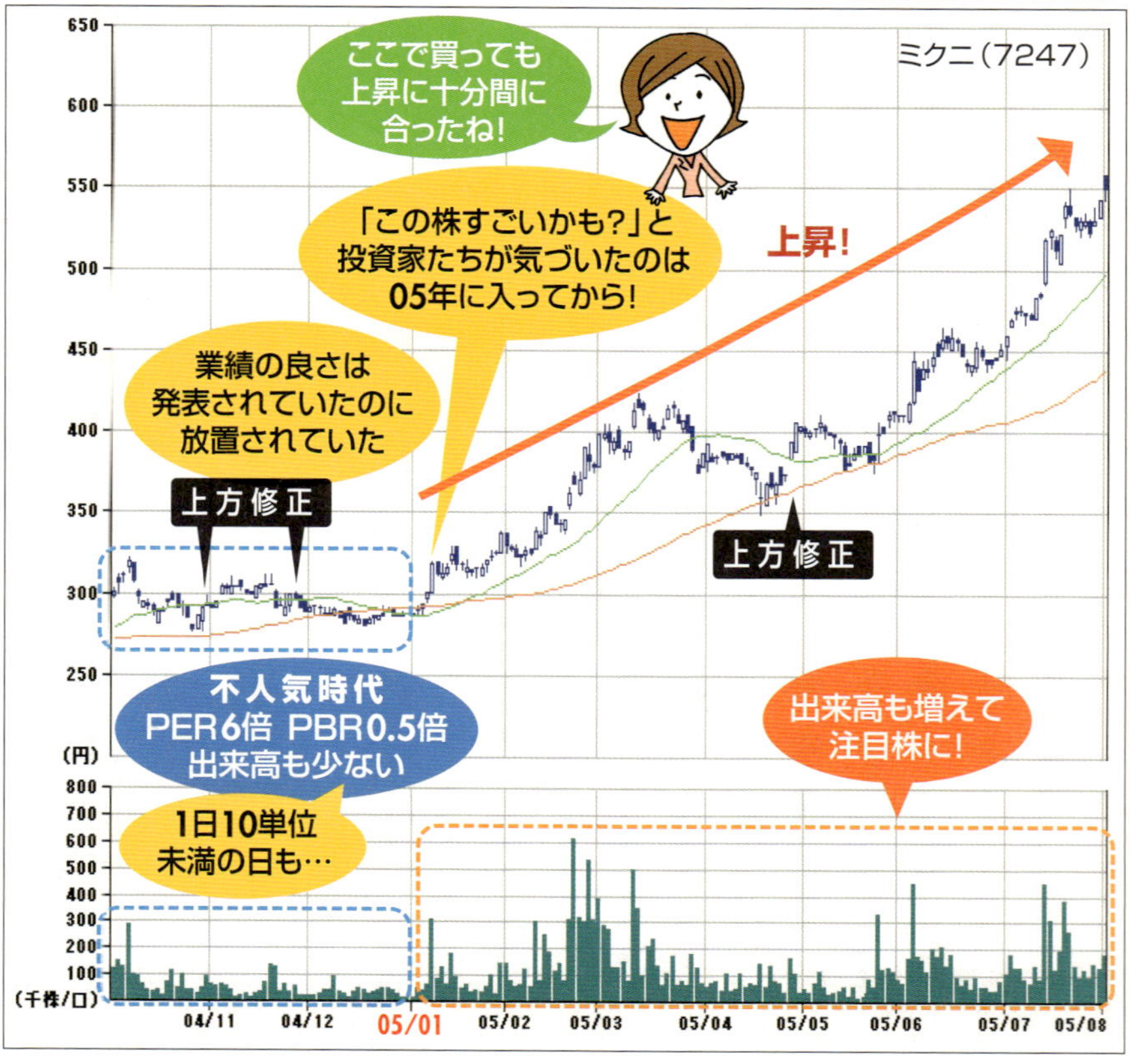

ミクニ（7247）
ここで買っても上昇に十分間に合ったね！
「この株すごいかも?」と投資家たちが気づいたのは05年に入ってから！
上昇！
業績の良さは発表されていたのに放置されていた
上方修正
上方修正
不人気時代 PER6倍 PBR0.5倍 出来高も少ない
1日10単位未満の日も…
出来高も増えて注目株に！
650 600 550 500 450 400 350 300 250 (円)
800 700 600 500 400 300 200 100 (千株/口)
04/11 04/12 05/01 05/02 05/03 05/04 05/05 05/06 05/07 05/08

不人気株には掘り出し物もあるけれど、「流動性リスク」に気をつけて！

「資産を大きく増やすには、やっぱり株しかない！」とはいえ、株にはリスクもあります。値下りによって損することもありますし、企業が倒産したら投資資金はまるごとパーということも……。

また、「流動性リスク」もあります。流動性とは、「売買のしやすさ、換金のしやすさ」という意味です。

普通預金なら、いつでもお金を引き出すことができるので流動性はきわめて高いといえます。一方、株は買い手がいなければ自分の持ち株を売ることはできません。株は普通預金のようには流動性は確保されていないのです。

もちろん、トヨタやソニーのように有名で出来高《できだか》（取引量）の多い会社の株なら、売ろうと思えばすぐに売れると思いますが、注目度が低く、出来高のほとんどない株というのもあります。出来高ゼロの日が多々ある、という銘柄もあるのです。そうした株を売ろうとすれば、買い手が出てきてくれるのを待たなければなりません。もし、買い手のいない中で、すぐに売りたいということであれば、かなり安い値段で叩き売ることになりそうです。

不人気株の中には掘り出し物も多く、とくにPBR1倍以下の企業の中に優良企業が埋もれていることもあります。そうした株を買う時には、流動性リスクも考えて、あわてて現金化する必要のない資金で投資するように心がけましょう。長期戦になっても大丈夫！という心構えが必要です。

〝サプライズ（驚き）〟が上昇の発火点になる！

その会社への見方が変わるような良いニュースに注目

株式投資をしていると、証券会社のサイトや日経新聞で様々なニュースを目にするようになります。たとえば、「A社が業績見通しを上方修正した」「B社が新製品を発表した」「アナリストがC社の投資判断を引き下げた」…などのニュースが株式市場では毎日飛び交い、それらの影響を受けて株価は動きます。

株価の動きに影響を与える要因や出来事のことを「株価材料」とか単に「材料」といいます。そして、株価を上昇させると考えられるものは好材料、下落させると考えられるものは悪材料といいます。

また、材料の中でも、とくに、その株に対する投資家たちの認識をガラリと変えるような大きなものを、「サプライズ」といいます。サプライズというのは、驚くようなニュースという意味です。

左ページに掲げた川崎汽船の例を見てください。Aの時点（03年8月）で川崎汽船は経常利益の見通しを390億円から510億円へと大幅に上方修正しましたが、このニュースを受けて株価が急上昇し、出来高もものすごく膨らんでいます。このニュースによって「川崎汽船はすごく強い回復基調に入ってきている」という認識が投資家に広まり、資金がドッと押し寄せ始めたのです。

この例のように、「サプライズが出て、出来高を膨らませて株価が上昇を開始する」という動きは、上昇トレンドの初期によく見られる典型的なパターンです。

用語解説

株価材料
かぶかざいりょう

株価を動かす要因や出来事、またはそれらに関するニュースのこと。株価を上昇させそうな材料を好材料、下落させそうな材料を悪材料という。また、投資家のその会社への見方を一変させるような驚くような材料をサプライズという。

「低PER×サプライズ」は、上昇開始の強力なシグナル！

「この会社は、こんなにすごかったのか！」と投資家が驚くには、もともとその銘柄に対する投資家の注目度や評価が低いことが前提となります。もともとの

良いサプライズは上昇サイン!

川崎汽船（9107）
投資家の認識がガラリと変わった瞬間だ!
大幅な上方修正でサプライズ! 買いが殺到!!
700円台まで上昇続く
A
600
550
500
350
300
250
(円)
50000
45000
40000
35000
30000
25000
20000
15000
10000
5000
03/05
03/06
03/07
03/08
03/09
03/10
03/11
03/12
04/01

注目度や評価が低ければ低いほど、良いニュースが出た時の驚きが増すのです。

では、注目度や評価が高いか低いかはどうすればわかるでしょうか。

それは、PERを見ることです。PERが低いということは、注目度や評価が低いことを示しています。そして、低いPERの株に良いサプライズが出た時、株価は上昇トレンドに入っていく可能性があるわけです。

逆に、PERが高い（＝評価が高い）株に悪いサプライズが出たら…。これは、株価が下降トレンドに入っていくきっかけになる可能性が高くなります。

このように、PERとサプライズの2つに注目していくことで、株価が上昇（下降）トレンドに入る初期段階に乗ることができたり、株価が崩れ始めたところで逃げることもできるようになるのです。

「好材料織り込み済み」に注意!!

期待を既に織り込んだ株価になっていないか?

左ページの日本ベリサインの株価チャートを見てください。04年当時の動きですが、この頃この会社は電子認証サービスで業績を伸ばし、株価が半年で4倍にもなりました。

業績の好調さを裏付けるように、04年8月12日には、経常利益の見通しが前年比56%増加の10億8000万円になりそうだと発表。これは、その時点での業績予想8億6000万円を25%も上方修正するものです。

しかし、この大幅増益・大幅上方修正のニュースに株価はほとんど反応しませんでした。それどころか、その後株価はジリジリと下落の動きを強めていくことになったのです。これほどの大幅増益・大幅上方修正のニュースに、どうして株価は反応しなかったのでしょうか?

それは、投資家たちがこのニュースに驚かなかったからなのです。

日本ベリサインは、その成長性に対する期待から株価が上昇し続け、大幅増益・大幅上方修正のニュース発表時には株価は50万円前後、この時点でのPERは既に350倍という高水準でした。投資家の期待感はあまりにも大きく膨らみすぎていて、株価には業績の好調さや将来性が十分すぎるくらいに反映されていたのです。このように、期待感が既に株価に反映されていて、実際に好材料が出ても株価が反応しないことを「好材料織り込み済み」といいます。

この逆に、「業績が悪化するのではないか」などの悪い懸念が株価に反映されていて、実際に悪材料が出ても株価が反応しないことを「悪材料織り込み済み」といいます。

高PERでは、良い材料も想定の範囲内

ここでぜひ覚えたいのは、大幅増益とか、大幅上方修正というニュース＝株価上昇、とは必ずしも言えないということです。これだけでは株価を動かすサプライズにはならないこともあるのです。とくに、人気株でPER面から割高になっている時などは、期待感が高くなっているので、多少の好材料が出たくらいでは、

ちっとも驚かなくなっているのです。

逆に、こうした状態の銘柄はちょっとでも悪材料が出れば株価は下落しやすくなっているともいえます。期待が大きいほど、ちょっとしたことでゲンメツしやすくなるからです。

どんなに良い材料が出ても、既に株価に織り込まれていないかPERを確認してみましょう。材料として重要かどうか、サプライズかどうかは、あくまでも、投資家が驚くかどうか、意外性を持って受け止めるかどうかが重要です。

PERが低い（あまり期待されていない）状態である銘柄ほど、好材料がサプライズとなりやすいのです。

“上方修正＝株価上昇”ではない!

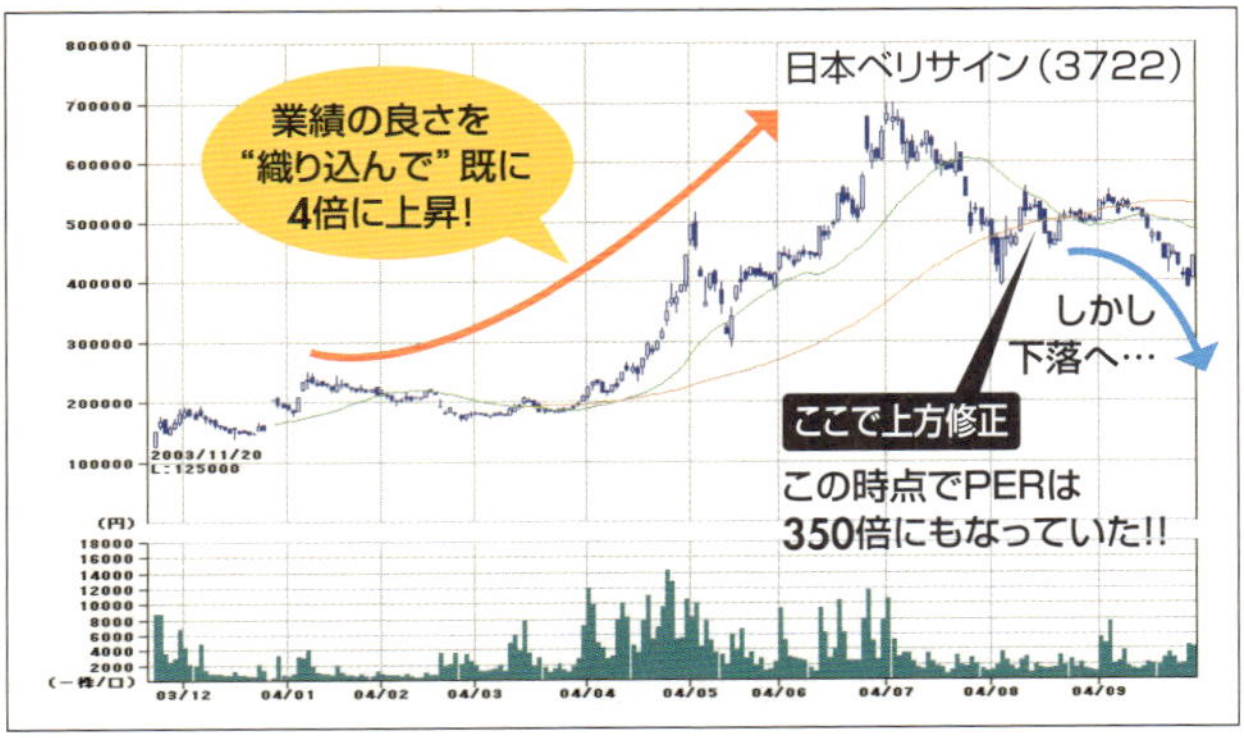
日本ベリサイン（3722）
業績の良さを“織り込んで”既に4倍に上昇!
しかし下落へ…
ここで上方修正
この時点でPERは350倍にもなっていた!!

50
よいサプライズで買い
90
サプライズでもなんでもないので、株価反応せず

バブルには巻き込まれるな！

80年代のバブル経済と00年前後のITバブル

バブル崩壊――。

これは、株を売買したことがない人でも知っている言葉だと思います。バブルというのは、株や不動産などの値段が、実態から大きくかけ離れて値上りしてしまう現象のことです。有名なバブルには、1980年代末に起きたバブル経済と、2000年前後に起きたITバブルがあります。

1980年代末のバブルでは、日経平均が4万円近くまで上昇した他、不動産も、ゴルフ会員権も、絵画も、何もかもの価格が急上昇しました。ちなみに、株式市場の平均PERは50倍程度になっていました。2005年現在、企業業績が好調な中で平均PERが18倍程度であることを考えると、1980年代末の日本株がいかに異常な割高水準であったかがわかります。

ITバブルは、インターネット関連企業に対する期待感が過剰に膨らみ、それに関連した株が異常に買い上げられたという動きです。その象徴的な存在であったソフトバンク株は、2000年前後までに120倍に上昇し、その後80分の1になるまで下落し続けました。

こうしたバブル発生・崩壊の動きの中では多くの人が犠牲者となります。1980年代末のバブル崩壊によって、1990年代の日本経済がのたうちまわって苦しんだことは記憶に新しいところです。

多くの人が資産を根こそぎ失い、破産し、自殺者も少なからずいました。ITバブルにおいても、ソフトバンク株の動きを見ればわかるように、多くの犠牲者が出たことでしょう。

多くの投資家が泣いた!!

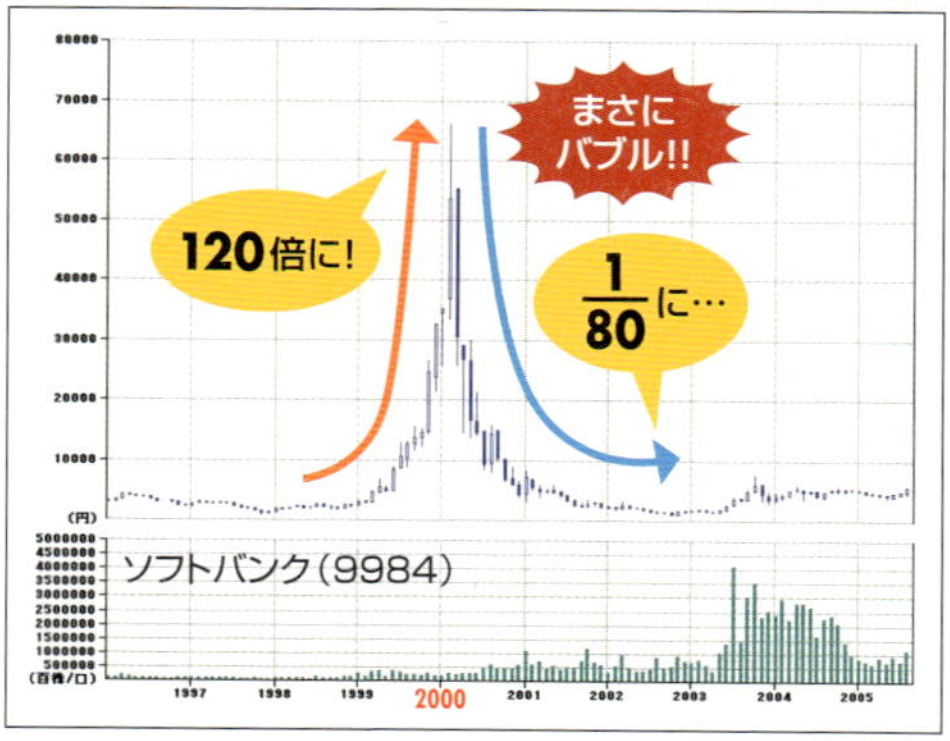

今のPERは高すぎないか、を考える

では、どうしてバブルが発生してしまうのでしょうか。

それは、**「期待感」が異常に膨らんでしまうから**です。１９８０年代末は、日本経済が戦後40年近く高成長を続けてきたことと、それを反映して株価と不動産価格が上昇し続けてきたことから、「株や不動産を買っておけば、お金は増え続けるんだ」という錯覚が日本中をおおいました。株式投資、不動産投資に対する期待感が異常に膨らんで、そこに投資資金が殺到してしまったのです。

一方、ITバブルというのは、情報・通信のインフラがインターネットに置き換わり始めた中で、インターネット関連事業の将来性に対する期待感の異常な高まりとともに起こりました。インターネット関連企業の株価は、軒並みPER１００倍以上という状況になったのです。

もちろん、**実態からかけ離れて膨らんだバブル相場は、やがて破裂します**。そして、**いったんバブルが破裂してしまうと、恐ろしいまでの値下りが待っています**。そうした中で、多くの投資家たちは、多大な犠牲を受けることになります。

投資家としては、「バブルに呑み込まれない」ということを肝に銘じる必要があります。バブル状況の中にいると、多くの人が短時間で簡単にお金を増やしていく様子や雰囲気に呑み込まれ、「ほかの人がすごく儲かっているのに、自分だけ置いていかれるのは嫌だ」などと焦ってしまいます。しかし、**どんな時でも、業績や将来性から考えて今のPERは高すぎないかということを冷静に考えていきましょう**。そのように基本を押さえた投資を続けていくことによって、バブルに踊らされず、淡々と安定して利益を稼げる投資家になるのです。

儲
儲
根拠のない期待だけで突っ走るのはダメ！

株には2つの売り時がある！

株の売買で、買い時と同じくらいに悩むのは売り時でしょう。

「せっかく買った株が上昇したのに、売り時を逃してしまい、その後下落してしまった……」

「買った後に株価が下がってしまい、売るに売れないままに持ち続けたら、株価が何分の1にも下がってしまった……」

などの経験は、多くの投資家がしているところなのです。

目標の株価に達したら売って利益をゲット！

ズバリ、株の売りタイミングには2つあります。それは、①株価が目標に達した時と、②株を買った際の思惑が崩れた時です。

「株価が目標に達して株を売る」というのは、まさに成功パターンです。

たとえば、年30％くらいのペースで利益を伸ばしている会社があって、この成長ペースがしばらく続きそうだとします。

そして、この会社の1株益は1万円、株価は10万円です。4章で学んだPERの考え方でいえば、この株の妥当なPERは成長率の1倍ということで、30倍程度と見ることができます（96ページ）。つ

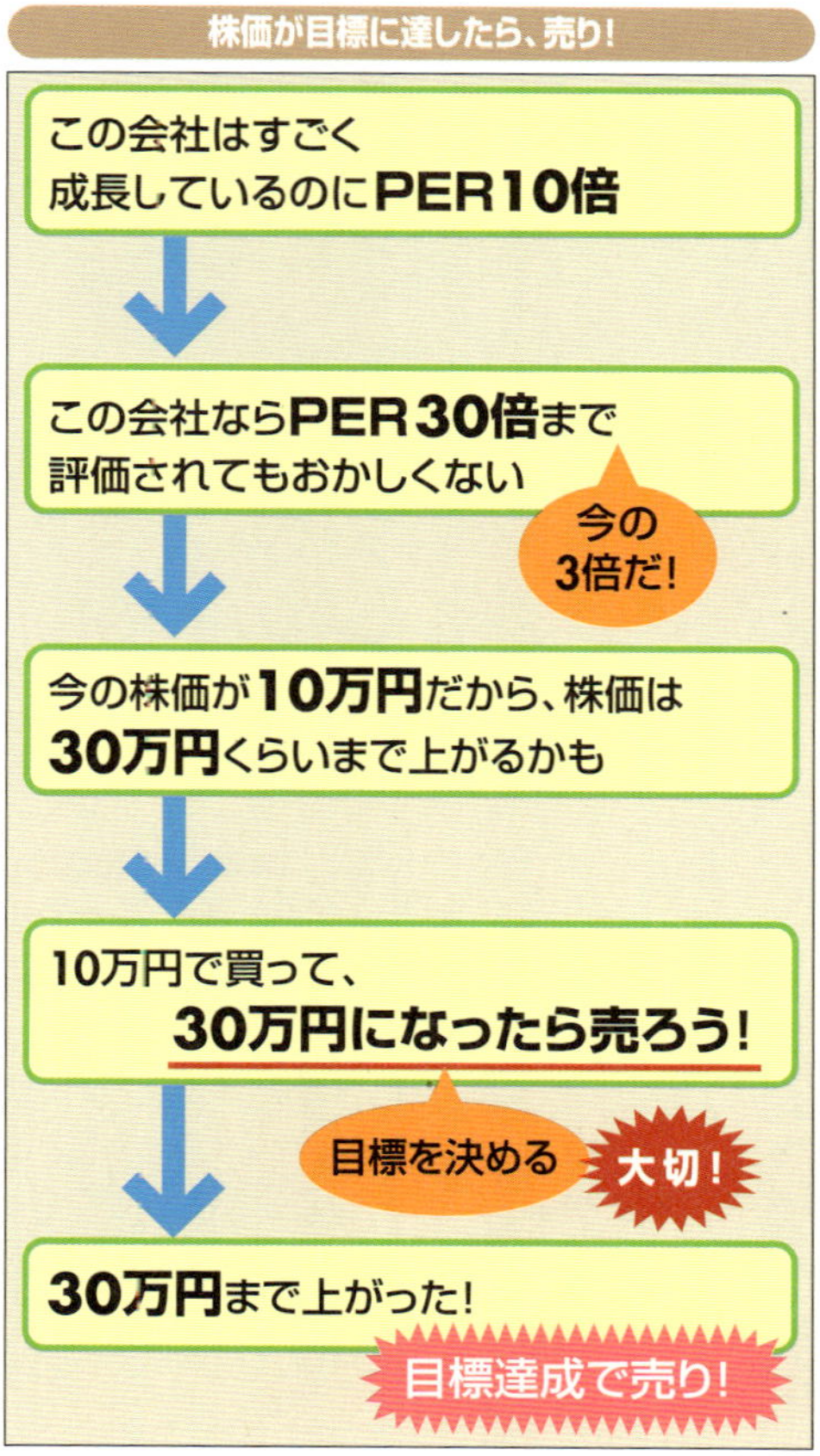

株価が目標に達したら、売り！
この会社はすごく成長しているのにPER10倍
この会社ならPER30倍まで評価されてもおかしくない
今の3倍だ！
今の株価が10万円だから、株価は30万円くらいまで上がるかも
10万円で買って、30万円になったら売ろう！
目標を決める
大切！
30万円まで上がった！
目標達成で売り！

まり、「株価は30万円くらいの範囲にあってもいいはず」ということになるのです。

ところが、今の株価は10万円なので、「これは明らかに割安、30万円くらいになってもいいはず」と判断できます。そこで、30万円を目標にして株を買ったとしましょう。であれば、この後に、実際に株価が30万円に到達すれば、この時こそ売りのタイミングです。これは理想的な成功パターンといえます。

買った時の思惑がハズレたらあきらめて売り！

株の売り時として最も大切なのは、「買った時の思惑が崩れた時」です。

株を買う時には、業績の良さ、割安さ、チャートの良さなどを条件にして買ったと思います。

たとえば、

①業績が順調に伸びている
②PERで見て割安
③チャートの形が良い

という3つを理由にして株を買ったとします。

この時に、業績見通しの下方修正などがあったらどうでしょうか……。この場合は、まず、①の前提が崩れてしまったと考えられます。業績見通しの下方修正にもいろいろな理由があり、全く一時的なものだったらいいのですが、本業の調子に陰りが出てきたことの表れであるならば警戒する必要があります。基本的には、業績の良さを理由に株を買ったのに、下方修正をしてきたら売りとなります。

PERについては、株価が上昇したり、業績が悪化したりすると、数値が上がってしまいます。すると割安感は薄れますが、株価が上昇して割安感が薄れた場合は、先ほど見た「目標に達して売る」というケースにあたるのでいいでしょう。

一方、業績が悪化して1株益が減ってしまいPERが上がってしまったのなら、これも買った時の「割安」という理由がなくなってしまったので、売りになります。

また、もしチャートの形などを重視して株を買ったのであれば、その形が崩れれば売りです。

PER100倍など過熱感が出てきたら売り！

たとえば、株価が移動平均線に沿って順調に上昇していることを買いの理由のひとつにしたのに、「株価が移動平均線を割り込んだ」、さらに、「移動平均線が下向きになった」といったことが起きれば、「チャートの形が良い」という前提は崩れたことになります。

今のケースでは、まず「株価が移動平均線を割る」ということがあって、次に「移動平均線が下向きになる」ということが起こります。どちらの段階で売りと判断するかは、短期で早めに売買したいか、やや長い目でゆっくり売買したいかにかかってきます。

その他、「上放れパターンに入りかけたものの、その後株価がもみ合い地点まで戻ってしまった」ということになると、それは〝だまし〟です。144ページでも言いましたが、〝だまし〟だとわかったら、即売却すべきです。

以上のように、〝だまし〟や〝崩れ〟で売るのはチャート判断の基本です。ただし、長い目で見て投資するのなら、チャートの形がどうなろうと、「業績や割安さの前提が崩れない限り保有し続ける」というのもひとつの手です。株価チャートは、基本的には短期、せいぜい中期を見るものだからです。

チャートの形が崩れたら売り！

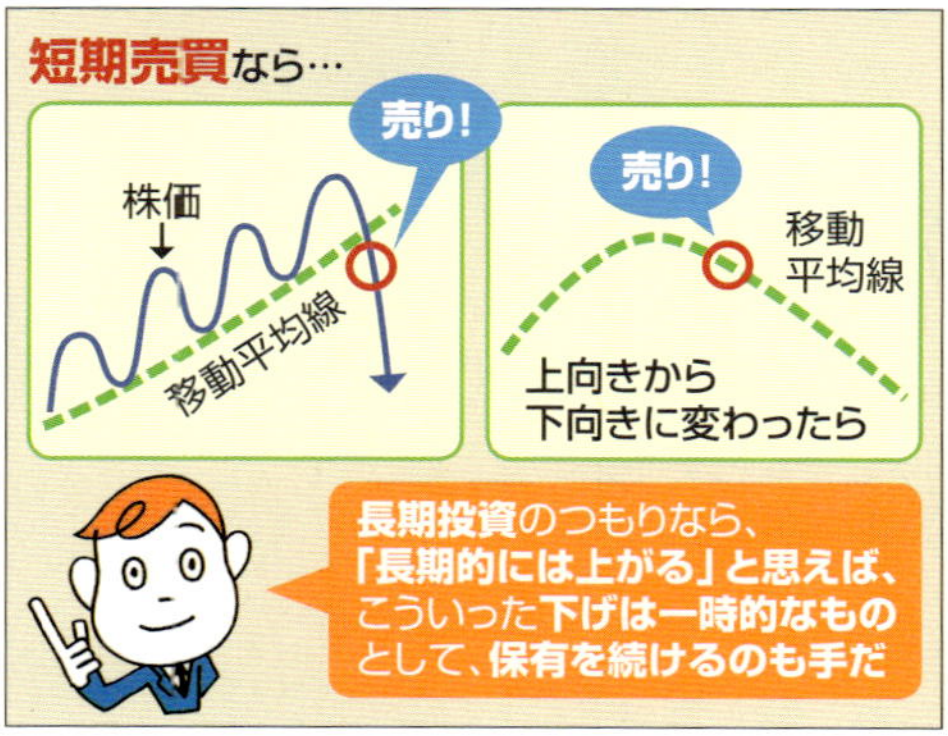

短期売買なら…
売り！
株価
移動平均線
売り！
移動平均線
上向きから
下向きに変わったら
長期投資のつもりなら、
「長期的には上がる」と思えば、
こういった下げは一時的なもの
として、保有を続けるのも手だ

欲張らないこと 損切りすることも大事

　ここで、ぜひ強調しておきたいことは、株は**「本当の底値で買い、本当の天井で売る」ということはほとんど不可能**だということです。株価の動きというのは、予想以上に上がったり、予想以上に下がったりするものです。いつでもピタッと底値、天井を当てられる人はいません。

　大切なのは、自分なりの基準をもって売買するということです。その結果、「自分が株を売った後に、株価が上がった」ということになっても嘆かない。

　もうひとつ、大切なことは、株を買った時の思惑が崩れた時には、**どんなに損をしていても、きちんと売る（損切りする）**ことが大切です。なぜならば、見通しのないまま株を持つことは、非常に危険だからです。

　株価というのは、5倍、10倍、あるいはそれ以上に上昇する可能性もあるわけですが、その反対に、5分の1、10分の1、あるいはそれ以下に下落してしまう可能性だってあるわけです。何の見通しもないまま、状況が悪化した株を持ち続けることは、海図も磁石も持たないままで太平洋にヨットで漕ぎ出すようなものです。どこまで流されてしまうかわからないのです……。

　そのためにも、買う時にきちんと理由をもって買いましょう。理由がハッキリしていないと、売る時にも「この思惑が崩れたから売る」ということを考えることができず、ただ下降トレンドに流され続けてしまうことになりかねません。**買う時にハッキリした理由をもつこと、その前提が崩れたらしっかり売る**こと。投資家として非常に大切な姿勢です。

チャートで買ったなら、売る時もチャートで売る！

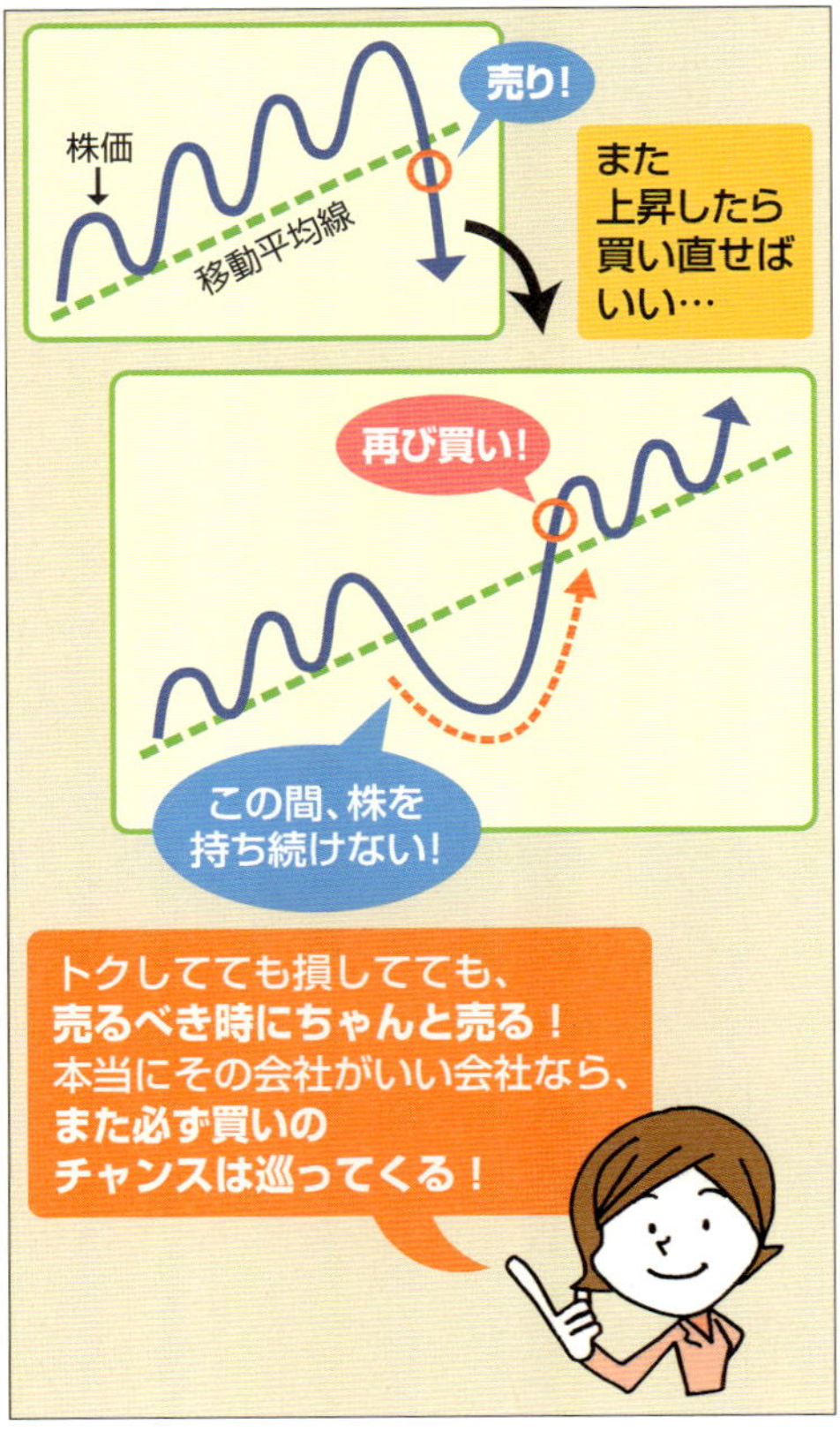

株価
移動平均線
売り！
また上昇したら買い直せばいい…
再び買い！
この間、株を持ち続けない！
トクしてても損してても、
売るべき時にちゃんと売る！
本当にその会社がいい会社なら、
また必ず買いの
チャンスは巡ってくる！

リスク管理の基本は分散投資

株で失敗する2つの要因

買った株が下がってしまう。嫌なことですが、多いにありえることです。その要因には2つあり、ひとつは、選んだ株そのものがダメだったというケース、もうひとつは、売買タイミングが悪かったというケースです。

選んだ株そのものがダメだったというのは、その会社の業績がどんどん悪化してしまうとか、その株があまりにも割高になっていたというケースです。

また、銘柄そのものはいいのだけれど、売買タイミングが悪いというケースもあります。上昇トレンドの株でも、その上昇過程では上下動を繰り返していますから、そうした中でタイミング悪く買ってしまうと、高値から2割、3割という値下りに巻き込まれてしまうこともあるのです。

こうしたリスクに備えるには、資金分散と時間分散が基本です。

資金分散というのは、ひとつの銘柄に資金を集中させないということです。そのひとつで失敗したら、全滅ということになってしまうからです。また、できれば、ひとつの銘柄への投入金額は、何回かに日にちを分けて投資していくことが望ましいといえます。たとえば、2株買う予定ならば、1株ずつ日にちをずらして買っていくのです。

もっとも資金が少ないうちは、銘柄分散、時間分散といってもなかなか難しいかもしれません。しかし、できる限り分散を心がけていきましょう。基本的には銘柄分散を心がけ、資金的にさらに余裕があれば時間分散も行うという形がいいでしょう。

失敗の理由は主にこの2つ

失敗① 選んだ会社（株）が悪かった
- 業績を見ずに買っちゃった
- 会社の予想が大ハズレだった
- 自分の"読み"が間違っていた

失敗② 買ったタイミングが悪かった
- 株価チャートを見ずに買っちゃった
- PERをチェックしていなかった

失敗②なら損切りして、いいタイミングでもう1度買い直してもいいね！

ひとつの銘柄に集中して投資するのはキケン

70ページで紹介したピーター・リンチは個人投資家に対して、「身近なところから、10倍になるような株を探して投資しよう」と言う一方で、「5銘柄以上に分散投資しよう」とも言っています。

リンチによれば、大上昇することを狙って5銘柄に投資すれば、「1社が大失敗し、3社がまずまずの状態で、1社が期待どおり大きく上昇する」という感じになることが経験上多いそうです。

たとえば、50万円を10万円ずつ5社に投資し、そのうちの1社が5分の1、3社がトントン、1社が5倍になったとします。そうすると、50万円は82万円に増えることになるわけです。

1銘柄くらいハズレをつかんでも、他の銘柄で挽回すればいい。リスク管理の基本的な考え方です。

ダメなら潔く損切りする！これが成功者の絶対条件

株で失敗してしまった人たちには、重大な共通点があります。

それは、「塩漬け株」を作ってしまうということです。「塩漬け株」というのは、値下がりした状態のままだらだらと保有し続けている株のことをいいます。

人間の心理としては、値上がりした株を売却することにはそれほど抵抗感はありません。「もっと上がるかもしれないな、惜しいな」という気持ちが起こるかもしれませんが、利益を確定することはそれほどつらい作業ではないはずです。

それに対して、値下がりした株を売るということには、大きな抵抗感があります。「もう少し待ったら株価は戻ってくるのではないか」「せめて、買った値段まで戻ってきたら売りたい」などという心理が強く働くからです。いずれにしても、損を確定する（損切りする）ということはつらいことです。

しかし、損切りできず、下がったら塩漬けにしてしまうことを繰り返すと、最後はすべての資産が塩漬け株になってしまい、身動きが取れなくなってしまいます。

ここでぜひ肝に銘じていただきたいことは、「株は一度下がり始めるとどこま

つらくとも損切る勇気をもて！

マンションブームで株価17倍に！
ブームが弾けて、1/50に…
ジョイント・コーポレーション
(8874)

で下がり続けるかわからない」ということです。とくに、短期間で大きく上昇した株価が、一転、下がり始めた場合は要注意です。

マンション業者のジョイント・コーポレーションは03年から06年にかけてのマンションブームに乗って業績を伸ばして、株価は約17倍になりましたが、その後は大きく下落しました。

下落していく途中で、「半値になったからもうそろそろ上がるだろう」とか、「10分に1になったからさすがにもうこれ以上は下がらないだろう」と安易に保有し続けたらどうなっていたでしょうか…。あるいは、安くなったからといって株を買い増してしまったら、もっと悲惨な結末が待っていました。この株は、10分の1になった後、そこからさらに5分の1近くまで下落してしまったのですから…。

持ち直すまでに7年かかった

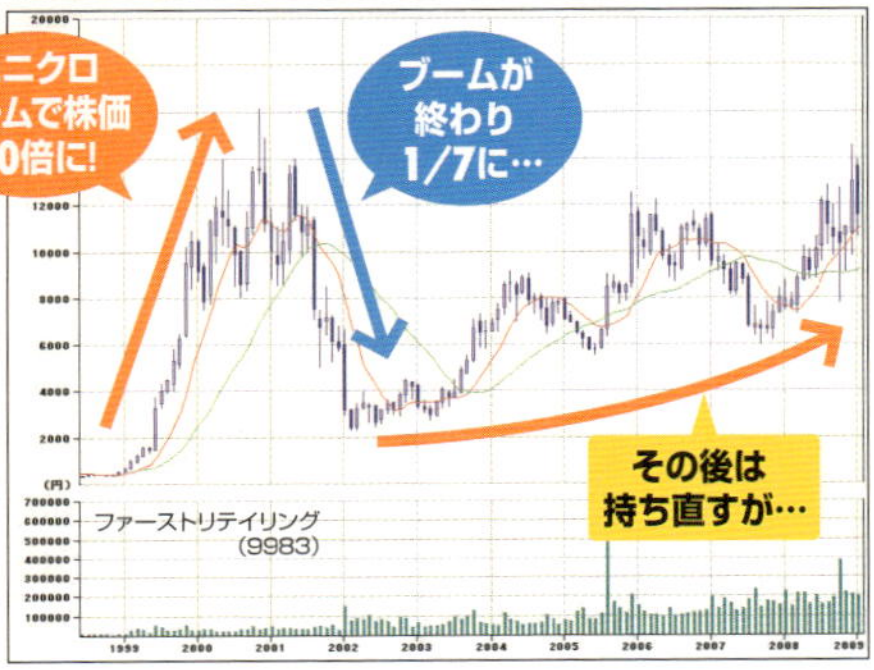

ユニクロブームで株価60倍に！
ブームが終わり1/7に…
その後は持ち直すが…
ファーストリテイリング(9983)

また、ファーストリテイリングのような優良企業でも、急激に上昇した後は7分の1に下落したことがありました。その後大きく復活していますが、7分の1もの下落をまともに食らってしまうのはつらいことです。しかも、高値をほぼ奪回するまでに7年近くもかかっています。

損切りできないと….
キャ〜
損
株

株式投資では、やはり、ブームが過熱してきたとか、何か歯車が狂い始めてきたという場合には、ムキにならずに一度、保有株を売却して様子見をするといい、ということが実感できるでしょう。

あらためて強調します。株で成功する人というのは、「有望だと思った株は思い切って買い、ダメだと判断した株は損をしてもスパッと売る」というようにメリハリのきいた人です。ダメなら気持ちを切り替えて、次の銘柄にチャレンジする。この成功者のイメージを、ぜひ心に焼き付けてください。

ＥＴＦ《イーティーエフ》（上場投資信託《じょうじょうとうししんたく》）

ETFとインデックスファンドを比べてみよう！

	ETF	投資信託
取引値段は？	時価（1日のうちでも何度も変わる）	当日の基準価額（1日中同じ値段）
売買できる時間は？	取引時間内ならいつでも（株と一緒）	基本的に1日1回
注文は？	指値か成行	基準価額で注文する
取扱会社は？	日本株の買える証券会社ならどこでも	ファンドごとに異なる。証券会社、銀行、保険会社などで買える場合も
購入単位は？	決められた売買単位ごとに購入（10万円程度は必要）	ファンドにもよるが、1万円程度から買える
コストは？	売買時に、株取引と同様の売買手数料がかかる ・信託報酬は低め	ファンドごと、販売会社ごとに異なるが、 販売手数料（通常2%前後） 信託報酬（0.5～2%程度） 信託財産留保額（0.3%程度） などがかかる

コストが安く済んで時価で売買できるETFは魅力的！日本株をまるごと買う感覚で、挑戦してもいいかも

ＥＴＦというのは、株式市場に上場されていて、株と同じように売買できる投資信託のことです。売買手数料も、税金も、株の売買をする場合と同じです。

ＥＴＦは従来の投資信託に比べて、手数料なども安くて手軽に売買できることから、米国ではすでにメジャーな金融商品のひとつになっていますし、日本でも、銘柄数やマーケット規模はどんどん拡充しているところです。日本でも近いうちに、従来型の投資信託をしのぐ金融商品になっていくことでしょう。

従来の投資信託と比べてＥＴＦがどのように便利なのか、その違いをもう少し詳しく見てみましょう。

まず、そもそも投資信託というのは、たくさんの投資家から投資資金を集めて、それを一定に方針に従ってプロのファンドマネージャーが運用し、得られた利益を投資家に分配金として配分する仕組みの金融商品です。

そして、従来の投資信託というのは、株価などの毎日の値動きをもとに1日1回「基準価額」を算出し、それをもとに買値と売値が決められていました。このように、株ほど柔軟に売買できる形ではありませんでした。

また、投資信託の投資家側にかかるコストとしては、主に投資信託を買う時の手数料と、保有している期間を通じて取られる信託報酬がありますが、そうしたコストは株に比べると負担が大きいものでした。

それに対してＥＴＦは、売買の際の手数料はネット証券を使えば株と同じくらい低い金額となりますし、信託報酬についても従来の投資信託に比べてだいぶ安いものとなっているのです。

中国株、金、不動産…あらゆるものに投資

それでは、ＥＴＦにはどん

個性派ETFが続々登場！

	コード	銘柄名	特徴
日本株！	1306	TOPIX連動型上場投資信託	TOPIXに連動。日本の株価指数連動のETFで最も取引されている
中国株！	1309	上海株式指数・上証50連動型上場投資信託	上海市場に上場する代表的な中国企業50社の株式を組み込んでいる
南ア株！	1323	(NEXT FUNDS)南アフリカ株式指数上場投信	南アフリカ共和国の株価指数に連動
ロシア株！	1324	(NEXT FUNDS)ロシア株式指数上場投信	ロシアの株価指数に連動
ブラジル株！	1325	(NEXT FUNDS)ブラジル株式指数上場投信	ブラジルの株価指数に連動
金！	1326	SPDRゴールド・シェア	金価格に連動
商品！	1327	イージーETFS&PGSCI商品指数クラスA米ドル	世界の様々な商品（エネルギー、農産物、貴金属、産業用金属など）の生産高に応じてウェートをかけ指数化したものがGSCI指数。同指数は世界の商品全体の動きを示す代表的な指数として投資家から信頼され、利用されている
不動産！	1343	(NEXT FUNDS)東証REIT指数連動型上場投信	日本のREIT市場全体の動きを示す東証REIT指数に連動
電機株！	1613	東証電気機器株価指数連動型上場投資信託	パナソニツク、ソニーなどを含めた電機株の指数に連動
銀行株！	1615	東証銀行業株価指数連動型上場投資信託	銀行株全体の動きを示す指数に連動

な銘柄があるのか見ていきましょう。

日本で最も代表的なETFは「TOPIX連動型上場投信（銘柄コード1306）」です。これは、その名のとおり、日本株全体の動きを示す株価指数であるTOPIXに連動するものです。日本株全体の動きを売買できるということで人気を博しています。08年現在、日本で最も取引高が多いETFです。

最近人気があるのが、外国株の指数（全体的な値動きのこと）に連動するETFです。中国株、南アフリカ株、ロシア株、ブラジル株のETFがありますが、今後さらに拡充していくことでしょう。

そして、ETFは株以外にもあらゆるものが対象になります。

たとえば、「SPDRゴールド・シェア（銘柄コード1326）」は、すべて金で運用するETFであり、金価格にほぼ連動して動いています。また、原油、農産物など商品全体の動きを示す指数に連動するものも出てきています。将来的には、原油とか小麦など個別の商品の値動きに連動するものも出てくることでしょう。

それから、東証Jリート指数に連動するETFもあります。Jリートは次ページで紹介するように様々な不動産に投資する上場投資信託のことであり、Jリート全体の動きを示す指数に連動するETFに投資するということは、不動産の全体的な動きに投資することになります。

なお、TOPIX連動型のETFや金価格連動型のETFなどは、それぞれ数種類あります。このように、同じタイプのETFが複数ある場合には、取引高が多いものを選びましょう。取引高の少ないマイナーなものを買ってしまうと、売る時になかなか希望価格で売りづらくなりますし、場合によっては上場廃止となって投資資金が償還されてしまうこともあるからです。

J《ジェイ》リート（不動産上場投資信託《ふどうさんじょうじょうとうししんたく》・J-REIT）

Jリートのしくみ
投資
配当
投資
家賃
投資家
リート
不動産
家賃から経費を引いたほぼ全額を配当する
会社の形をとってるけど従業員ナシ
実際の運用業務は運用会社に任せる

　Jリートとは、株式市場に上場している不動産投資信託のことです。前ページで解説したETFと同じように、株ではないけれども、株と同じように売買することができます。手軽に不動産投資をすることを可能にした金融商品です。

　Jリートのメリットをまとめると、①大半の銘柄が50万円以下の少額から投資できる、②株感覚で、いつでも手軽に売買できる、③不動産のプロが物件選びや管理などすべてやってくれる、④複数の物件に分散投資されている、⑤特定口座（源泉徴収あり）を選べば確定申告の必要もない、などが挙げられます。

　これに対して実物の不動産投資では、投資するのに1件あたり最低百万円単位のお金が必要ですし、そのために分散投資することもままなりません。物件選びや管理なども手間がかかりますし、売却したい時にも買い手がすぐ見つかるわけではありません。さらに、確定申告の必要もあります。

　Jリートは、このような実物不動産投資の難点をことごとくクリアしている画期的な金融商品といえるのです。

賃貸収入の利益のほぼ全額が分配される

　ここで、Jリートの仕組みを少し見ていきましょう。

　まず、Jリートは会社型投信という形をとっています。会社（不動産投資法人）という形態にしてお金を集め、その会社が運用会社に委託して不動産運用を行うという、やや複雑な仕組みになっています。不動産投資法人は、役員のみで従業員がいない会社であり、いわば、お金を集めたり分配金を配るためのたんなる器にすぎません。

　投資家から投資法人に集められたお金と、さらに、銀行借り入れなどの負債もあわせたお金で賃貸用不動産に投資が行われます。そして、そこから得られた利益（＝家賃収入から必要経費を差し引いた残った金額）のほぼすべてを投資家に分配金として支払う仕組みとなっています。

09年2月現在利回りはけっこう高い

　Jリートは、09年2月現在41銘柄あります。その主な銘柄を左の表にまとめましたが、オフィスビル中心に運用しているもの、マンションなどの住宅中心に運用しているもの、商業施設を中心に運用しているもの…など銘柄ごとに特徴があります。

分配金の利回りは、低いものでも5％前後と比較的高水準となっており、大手企業の系列のJリートでも10％近い利回りのものが珍しくありません。

主なJリート

コード	銘柄名	利回り	運用物件	特徴
8951	日本ビルファンド投資法人	4.66%	オフィスビル特化	三井不動産系。日本最大手のリート。
8952	ジャパンリアルエステイト投資法人	4.79%	オフィスビル特化	三菱地所系。都心中心に優良物件多数もつ。
8959	野村不動産オフィスファンド投資法人	5.56%	オフィスビル特化	野村不動産系。新宿ノムラビルなど優良物件多い。
8953	日本リテールファンド投資法人	7.68%	商業施設特化	三菱商事系。イトーヨーカドーやイオンなどに商業施設を貸す。
8957	東急リアル・エステート投資法人	5.89%	オフィス・商業施設	東急系。渋谷をはじめ東急線沿線の優良物件が多い。
8967	日本ロジスティクスファンド投資法人	6.49%	物流施設	三井物産系。首都圏中心に物流センターなどを保有。
3226	日本アコモデーションファンド投資法人	7.44%	住宅	三井不動産系。「パークアクシス」ブランドなどで賃貸マンション運営。
3240	野村不動産レジデンシャル投資法人	8.54%	住宅	野村不動産系。「プライムアーバン」ブランドなどで賃貸マンション運営。
8978	アドバンス・レジデンス投資法人	10.07%	住宅	伊藤忠商事系。「アルティス」ブランドなどで賃貸マンション運営。
3234	森ヒルズリート投資法人	10.83%	オフィス中心。商業・住宅	森ビル系。六本木ヒルズゲートタワーなど港区中心にビル保有。

しかし、中には、20％とか30％というように、異様に高い利回りの銘柄もあり、注意が必要です。こうした銘柄は、配当金額が多いのではなく、Jリートの株価（正確には投資価格）が売り叩かれて安くなっているために、結果として高利回りになっている場合が多いからです。

信頼性高いスポンサーがついている銘柄を選ぼう

ここで、Jリートについて重要な注意点を強調しなければなりません。

先ほど仕組みを説明した中でチラリと言いましたが、Jリートは物件を買うために、投資家から資金を集めるだけでなく、負債も背負っています。全資産に占める負債の割合は、50％以上となる銘柄もあります。

負債が多少多くても、スポンサー企業（運営に中心的に関わっている企業）がしっかりしていれば問題はありません。しかし、負債が多い上、スポンサー企業の経営が危うかったり信頼性がない場合には、Jリートの経営が破綻してしまうこともあります。

実際に、08年にはニューシティレジデンスというJリートが破綻してしまいました。このケースでは、日本であまり名の知られていない外資の不動産会社が途中でスポンサーを降りてしまったのです。

ですから、できるだけ信用性の高いスポンサーのJリートを選ぶことが大切なのと、利回りが高すぎる（株価が低すぎる）Jリートについては、経営不安のある可能性もあるので慎重になる必要があります。

※利回りは09年２月末時点のもの。

IPO《アイピーオー》株《かぶ》（新規上場株《しんきじょうじょうかぶ》）

ＩＰＯとは、会社を新規に株式市場に上場させることを言います。証券取引所に申請して審査を受け、合格すれば上場決定です。

上場が決定したら、会社はいくつかの証券会社を選んで、そこを通して、株を売り出します。上場前に株主をたくさん作っておけば、上場初日から、売買を活発化させることができるからです。

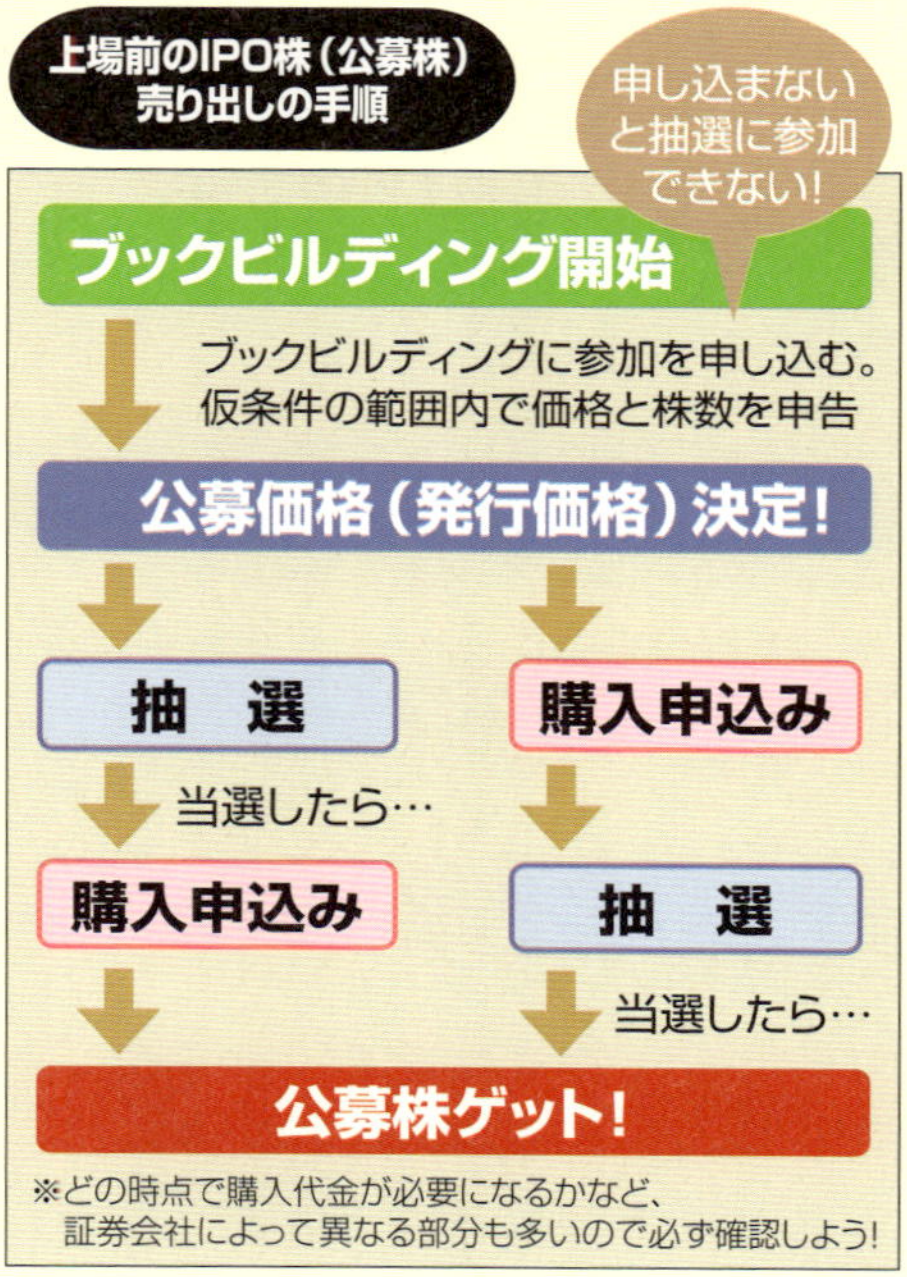
上場前のIPO株（公募株）売り出しの手順
申し込まないと抽選に参加できない!
ブックビルディング開始
ブックビルディングに参加を申し込む。仮条件の範囲内で価格と株数を申告
公募価格（発行価格）決定!
抽　選
当選したら…
購入申込み
購入申込み
抽　選
当選したら…
公募株ゲット!
※どの時点で購入代金が必要になるかなど、証券会社によって異なる部分も多いので必ず確認しよう!

実は、04～06年頃は、この上場前の売り出し価格より、上場後に初めてつく株価（初《はつ》値《ね》）の方が高くなることが多かったため、この差額で儲けようと、「上場前の売り出しで買って、初値で売る」というＩＰＯ株ならではの投資手法が大変な人気を博しました。上場前の売り出しに買い希望者が殺到、抽選でもなかなか当たらない…という事態が続いたのです。

07年以降は初値が低く抑えられることが多くなり、初値で売っても儲からないケースが増えてきたことから、ＩＰＯ株ブームは下火になりましたが、08年のセブン銀行など、魅力的な会社のＩＰＯ株は、相変わらず人気のようです。

売り出し情報は、各証券会社のホームページのトップ画面に「ＩＰＯ（新規公開株）」のような感じで出ていることが多いようです。売り出しに参加するには、需要調査（ブックビルディング）に参加して、いくらで何株買うつもりか、前もって申告しなければならないなど、独特の手順があります。手順は証券会社によっても微妙に違ってきます。

尚、上場株はどこの証券会社からでも平等に買えますが、上場前の株は、ＩＰＯをする会社から選ばれた証券会社（10社程度）からしか買うことができないので注意が必要です。

TOB《ティーオービー》（株式公開買い付け《かぶしきこうかいかいつ》）

翌日はストップ高！
以降は17万円付近で張りついている状態に
1月28日 17万円でTOBすることを発表！
株価 10万5000円

株式関連のニュースを見ていると、「TOB《ティーオービー》（株式公開買い付け）」という言葉がよく出てきます。ある会社の株を大量に買いたい時に、買取価格を提示して、株主から売却希望を募ることをいいます。

株を大量に買い付ける際には、株式市場で普通に注文するのではなく、「希望価格」「株数」「目的」などをハッキリさせてTOBを表明することが義務付けられているのです。

たとえば、09年1月末に、「ファーストリテイリングがリンク・セオリー・ホールディングスのTOB実施へ」というニュースが出ました。これは、ユニクロを運営するファーストリテイリングが、高級婦人服のリンク・セオリー・ホールディングス株の保有比率を高めて子会社化することが目的でした。

当時のリンク・セオリー・ホールディングスの株価は10万円前後でしたが、ファーストリテイリングが提示したTOB価格は17万円。このニュースを受けて、リンク・セオリー・ホールディングスの株価は17万円近くまで急騰しました。

このように、TOB価格は時価に何割かプレミアをつけて提示されるのが普通です。そして、TOBが発表されたとたんに株価がTOB価格まで急騰するという動きがよく見られます。

また、経営者がTOBをかけるケースも時折見られます。経営者によるTOBのことをMBO《エムビーオー》といいます。

これは通常、経営者が株の過半数を握り、上場廃止にしてしまうことを狙う場合に行われます。株価が極端に安くなってしまった場合などは買収されるリスクが高まるため、先手を打って経営者自らが買収して非上場にしてしまおうという狙いがあります。非上場にしてしまえば、買収される危険性はほとんどなくなるからです。

TOB価格まで上がることが多い

自《じ》社《しゃ》株《かぶ》買《が》い・増《ぞう》資《し》

株式分割の他に、株に関してよく起こるイベントに、「自社株買い」と「増資」があります。

自社株買いは、その名のとおり、会社が自分の株を買うことです。買った自社株については、会社が保管しておく場合と消却してしまう場合がありますが、実質的には、いずれも発行済み株式数を減らすことになります。

これは、株価を押し上げる要因になります。まず、市中に出回る株数が減るわけですから、需要と供給の関係からいって株価は上昇しやすくなります。さらに、発行済み株式数が減るわけですから、1株あたりの利益がアップすることになります。加えてなんといっても、会社のことを一番よく知っているのは会社自身であり、その会社自身が自社の株を買うということは、「今の水準なら、この株はお買い得だよ」と宣言していることになります!

80年代前半から90年代後半にかけて米国株は歴史的な上昇相場となりましたが、その原動力のひとつは会社が自社株買いを活発に行ったことだと言われています。

一方で増資というのは、会社が新しく株を発行して、資金を調達することです。それによって、発行済み株式数は増えることになります。

増資が株価に与える影響は単純ではありませんが、目先的には株価が下がる要因になることが多いようです。まず、市中に出回る株数が増えるわけですから、需要と供給の関係からいって株価は下がりやすくなります。また、発行済み株式数が増えるわけですから、1株あたりの利益が薄まることになります。

ただし、そこで調達した資金を会社が上手く活用して利益を伸ばせば、長い目で見た時には株価が上昇する要因になることもあります。

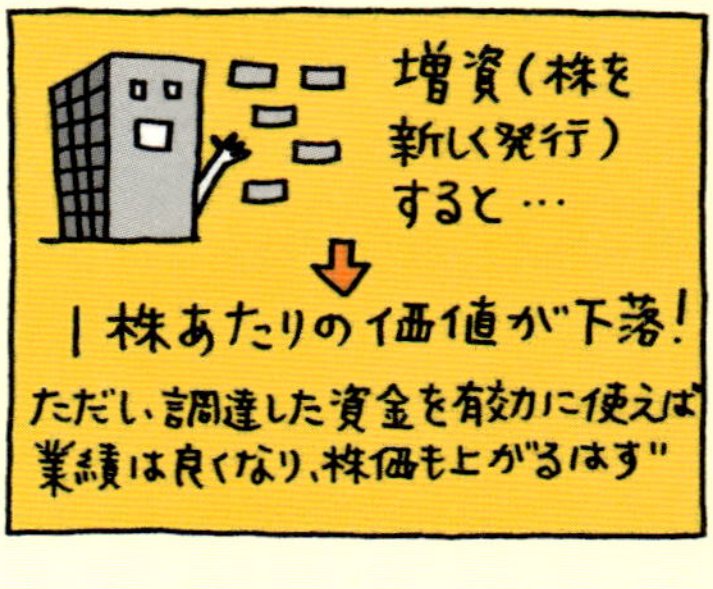

株式分割《かぶしきぶんかつ》

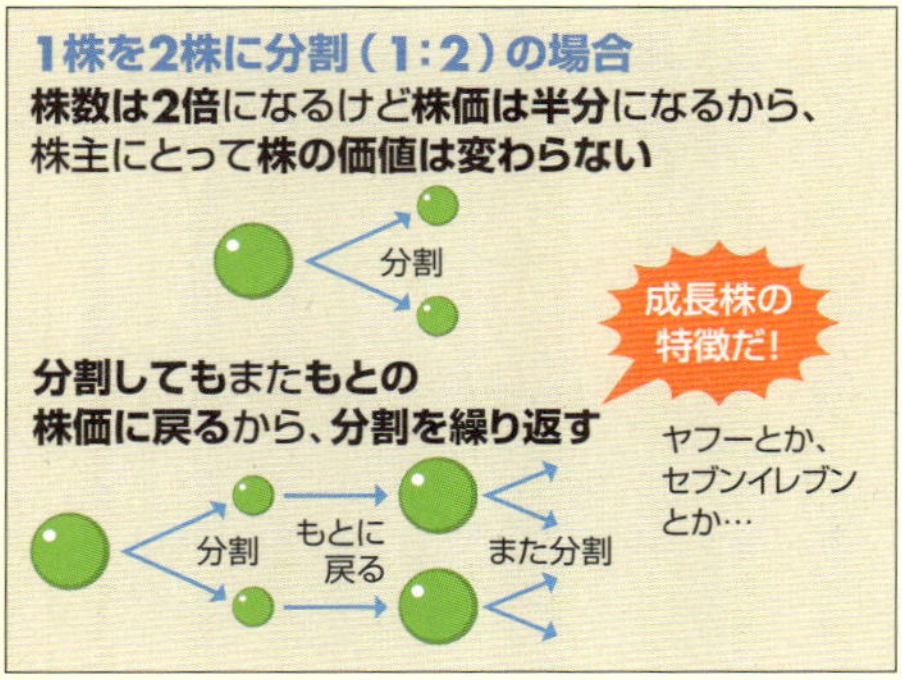
1株を2株に分割（1:2）の場合
株数は2倍になるけど株価は半分になるから、
株主にとって株の価値は変わらない
分割
成長株の特徴だ！
分割してもまたもとの
株価に戻るから、分割を繰り返す
分割
もとに戻る
また分割
ヤフーとか、セブンイレブンとか…

業績と株価をグングン伸ばしているような成長株には、「株式分割」というイベントがつきものです。

これは、その名のとおり、株を分割することで、1株を2株に分割したり、1株を3株に分割したりします。

たとえば、保有している株が「1対2の株式分割」を行ったとしましょう。この場合、価値が半分になった株が2株手元にある状態になります。

株式分割は株を発行している会社の判断で行うものですが、なんのために行われるのでしょうか。それは、最低売買単位の金額をみんなが買えるような少額にするためです。株の取引が盛んに行なわれるようにするために、会社は株式分割を行なうのです。

グングン成長している会社の場合、株価もグングン上昇します。すると最低売買金額が、一般の投資家ではなかなか手が出ないような高額になってしまいます。そこで、証券取引所は上場企業に「最低取引単位を50万円以下にするように」と要請しています。

たとえば、ヤフーは97年11月に株式を上場した時は約200万円で買えましたが、そこからグングン上昇し続け、2000年2月にはナント、1億円を突破しました。これでは、いくらなんでも売買しづらい。高級マンション並みの値段ですから。

こうした状況を解消するために、ヤフーは株式分割を盛んに行うようになりました。99年3月から06年3月までに合計13回の1対2分割を繰り返し、97年当時の1株が09年2月現在では8192株にもなっています。

1999年 3月 → 2株
1999年 9月 → 4株
2000年 3月 → 8株
2000年 9月 → 16株
2002年 3月 → 32株
2002年 9月 → 64株
2003年 3月 → 128株
2003年 9月 → 256株
2004年 3月 → 512株
2004年 9月 → 1024株
2005年 3月 → 2048株
2005年 9月 → 4096株
2006年 3月 → 8192株
1株持っていたら…
それぞれを1株を2株に分割
ヤフー 1株が8192株に！

09年2月現在のヤフーの株価は約3万円ですが、株数は97年当時の1株が8192株になっているので、97年当時の1株は、3万円×8192株＝約2億4500万円程度になっている計算になります。

分割修正《ぶんかつしゅうせい》チャート

分割修正チャートというのは、株式分割などの影響を考慮して、分割前と分割後の株価の動きをスムーズに連続して見ることができるように修正した株価チャートのことをいいます。

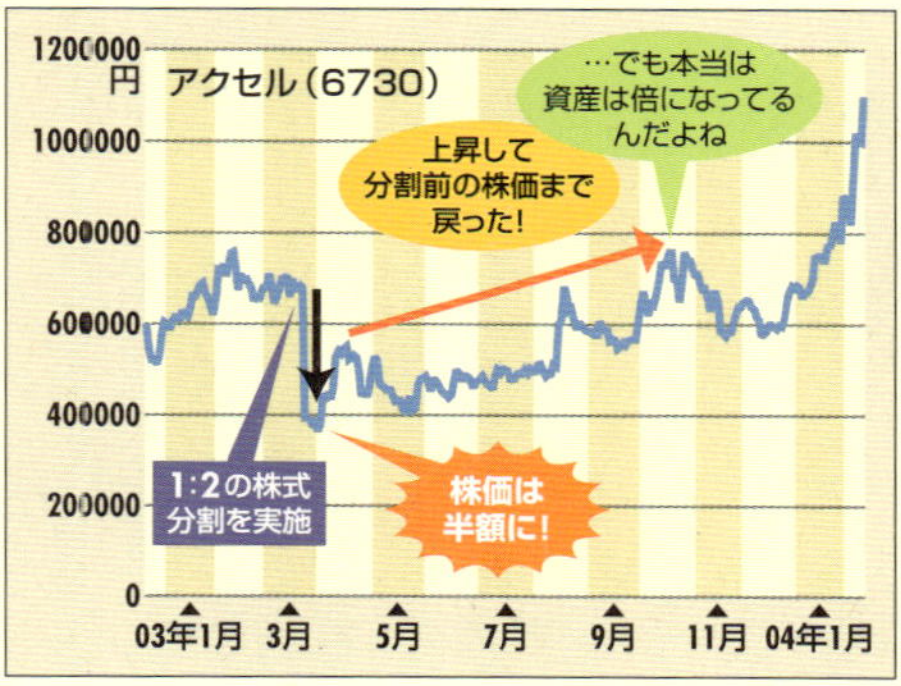
1200000円
1000000
800000
600000
400000
200000
0
アクセル(6730)
…でも本当は資産は倍になってるんだよね
上昇して分割前の株価まで戻った!
1:2の株式分割を実施
株価は半額に!
03年1月
3月
5月
7月
9月
11月
04年1月

　では、アクセルを例に解説していきましょう。

　アクセルは03年3月に1対2の株式分割を行いました。分割直前の株価は約68万円でしたが、分割直後には約34万円とほぼ半分になっています(分割前から保有している人は、分割により株数は2倍になったので、資産価値としては変わらない)。分割した株は、その後上昇し、半年後には再び68万円近くとなりました。

　さて、この経過を上の株価チャートで見ると、アクセルの株価は分割直前に68万円の水準にあり、それが分割によって約半値になって、その後、半分に分割された株が68万円まで上昇していった様子がよくわかりますね。

　でも、分割のことを知らないで、この株価チャートだけを見た人にとっては、「一度大きく急落した株が元の値段に戻っただけ」のように見えてしまいます。

　ところが実際には分割された半分が、分割前の元の株と同じ水準になっているのです。株数は2倍になっているのですから、実質的な株価は2倍になったことになります。

　そこで、下の修正チャートでは、分割された後の株価を基準にして、分割前の部分を修正してチャートを描きます。

　この修正チャートでは、分割前の株価は、半分に修正しています。こうすることにより、実質的な株価がどのように変化したかがわかるのです。

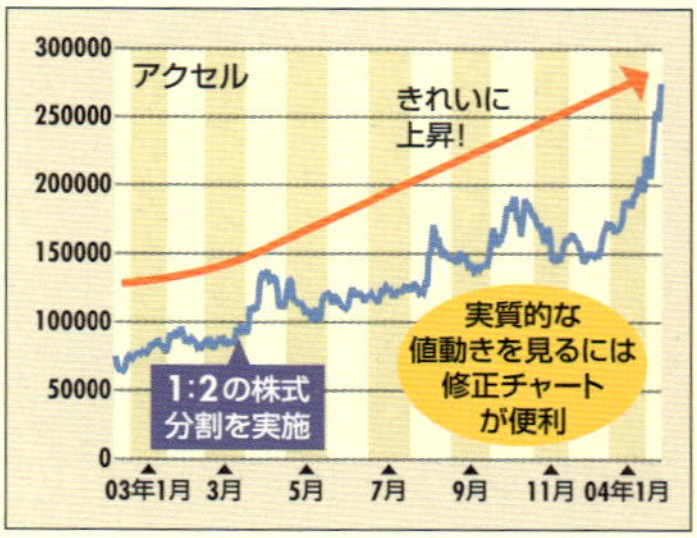
300000
250000
200000
150000
100000
50000
0
アクセル
きれいに上昇!
実質的な値動きを見るには修正チャートが便利
1:2の株式分割を実施
03年1月
3月
5月
7月
9月
11月
04年1月

　ネット証券の株価チャートや、新聞や雑誌などで掲載されている株価チャートではほとんどの場合、「分割修正チャート」が使われています。

特定口座《とくていこうざ》（株の税金）

株の売買で得た利益に対しては税金がかかります。税率は利益の10％ですが、2011年から20％になる予定です。

税金の支払い方は、証券会社に源泉徴収してもらう方法と、確定申告する方法があります。「一切面倒くさいことは嫌だ」というなら、源泉徴収してもらう形にしましょう。

その場合には、証券会社に「特定口座（源泉徴収あり）」の申し込みをします。そうすれば、株で利益が出るたびにその10％が源泉徴収され、損が出ると、それまで支払った源泉徴収分から損失の10％分が返還されることになります。

その他、「特定口座（源泉徴収なし）」を選ぶこともできますし、何も選ばなければ一般口座ということになりますが、それらの場合には原則として確定申告が必要になります。なお、一般口座の場合は年間の収支計算を自分でしなければならないのに対して、特定口座（源泉徴収なし）の場合、証券会社が代わりにそれをしてくれます。

「確定申告が必要な形」を選ぶ人がいるのは、それによって受けられるメリットもあるからです。たとえば、サラリーマンで給与以外に収入がない場合には、株の売買益が20万円に達するまでは申告そのものが不要になります。源泉徴収なしを選んだことで、源泉徴収もされないわけで、つまり、10％の税金分を浮かせることができるのです。

ただし、利益が20万円を超えると確定申告をしなければいけませんし、その場合には、配偶者控除や社会保険料などの計算にも影響が出る可能性があります。一方、特定口座（源泉徴収あり）なら、どんなに株で儲けてもそれらに一切影響が出ません。

以上から、サラリーマンでそれほど大きな売買益が出ないと思われる人は特定口座（源泉徴収なし）を選ぶのもいいかもしれませんが、それ以外の人は特定口座（源泉徴収あり）を選ぶ人が多いようです。

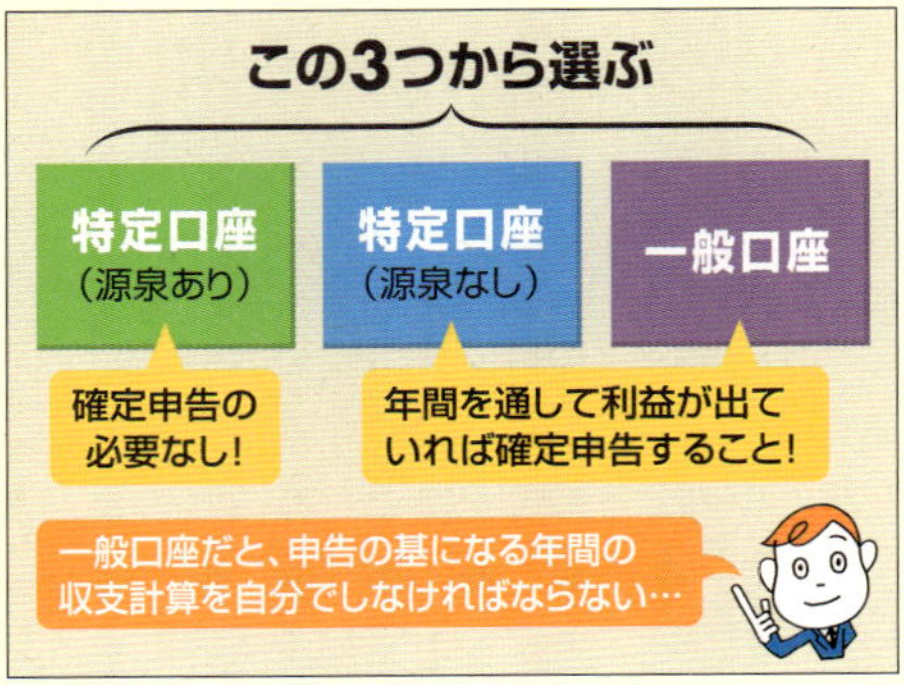
この3つから選ぶ
特定口座（源泉あり）
特定口座（源泉なし）
一般口座
確定申告の必要なし！
年間を通して利益が出ていれば確定申告すること！
一般口座だと、申告の基になる年間の収支計算を自分でしなければならない…

利益に対して税金がかかるのね

用語さくいん

※赤字は、「用語解説」をしたもの。
黒字は本文や図中で紹介したものです。

用語さくいん

ダイヤモンド・ザイとは

初心者から上級者まで、幅広い層に人気の月刊投資情報誌。イラストや写真を豊富に使い、基礎的なことも、高度なことも、誰にでもわかるように解説する。特に「株主優待カタログ」や「20万円以下の株カタログ！」、「株で１億円を作る！」などは、心待ちにしている読者も多いヒット企画。株のほか、FXや投信などの情報も豊富（毎月21日発売）。

一番売れてる株の雑誌ZAiが作った「株」入門 改訂版

2009年３月26日　第１刷発行
2010年６月４日　第５刷発行

編　集 ―――― ダイヤモンド・ザイ編集部
協　力 ―――― 小泉秀希
発行所 ―――― ダイヤモンド社
〒150-8409　東京都渋谷区神宮前6-12-17
http://www.diamond.co.jp/
電話／03-5778-7236（編集）　03-5778-7240（販売）

装丁・本文デザイン ―― 河南祐介（FANTAGRAPH）
イラスト ―――― 宗誠二郎
図表作製 ―――― 地主南雲　板垣光子
チャート ―――― 楽天証券
製作進行 ―――― ダイヤモンド・グラフィック社
印刷 ―――― 加藤文明社
製本 ―――― 宮本製本所
編集担当 ―――― 真田友美

ISBN978-4-478-00859-1

※投資は情報を確認し、ご自分の判断で行ってください。本書を利用したことによるいかなる損害などについても、著者および出版社はその責を負いません。